DE LAVAL A DANTZIG

SOUVENIRS

DE LA GUERRE DE 1870-1871

PAR LE SERGENT P***

Du 2ᵉ Bataillon des Mobiles de la Mayenne

LAVAL

IMPRIMERIE LÉON-BEAUMONT

87, rue du Val-de-Mayenne, et 17, quai Jean-Fouquet

1911

DE LAVAL A DANTZIG

SOUVENIRS

DE LA GUERRE DE 1870-1871

Par le Sergent P***

Du 2ᵉ Bataillon des Mobiles de la Mayenne

LAVAL

IMPRIMERIE LÉON BEAUMONT

87, rue du Val-de-Mayenne, et 17, quai Jean-Fouquet

1911

MA VOLONTÉ EXPRESSE,

inscrite en une page spéciale de mes carnets, est que mon journal de campagne ne doit paraître sous les yeux des lecteurs lavallois, si c'est sa destinée d'un jour, que quarante ans après la date ci-dessous.

Laval, Avril 1871.

LE SERGENT P***,
des Mobiles de la Mayenne.

DE LAVAL A DANTZIG

SOUVENIRS DE LA GUERRE DE 1870-1871

PRÉFACE

Dès le jour où il entra dans le 2ᵉ bataillon de la garde mobile de la Mayenne et jusqu'au moment de sa libération complète, le sergent P..., de Laval, ne manqua jamais d'inscrire chaque jour, presque heure par heure, en des carnets spéciaux, ses impressions intimes sur tous les faits qui se passaient autour de lui.

Il avait ainsi rempli les feuillets de quatre carnets qui furent retrouvés bien des années après la guerre franco-allemande.

Les soldats mobiles de sa compagnie, en voyant à chaque instant leur sergent prendre son crayon et écrire ses notes tantôt assis, tantôt debout, quelquefois même en marchant, le regardaient de leurs yeux étonnés, presque méfiants.

Toutes ces notes fidèlement transcrites dans les pages de ce volume, aussi simplement que

dans le texte original, forment deux parties :
1º Les Mobiles de la Mayenne : de Laval à
Orléans ; 2º En Captivité : d'Orléans à Dantzig.

Peut-être se trouvera-t-il des lecteurs que
ces souvenirs intéresseront, quoiqu'ils rappellent des événements passés déjà depuis
quarante ans et qu'il reste actuellement peu
de Français qui les aient personnellement
suivis. Ils liront, relatés dans ces pages, des
faits semblant de peu d'importance, s'étant
accomplis dans un cadre restreint. Mais, du
moment qu'ils se rattachent par un point
quelconque à l'histoire de la guerre, ils ne
peuvent manquer tout à fait d'intérêt.

Aussi, ont-ils bien raison ceux qui ont vécu
cette inoubliable époque, la plus critique assu-
rément et la plus douloureuse pour notre
chère France ; ceux qui ont pris les armes
pour voler au secours de la patrie et qui ont
assisté, de près ou de loin, à divers épisodes
de cette guerre sanglante ; eux qui, malgré les
nombreuses années écoulées, n'ont pas encore
oublié, y pensent sans cesse et toujours avec
une émotion aussi vive, aussi pénible ; ils ont
bien raison de laisser parler leurs souvenirs
et, mieux, de les grouper et de les imprimer

dans des pages ineffaçables afin que, après eux, on puisse les lire, les connaître et y recueillir tous les enseignements, petits ou grands, qu'ils comportent.

Et, peut-être, si toutes ces pages étaient lues par ceux qui, trop jeunes à cette époque, n'avaient rien vu, rien ressenti ; peut-être, instruits par cette lecture, comprendraient-ils mieux combien la France d'alors avait souffert, avait été meurtrie et humiliée et se pénétreraient-ils plus profondément de l'idée qui ne devrait jamais quitter les cœurs vraiment Français, groupant autour d'elle tous les efforts, toutes les volontés, toutes les énergies patriotiques : l'idée de Revanche !...

Un vieil Ami du sergent P***

Laval, 1911.

PREMIÈRE PARTIE

———

LES MOBILES DE LA MAYENNE

———

DE LAVAL A ORLÉANS

Le Départ de Laval

Au commencement du mois de septembre de cette
année 1870, la ville de Laval était dans un grand émoi.
Le 2ᵉ bataillon de la garde mobile venait de recevoir
l'ordre de se tenir prêt à partir.

Ce bataillon était formé de jeunes gens soit de la ville,
soit des chefs-lieux de canton, soit des bourgs et des
environs. Depuis des mois on était habitué à lui, on
avait assisté à sa formation : quand il passait pour se
rendre à l'exercice, on constatait chaque jour ses
progrès, on était fier de le voir marcher en bon ordre
pour les promenades militaires. Les clairons commençaient à sonner d'un air vraiment martial, les soldats
marquaient le pas plus régulièrement, les sergents se
tenaient bien à leur place en dehors du rang, le fusil posé
d'aplomb sur l'épaule, et les officiers portaient la tête
plus droite et le sabre plus ferme.

Tel qu'on le voyait passer c'était, ma foi, un beau
bataillon !... Et voilà qu'on annonçait son prochain
départ. Encore quelques jours et il aurait quitté définitivement la ville.

Certes, les pères et les mères, habitants de Laval ou
des environs, n'avaient pas regardé leurs enfants entrer
dans la mobile sans ressentir d'angoisse. Mais, à force
de les voir séjourner dans la ville depuis des mois,

toujours près d'eux, leur inquiétude avait diminué. Ils s'étaient habitués, les uns et les autres, à leur situation nouvelle et, peu à peu, l'avaient acceptée avec résignation. Ils en étaient arrivés au point de se figurer que rien ne la troublerait ; que, du moins, elle durerait long-temps encore, la jugeant moins pénible de jour en jour et trouvant qu'elle leur apportait encore bien des consolations et des joies. Tous les dimanches, on donnait des congés : les nouveaux soldats partaient dès le samedi soir, ayant ainsi une journée entière à passer en famille. On les régalait de bonne chair, on leur servait de bon café avec l'abondante goutte traditionnelle. C'étaient là des joies bien appréciables qui, chaque semaine, se renouvelaient et depuis longtemps déjà…. Et on préten-dait que tout cela allait finir ! qu'ils allaient partir, les pauvres gars ! Comme c'était triste à penser !

C'est vrai qu'on était en temps de guerre ; mais, depuis quelques semaines, on y pensait moins. On s'endormait un petit peu et le train-train habituel et paisible de la vie avait repris malgré tout.

A ce moment un coup de foudre terrible vint soudain réveiller les esprits et les rappeler à la poignante réalité. Sedan !… L'armée française vaincue, en déroute, écrasée !… Nos canons capturés par centaines !… L'empereur fait prisonnier !…

Puis, le lendemain, l'Empire culbuté, la République proclamée à Paris !

Que d'événements, que de tristesses, que de boulever-sements foudroyants et si émouvants !

Tous les habitants de la ville allaient, venaient, cher-chant des nouvelles, racontant ce qu'ils avaient appris, ce qu'ils savaient et même ce qu'ils ne savaient pas.

C'était un dimanche, la garde mobile n'avait pas fait d'exercice, les permissionnaires jouissaient de leur liberté ordinaire. En ce jour rien n'était encore changé. Mais on pressentait bien qu'avec un gouvernement nouveau, avec la République, on allait entrer dans une ère nouvelle et que la situation prendrait bientôt une autre tournure.

Les uns étaient atterrés, désespérés, se lamentant de tous côtés ; les autres applaudissaient, pleins de confiance et d'espérance. Mais les républicains eux-mêmes savaient se contenir, n'osant laisser éclater trop visiblement leur satisfaction, tellement ils comprenaient que la position de la France était critique, douloureuse, pleine de périls. Ils avaient atteint leur idéal, ils possédaient enfin le gouvernement de leur rêve. Mais leur République, si longtemps désirée, naissait au milieu du plus effroyable des désastres. Qu'allait-elle pouvoir faire en présence de tout ce chaos ? Quels remèdes allait-elle apporter pour tant de maux ? Pourrait-elle vivre, seulement ?

Cette journée de dimanche était superbe, radieuse, toute ensoleillée, comme souvent cela arrive dans le mois de septembre. Mais la douceur de la température, le beau ciel bleu, les chauds rayons du soleil laissaient bien indifférents les Lavallois qui se pressaient en foule autour de la Mairie. Les esprits étaient trop inquiets, attentifs seulement à écouter, à interroger, voulant savoir quelque chose à tout prix.

Malgré tout, quelques-uns doutaient encore : on avait si souvent lancé de fausses nouvelles depuis le commencement des hostilités !

Le soir, il y avait grande représentation au théâtre. Ce fut là que, d'une façon officielle, on annonça la proclamation de la République.

Il y eut, dans la salle archicomble, quelques cris, quelques chants, quelques bousculades.

Vite, alors, des envoyés spéciaux coururent de la part,

sans doute, des royalistes et des impérialistes mécontents et apeurés qui formaient la majeure partie des officiers de la mobile et qui se trouvaient au spectacle, pour prévenir le poste de police, près de la Mairie, où étaient de garde une douzaine de soldats mobiles, avec, comme chef, le sergent P....

Ils ne l'aimaient pas ce sergent P.... messieurs les officiers, à cause de ses opinions politiques connues, et à cause, aussi, de son long séjour dans la capitale. Mais ils s'en servaient volontiers dans les cas difficiles, parce qu'ils le savaient énergique, capable de se faire obéir de ses hommes et connaissant le service mieux que tout autre.

Ce soir-là, ils étaient encore heureux d'avoir recours à lui et ils le faisaient prévenir de se tenir sur ses gardes toute la nuit, de ne pas s'endormir, lui, ni ses hommes; de ne pas laisser les bandes républicaines s'approcher du poste, stationner devant la Mairie. En un mot, ils comptaient sur lui pour veiller à la sécurité et à la tranquillité de la cité. On aurait dit qu'ils s'attendaient à une émeute que, peut-être, ils désiraient.

Et lui, le sergent P..., un étudiant de Paris, républicain depuis sa sortie et même pendant ses dernières années de lycée, lui qui avait pris part à presque toutes les manifestations contre l'Empire, avant la déclaration de la guerre, lui qui avait fréquenté les réunions publiques où on ne se gênait pas pour crier les plus dures vérités contre le régime impérial, lui qui avait donné plus d'un coup d'épaule pour jeter sur les trottoirs des grands boulevards les kiosques de journaux......, il se demandait, ce soir-là, chef du poste de la Mairie, avec une certaine émotion, quelle conduite il allait avoir, peut-être, à tenir en face de ces bandes républicaines dont on lui annonçait la venue, probablement pour conspuer la mobile, chercher à lui arracher ses fusils, et,

surtout, pour protester contre ceux qui la comman-
daient, presque tous impérialistes, royalistes, fils de
chouans. Et vraiment, lui, déterminé républicain, il ne
se sentait aucune disposition pour faire la police dans
la rue, surtout au profit de la réaction.

Heureusement, la représentation au théâtre se termina
sans incident et la sortie se fit sans trouble appréciable.
Quelques promeneurs s'en allèrent à travers les rues,
causant entre eux, se racontant leurs impressions sur les
événements, mais sans cris et, par conséquent, sans
donner aucune raison à la garde d'intervenir.

Ce fut une grande satisfaction, un énorme soulagement
pour le sergent P..., quand, le lendemain, à l'heure
réglementaire, on vint le relever de son poste et qu'il lui
fut possible de rentrer à son casernement de Saint-
Michel, chez les jésuites, où sa compagnie était alors
cantonnée et chez lesquels il se trouvait tout étonné
d'avoir eu l'occasion d'habiter un jour.

Ce sergent P... avait une place un peu à part au milieu
des autres sous-officiers, ses collègues. Il était arrivé au
bataillon tout seul, bien après l'appel, et il s'était présenté un beau jour au moment où personne ne pensait
plus à lui.

Il demeurait à Paris à l'époque de la déclaration
de la guerre. La loi concernant la garde mobile, votée
récemment par le Corps Législatif, faisait de lui un
soldat.

Au lieu d'aller de suite dans sa ville natale pour se
mettre sur le rang de tous les quémandeurs de grades et
de galons ; lui qui, grâce à la protection de ses parents
et de ses amis lavallois aurait pu obtenir beaucoup, il
prit la détermination de rester dans la capitale, protes-
tant par son abstention contre cette ignoble et si funeste
curée des grades, qui lui donnait la nausée.

D'ailleurs, il ne voulait rien devoir au régime impérial

qui laissait faire toutes ces nominations par l'entremise de ses préfets.

Il ne se décida à se rendre à la convocation qu'il avait reçue qu'aux derniers jours de juin, juste au moment où on allait lancer les gendarmes à ses trousses. Dès son arrivée à Laval, il se rendit, dans sa tenue civile, sur le champ de foire, où manœuvraient habituellement les diverses compagnies de son bataillon.

Là, il retrouva bien des amis d'enfance, la plupart dans des costumes tout neufs d'officiers, avec trois, deux ou un seul galon ; d'autres avec de plus modestes grades de sergents-majors, de sergents ou de caporaux. Puis, il vit groupés (ceux-là formaient le plus grand nombre) comme un état-major autour de leur commandant, le grand L... d'O..., avec ses joues déjà un peu tombantes et ses gros yeux morts, les capitaines duc d'A..., marquis de Q..., marquis de Ste-C..., baron de B..., de Boi...; avec les lieutenants comtes, vicomtes, chevaliers, etc. Toute la noblesse plus ou moins bien chamarrée était réunie là au grand complet, pendant un temps de repos dans l'exercice, riant, causant haut, amusée et joyeuse. C'était comme un bouquet de fleurs !

Les quelques rares officiers qui n'appartenaient pas à l'aristocratie restaient entre eux, à part, près de leurs soldats.

P..., comme simple mobile, était incorporé dans la compagnie de Laval, dont le capitaine B... était un de ses bons amis. Ce n'était pas un noble, celui-là : il avait accompli ses sept années de service militaire dans l'infanterie et était sorti de l'armée avec le grade de sergent-major. Il était donc tout indiqué pour commander dans la garde mobile une compagnie qui fut bientôt remarquée comme la plus disciplinée et la mieux entraînée de tout le bataillon. Avec sa bonne humeur ordinaire, le capitaine B... reçut très amicalement P... dans les rangs de sa compagnie, le fit de suite habiller militairement et lui accorda un congé de quinze jours pour qu'il pût se mettre en forme.

Pendant ce temps, P... prit des leçons d'instruction militaire à un vieux sergent d'infanterie resté à la caserne Corbineau. Celui-ci lui donna deux leçons par jour de deux heures chacune pendant deux semaines, pour la somme totale de dix francs, plus quelques verres de vin blanc. Il lui enseigna avec méthode et avec patience le maniement du fusil, les divers exercices d'assouplissement, d'escrime, les intonations pour le commandement et tous les détails relatifs au service militaire.

Si bien qu'à la fin de ces bonnes instructions, jointes aux études approfondies et aux connaissances acquises dans les petits livres de théorie pratique, P... était capable de commander le bataillon entier tout aussi bien que le grand commandant L... d'O...

Aussi, on s'empressa de le nommer caporal et, moins d'un mois après, sergent. Seulement, à cette dernière nomination, il eut le regret de quitter la compagnie de son ami le capitaine B... pour entrer dans celle d'Ernée, à la tête de laquelle se trouvait le baron de B..., avec le vicomte de H... comme lieutenant.

Pour sûr, le nouveau sergent P... était le seul républicain de toute la compagnie. Avec cela, il n'était pas dévot du tout ; aussi, les gradés et les simples mobiles le virent-ils arriver au milieu de leurs rangs avec un vif et très apparent mécontentement. Ils trouvaient mauvais qu'on eût été chercher un sergent ailleurs que parmi eux et ils montrèrent, tout d'abord, envers celui-ci, une visible mauvaise humeur et un flagrant mauvais vouloir.

Le sergent P... n'eut pas de mal à comprendre le malveillant esprit qui régnait autour de lui à son égard, mais il n'en fut nullement intimidé. C'était un gars bien taillé, très brun, à grosse tête, aux traits réguliers, énergiques, portant bien l'uniforme et, en général, d'une allure tout à fait guerrière. Il parvint bientôt à en imposer à ses hommes qu'il savait commander avec le ton d'autorité nécessaire. Il était toujours juste et sévère, sans aucune complaisance dans le service ni pour les uns, ni pour les autres. Il arriva en peu de temps à se faire obéir et respecter et on ne le détesta jamais parce qu'il payait facilement des micamaux généreux à ceux dont il était content. Pour les gars d'Ernée, cela prouvait une intelligence et une supériorité indiscutables qu'ils se plaisaient à reconnaître et qu'ils appréciaient avec toujours un nouveau plaisir.

Ce fut à ce moment qu'on commença à parler du départ de la mobile, à la grande désolation de toute la population lavalloise. Après les graves événements survenus au commencement de ce mois de septembre, ce n'était plus qu'une question de jours.

Déjà des bataillons de Bretons avaient passé par la gare de Laval pour se rendre en chemin de fer à Paris. On avait cru un moment que les mobiles de la Mayenne allaient les suivre. Mais la plupart des officiers de ces derniers avaient, à titre de monarchistes, une haine implacable pour Paris qu'ils considéraient comme le foyer de la révolution et le berceau de la République détestée. Aussi, dans une réunion où ils furent convoqués par le préfet pour voter pour ou contre ce départ, ils intriguèrent avec tant d'insistance qu'ils parvinrent à réunir une majorité opposée. Pour masquer leur couardise ils prétendirent que leurs soldats n'étaient pas encore suffisamment préparés, pas encore complètement équipés, qu'ils manquaient d'entraînement, et que, dans de pareilles conditions, il était de la plus élémentaire prudence de différer de quelques semaines, de ne pas s'aventurer follement pour aller où ? pour servir à quoi ? C'était surtout, bien entendu, l'intérêt qu'ils portaient à leurs hommes qui les faisait raisonner ainsi.

La deuxième armée de la Loire, à ce même moment, était en train de se constituer sous le commandement en chef du général d'Aurelles de Paladines. Alors on convint que le 66ᵉ régiment de la mobile partirait pour rejoindre par étapes les autres unités déjà groupées en bon nombre autour de ce nouveau chef nommé par Gambetta, ministre de la guerre de la nouvelle République.

On fixa la date du départ du 2ᵉ bataillon de Laval au 28 septembre.

La veille, dans la soirée, un punch d'adieu était offert gracieusement à tous les sous-officiers de la mobile par les bons amis lavallois qui, trop jeunes ou trop âgés, n'avaient à répondre à aucun appel militaire et gardaient l'heureux privilège de rester tranquilles dans leur bonne ville, tandis que ceux qu'ils tenaient à fêter une dernière fois étaient contraints, par la plus dure nécessité, à partir pour une campagne sûrement pénible, longue et peut-être périlleuse.

Ce punch monstre, offert au café Desarthe, brûla jusqu'après deux heures du matin, suivi de nombreux bocks destinés à éteindre le feu trop ardent allumé par la chaleur un peu prolongée et un peu vive du punch.

Très émus, tous, on s'embrassa dans une étreinte délirante avant de se quitter et, alors, tous les cœurs se remplirent de la plus patriotique ardeur, criant leur espérance dans un retour prochain et tout triomphant, après de vaillants et glorieux exploits. On avait naturellement beaucoup bu, beaucoup chanté, beaucoup fumé et beaucoup ri. A près de trois heures, il était temps d'aller se coucher afin d'être dispos pour le départ à six heures.

Les sous-officiers des 6ᵉ et 7ᵉ compagnies remontèrent

en groupe vers leur casernement chez les jésuites, en devisant gaiement sur tous les incidents de cette mémorable soirée si pleine d'entrain. Ils se hâtaient afin d'avoir quelques heures pour se reposer avant l'appel du clairon qui devait sonner dès l'aurore.

Le sergent P... eut l'ingénieuse idée, vu l'heure avancée, de se jeter tout habillé sur son lit. Il n'avait pas encore eu le temps de fermer les yeux quand le sergent de semaine l'informa que le capitaine de B... l'attendait chez lui, pour service urgent, à quatre heures et demie. C'était là un coup dur ! Inutile de chercher à dormir puisqu'il était déjà près de quatre heures. Il fallait se rendre de suite à l'hôtel de l'Ouest où couchait le capitaine.

Quand le sergent entra dans la chambre que, sur sa demande, on lui avait indiquée comme étant celle de M. le baron de B..., il trouva celui-ci dans son lit, le haut de la tête soigneusement enveloppé dans un superbe foulard de soie aux vives couleurs, noué élégamment et formant deux cornes symétriques au milieu du front. Il se tenait assis, tout éveillé, les paupières encore bouffies par le bon sommeil, le teint bien frais et tout rosé par la tiède moiteur nocturne, les traits reposés. On n'avait guère de peine à deviner que celui-là n'avait pas été troublé dans ses rêves par des inquiétudes patriotiques et qu'il n'avait point non plus, à l'instar de son brave sergent, sacrifié les si douces heures de sa nuit pour boire et chanter en l'honneur de la patrie et à ses victoires futures !

Le capitaine baron de B..., ancien officier, disait-on, de la garde impériale, avait une véritable allure militaire, pas avec son foulard et ses cornes sur le crâne, bien sûr ! Mais, sous l'uniforme, avec sa croix de la Légion d'honneur sur la poitrine, son képi légèrement incliné sur l'oreille droite, sa marche décidée, sémillante encore malgré son âge déjà avancé, il représentait bien le type du vieil officier. Il avait la parole brève, saccadée, volontaire. En voilà un qui ne se gênait pas pour infliger les plus rudes corvées à ceux qu'il commandait actuellement !

— Vous êtes exact, sergent, c'est parfait ! Voici l'ordre de service que je dois vous communiquer : Vous allez, en sortant d'ici, remonter à votre casernement ; vous prendrez huit hommes et vos deux caporaux en armes et vous vous rendrez à la poudrière demander la provision de poudre destinée aux 6e et 7e compagnies. Allez, et faites en sorte d'être de retour avant sept heures à Saint-Michel.

Le sergent P..., qui s'était tout le temps tenu dans une pose aussi digne que militaire, porta alors sa main droite élargie au côté de son képi, sortit en pas cadencés de la chambre et quitta l'hôtel.

— Ah ! bien, mon vieux, ronchonna-t-il, voilà une petite ballade matinale faite exprès pour dissiper les vapeurs les plus embrumées du punch, je ne te dis que cela !

Il remonta, encouragé par cette réflexion bien appropriée, à Saint-Michel, emmena ses hommes encore à moitié endormis et, trois quarts d'heure après, il se présentait à la poudrière. Là, le chef du dépôt à qui il s'adressait, lui demanda où était sa voiture.

— Quelle voiture ? fit le sergent interloqué.

— Comment, quelle voiture ?... Vous n'allez pas, je suppose, charger la poudre sur votre dos !

— Le capitaine ne m'a pas parlé de voiture, répondit le sergent.

— Eh bien, moi, je vous en parle. Dépêchez-vous d'aller la chercher place de la Mairie où elle doit vous attendre et ne perdez pas de temps !

Le sergent P... obéit, fit faire demi-tour et revint sur

ses pas. Tout en cheminant, il se plut à constater, avec un sourire étonné, combien, sous l'action militaire, sa patience devenait véritablement angélique : si bien que, maintenant, il savait, comme dans la chanson, se taire sans murmurer, en écoutant tous ces ordres et contre-ordres qui le faisaient virer de droite à gauche aussi facilement qu'une simple girouette.

Revenu sur la place de la Mairie, qu'un petit moment avant il avait traversée, il y trouva une voiture et son voiturier réquisitionnés à son intention, et il put définitivement aller recevoir son chargement de poudre.

Il n'avait plus alors qu'à regagner Saint-Michel. En descendant, vers le milieu de la rue d'Ernée, un ouvrier poivrot qui, malgré l'heure matinale, avait déjà trouvé le temps d'absorber un peu trop d'alcool, se mit à emboîter le pas à la petite troupe en titubant, en gesticulant et en criant :

— Allons, les moblots, faudrait tâcher de marcher au pas ! Une, deusse !... une, deusse !... droite, gauche !... droite, gauche !... paille, foin !... paille, foin !... Eh là-bas, le bouffi aux galons, pas besoin de t'égosiller pour faire marcher tes gars, n'te fatigue pas, y vont ben tout seuls... — Et dire qu'on envoie ça pour faire peur aux Prussiens ! Oh là là, quelle dèche !...

C'en était trop ; le sergent, énervé, fait empoigner le grossier poivrot par deux de ses hommes et déposer, en passant, au poste de l'Hôtel de Ville. Puis, après les explications nécessaires, il reprend sa marche, les nerfs un peu soulagés.

Quelques minutes avant sept heures, il était à l'établissement de Saint-Michel, devant lequel déjà les deux compagnies étaient rangées, prêtes à aller à la gare prendre le chemin de fer qui devait les conduire à Evron, pour ensuite gagner Sainte-Suzanne par la route.

— Eh bien, sergent, ça s'est bien passé ? demanda le capitaine.

— Oui, mon capitaine, sauf que je n'avais pas de voiture en arrivant à la poudrière et qu'il m'a fallu revenir sur mes pas pour en prendre une place de la Mairie. Ce qui m'a fait perdre un peu de temps.

— Comment ! Elles ne stationnaient donc pas à la poudrière, les voitures ?... C'est idiot ! Ah ! attendez un peu, sergent. votre service n'est pas fini. Il va falloir maintenant. toujours avec vos hommes, conduire cette poudre jusqu'à Sainte-Suzanne, par la grande route. C'est là une mission de confiance ! Vous prendrez bien des précautions, car le soleil va être chaud. Surveillez attentivement vos hommes : qu'ils n'entrent pas dans les cabarets, qu'ils ne fument pas, qu'ils ne laissent personne approcher de votre voiture. Je compte particulièrement sur vous pour que tout marche bien. Je serai heureux de me trouver pour vous recevoir à votre arrivée là-bas. Allez ! Partez de suite.

Le pauvre sergent P... était absolument interloqué ; il n'en revenait pas. Huit lieues à avaler à pied après la nuit de punch carabiné ! C'était tout de même trop fort, nom de nom ! Voilà !... Il avait voulu se donner les airs d'un vrai sergent ! Eh bien. on allait en profiter pour lui infliger toutes les plus dures corvées. Sale métier. va !

Et. de sa voix la plus vibrante. presque en colère, il commanda : par file à gauche, en avant. marche !...

Il tourna avec sa troupe par la route du Mans et disparut.

Toute la journée fut d'une chaleur exceptionnelle, comme en plein mois d'août. et avec cela on avait une poussière à dessécher la gorge et à vous donner une soif désespérante.

Le sergent P... se trouvait tellement fatigué de sa nuit accidentée. de ses marches et contre-marches faites depuis le tout petit jour, qu'il accepta, sans le moindre scrupule, une place confortable dans un cabriolet qui cheminait sur la même route et où un habitant charitable de la ville lui proposa de monter. On marcha lentement, de manière à ne pas perdre de vue les hommes qui se tenaient bien régulièrement des deux côtés de la voiture chargée de poudre. Une bonne partie de la matinée se passa ainsi sans fatigue nouvelle pour lui.

Un peu après midi, on arriva au bourg de Soulgé. Le sergent fit arrêter la voiture de poudre devant la première auberge qui se présenta, laissa près de la voiture deux de ses hommes avec des ordres sévères, et il entra avec le restant du groupe dans la salle, à l'intérieur, où il se fit servir un déjeuner assez convenable. Ses compagnons de route s'assirent à la grande table du milieu et il leur paya, de ses propres deniers, pour chacun, une bonne tranche de pâté, du cidre, puis une tasse de café avec un verre d'eau-de-vie. Et, quand les deux mobiles restés près de la voiture pour empêcher les curieux d'approcher eurent pris, à leur tour, le même repas, tous se remirent en route en traversant le bourg.

Les braves gens de l'endroit se tenaient au devant de leurs portes, curieux et contents de voir passer leurs chers mobiles. C'étaient en effet leurs soldats à eux ; ils ne les avaient donnés qu'à regret et ils voulaient encore les contempler une fois avant qu'ils aient quitté le pays pour longtemps, pour toujours, peut-être. Leurs pauvres gars, les voilà donc qui partaient ! Comme ils allaient en voir de dur à présent !

Dans chaque maison on aurait voulu les recevoir, les faire entrer vivement pour leur offrir une dernière goutte de consolation et d'adieu. Mais le sergent était là avec son air point commode. Ce n'est pas avec lui qu'on oserait chercher des arrangements : ses hommes avaient l'air de tant le craindre ! Maudit sergent, va ! Pour sûr qu'il ne devait point sortir de chez nous, celui-là. Il avait bien l'air trop rude ! Il ne laissait même pas fumer ! Il fallait toujours marcher, sans s'arrêter !... Ah ! les pauvres bougres, comme ils étaient à plaindre !

Enfin, on laissa le bourg derrière soi et, sitôt qu'il fut perdu de vue, en pleine grande route, les moblots, plus gais tout de même depuis le déjeuner, se mirent à marcher bien en cadence en chantant leur chanson favorite :

> Bismarck, si tu continues,
> De tous les Prussiens tu n'en auras guère,
> Bismarck, si tu continues,
> De tous les Prussiens tu n'en auras plus !

> Poussons, poussons, les Prussiens à la baïonnette !
> Poussons, poussons, les Prussiens d'l'autre côté du Rhin !

Vers cinq heures le soir, le sergent P..., sa demi-section et sa voiture de poudre arrivèrent enfin en haut de la grande côte qui mène à Sainte-Suzanne et se rangèrent en ordre sur la place. Le capitaine de B... était là comme il l'avait promis. Il félicita très chaleureusement son sergent, lui avouant que, par la forte chaleur de l'après-midi, il avait eu l'esprit un moment inquiet. A présent qu'il voyait tout arrivé en bon état, il se déclarait satisfait. C'était avec plaisir qu'il exemptait le sergent P... de tout service jusqu'au lendemain midi.

C'était un repos vraiment bien gagné.

Après Laval

Le 2ᵉ Bataillon

Cantonnés à Sainte-Suzanne, les soldats de la mobile furent un peu dépaysés. Ils se sentaient loin de leurs familles, loin de leurs amis. Ils avaient des regrets plein le cœur. Les adieux aux parents ne s'étaient point faits sans vraie douleur et de grosses larmes étaient tombées abondamment dans les verres remplis de bonne eau-de-vie de cidre où fréquemment ils s'efforçaient de puiser les saines consolations dont ils éprouvaient un si pressant besoin.

Aussi, les premiers jours, ils déambulaient tristement dans les étroites rues de la petite ville.

Pourtant, bientôt, toutes les émotions moroses se dissipèrent. En somme, ils ne se trouvaient pas mal dans leur nouveau cantonnement. Les habitants de Sainte-Suzanne les avaient reçus très amicalement et la ville offrait encore assez de ressources, malgré sa minime population. Ils étaient bien logés dans les maisons particulières, bien nourris: les paquets de tabac se distribuaient régulièrement: et surtout, ils recevaient souvent des mandats par la poste qui leur permettaient de se payer des douceurs et des bons cafés pour leur donner force et courage.

Une fois la première semaine écoulée ils reprirent leur placide physionomie habituelle. Un peu d'entrain revint et, dans les longues marches d'entraînement, ils chantèrent à nouveau à pleine voix la fameuse chanson de :

> Bismarck, si tu continues,
> De tous les Prussiens il n'en rest'ra plus, etc...

Quelques semaines plus tard, au Mans, où ils se rendirent en chemin de fer, ils n'éprouvèrent pas encore un sensible changement quoique sentant bien que, de plus en plus, ils devenaient de vrais soldats. Les permissions des dimanches étaient supprimées, on leur imposait des exercices prolongés le matin et l'après-midi pour apprendre le maniement du nouveau fusil Chassepot qu'on venait de leur mettre en mains, remplaçant les vieilles armes de l'ancien régime dont ils avaient eu tant de peine à connaître la fameuse charge en douze temps et presque autant de mouvements.

Puis, ils passèrent par Tours, où ils furent casernés dans un immense et vieux bâtiment que venait de quitter un régiment d'infanterie, parti en laissant tout dans un état déplorable de désordre et de saleté. Les pauvres mobiles avaient dû coucher dans des dortoirs remplis d'ordures malodorantes, ne pouvant faire un pas au dehors, retenus par la corvée accablante de tout nettoyer avec des balais, des pelles et autres outils mis à leur disposition à cet effet et dont ils savaient mal se servir. Et puis, au bout de la journée, pour tout repas, un maigre pain de munition.

Pour le coup, les visages commencèrent à s'embrunir. Les hommes osaient ronchonner tout haut, se plaignant de manquer de vivres et déjà de mourir de faim.

Deux jours après, ils quittèrent Tours pour gagner Vendôme, toujours par le chemin de fer. Ce fut dans cette dernière ville qu'ils passèrent leur ultime bonne soirée. Les habitants vinrent au-devant d'eux de tous côtés, même de la campagne, avec des charrettes, se disputant l'honneur d'emmener le plus qu'ils pouvaient de mobiles, afin de leur offrir, de grand cœur, encore un copieux dîner, un bon lit pour la nuit, s'engageant à les reconduire, le lendemain matin, à l'heure convenue, après un café sérieux, au ralliement général.

Tout le régiment du 66ᵉ de la mobile se trouva, dès huit heures le matin, réuni au grand complet sur la grande place de Vendôme. Après une pose assez prolongée, l'ordre de marche fut donné et, le fusil sur l'épaule droite, on se mit silencieusement en route pour, après de longues heures d'une marche pénible sous la pluie continuelle, s'arrêter dans la plaine de Bel-Air, où l'on devait camper.

Adieu le bon temps ! C'est alors qu'une vie nouvelle allait commencer et combien différente ! Dès ce moment, les mobiles ne couchèrent plus que dans les champs, sur la terre souvent humide, recouverte quelquefois d'une légère couche de paille. Ils entraient définitivement en campagne. Dès lors, ils n'eurent plus que des distributions de vivres très irrégulières : du pain pas tous les jours, de la viande très rarement, à peine une ou deux pommes de terre pour la soupe, quelquefois des grains de café non grillés qu'ils recevaient sans savoir s'en servir, à peine d'eau potable, et tout cela arrosé de beaucoup de pluie, entouré d'une boue épaisse et grasse. Maintenant, il leur fallait endurer toutes les misères de la guerre et ne plus compter sur la petite goutte d'eau-de-vie consolatrice et bienfaisante qui leur manquait en même temps que tout le reste. Plus jamais, les gars de la mobile ne chanteront leur refrain comme autrefois :

Bismarck, si tu continues,
De tous tes Prussiens il n'en rest'ra plus !...

Pour le coup, dès qu'ils comprirent leur nouvelle situation, si peu rassurante, les figures s'allongèrent et les caractères s'assombrirent. Les pluies persistantes de l'automne suivies des froids d'un hiver exceptionnellement rigoureux rendaient la vie de camp excessivement pénible et bien difficile à supporter, même pour les tempéraments les mieux constitués.

Avec cela, les pauvres moblots de la Mayenne étaient mal vêtus avec des vareuses en mauvaise étoffe de laine peu épaisse et pas chaude. Ils faisaient vraiment peine à voir sous leurs vêtements en si triste état, déchirés, décousus ; ayant des képis déformés, des pantalons gris usés, troués, et puis, comme chaussures, des souliers éculés, à semelles de carton, buvant l'humidité et la boue délayée.

Sans presque d'eau potable, ils devaient la réserver pour leurs marmites à soupe et ils en manquaient totalement pour les ablutions, nettoyages et lavages nécessaires. Aussi, au bout de quelques semaines, ils se trouvaient dans un état de saleté désespérante. Les visages, sans soins, devenaient terreux, maladifs, avec des yeux ternes, cernés, des regards sans aucune expression : leur marche se faisait lente, molle. On les entendait de moins en moins causer entre eux ; les pipes restaient éteintes, les bons de tabac ne pouvant plus s'échanger contre des paquets.

Chacun ajoutait à sa tenue militaire quelque objet disparate : tantôt un cache-nez autour du col, tantôt une ceinture en laine serrant la taille, tantôt un tricot sur la vareuse pour tâcher de moins sentir le grand froid. Pas un ne ressemblait à l'autre, c'était un ensemble bizarre qui n'avait plus rien de réglementaire.

Quand on les appelait pour quelque service, ils sortaient nonchalamment de dessous les tentes avec un bonnet de coton qui ne les quittait jamais, enfoncé jusqu'aux oreilles, avec leur képi par dessus. Ce n'étaient plus des soldats, mais un troupeau qu'il fallait conduire et pousser comme de pauvres êtres apeurés, inoffensifs, veules et à moitié innocents.

C'était vraiment pitoyable à voir ! Comme tous les fils des paysans de la Mayenne, ils avaient de tout temps éprouvé la plus vive répugnance pour le métier de soldat. Exemptés, après le tirage au sort, pour une raison ou une autre, de tout service militaire, ils avaient espéré qu'on les laisserait tranquilles à ce sujet jusqu'à la fin de leur existence, croyant fermement se trouver, de par la loi, garantis contre tout appel aux armes, même en cas de guerre.

Et voilà que, brutalement, on les arrachait à leur vie paisible pour les jeter sans pitié au milieu des calamités et des souffrances indéfinissables d'une campagne d'hiver cruelle et dans les horreurs inimaginables d'une guerre déjà marquée par des désastres sans précédent et dont personne ne pouvait prévoir l'issue.

Ils n'étaient point de race ni de sang à supporter les fatigues et les privations exagérées qu'on leur imposait en ce moment. L'effort était trop pénible pour eux, l'épreuve se montrait au-dessus de leurs forces, surtout avec le moral qui chez eux tombait de plus en plus.

Et pourtant, les pauvres gars n'étaient pas arrivés au bout de leurs misères. Il leur faudrait encore passer de nombreuses nuits couchés sur la terre nue et dure ; marcher des journées entières dans des champs labourés et éreintants, sans manger à leur appétit : le lourd fusil sur l'épaule, le sac pesant sur le dos et toujours avec la même tenue débraillée, leurs souliers éculés, et comme cela pendant des semaines, des mois, sans doute !...

Du côté des officiers, le spectacle se présentait sous un aspect aussi peu réconfortant, quoique très différent.

Ces messieurs voyaient toujours dans les soldats de leurs compagnies respectives des fermiers à eux, des garçons des fermes voisines et amies, des serviteurs, des sujets avec lesquels ils tenaient à garder, pour les besoins de l'avenir, leurs bonnes relations, leur bonne renommée de maîtres serviables, complaisants, indulgents, aimables même, chez lesquels on avait été heureux déjà de servir et chez qui, plus tard, on pourrait être heureux de rentrer.

Ces officiers, à quelques exceptions près, au lieu de parler en chefs, avec autorité et énergie, au lieu d'essayer de secouer l'apathie de leurs hommes par de mâles paroles, de relever leur moral lamentable d'une voix virile et rassurante, se contentaient de les plaindre, de prodiguer seulement de mols et insignifiants conseils. Ils s'informaient avec affectation des nouvelles de leurs familles, de leurs payses, en bons camarades pas fiers. Ça flattait l'amour-propre des gars, mais cela n'apportait aucune amélioration à leur situation morale et physique déplorable.

Toutefois, en tant que chefs, messieurs les officiers de la mobile de la Mayenne sentaient bien qu'ils encouraient une certaine responsabilité, qu'ils n'avaient plus le droit de diriger leurs compagnies selon leur bon plaisir tout seul, à leur simple fantaisie. En effet, ils craignaient le passage assez fréquent et toujours inattendu d'officiers supérieurs appartenant à l'état-major du général en chef qui se montraient très exigeants, pas camarades du tout, ayant le verbe haut, le ton plein d'autorité, ne ménageant pas les reproches les plus durs sur la mauvaise tenue des hommes, du campement et des armes. En voilà qui ne craignaient pas de commander sec et fort à tous ces tas de mobiles, officiers ou soldats, qui ne connaissaient rien à leur métier, des propres à rien, qui faisaient honte à l'armée et que, surtout, ils n'aimaient guère.

Après chacune de ces visites peu courtoises et qui leur faisaient monter le sang au visage, les nobles officiers de la mobile s'en prenaient de suite à leurs sergents qu'ils gourmandaient vigoureusement et à propos de tout, pour se soulager un peu.

Ils tapaient dans le bloc des sous-officiers, sans ménager les apostrophes désagréables, à coups redoublés. Qu'est-ce que c'était que cela, morbleu! Ils n'avaient donc aucune autorité, les sergents? Ils laissaient toujours leurs hommes sous la tente, sans rien faire! Où avaient-ils donc les yeux pour ne pas voir l'état pitoyable des fusils tout rouillés, souillés de boue! Et ces boutons de culotte jamais recousus : ces souliers couverts de terre boueuse! Ils ne s'occupaient donc de rien qu'ils laissaient les hommes inactifs, ne se donnant plus seulement la peine d'aller chercher l'eau nécessaire au café du matin! C'était intolérable, à la fin! A quoi pensaient tous les sergents! C'était à eux à surveiller tout cela, à nettoyer tout cela, à raccommoder tout cela! Ah! on allait les dégourdir un peu : c'était vraiment trop de mollesse : tout cela allait changer, et de suite, etc., etc.

Aux hommes, on ne disait rien : toute la mauvaise humeur des capitaines, lieutenants et sous-lieutenants retombait sur les sergents et caporaux.

Toute cette aristocratie de village, tous ces nobles, propriétaires de grands et petits châteaux bâtis près des bourgs, au fond des bois, s'étaient jetés avec un ensemble et un empressement remarquables dès la formation de la mobile sur les grades plus ou moins élevés qu'on leur avait octroyés avec un laisser-aller vraiment étonnant. Des élections avaient bien été ordonnées dans la suite ; mais elles se firent dans de telles conditions, sans contrôle, sans préparation, sans régularité, qu'elles n'amenèrent aucun changement. Après comme avant, tout resta dans le même état.

Alors, pendant de longs et heureux mois, messieurs les officiers de la mobile se pavanèrent fièrement avec leurs uniformes tout neufs, couverts de torsades et de galons dorés, dans les rues des villes, sur les promenades, aux terrasses des cafés, dans les salles de théâtre, autour des tables d'hôte.

Mais maintenant ils vivaient dans un camp avec de la boue jusqu'aux chevilles, de la pluie continuelle sur le dos, du froid et pas de feu : aussi, ils commençaient à déchanter, à éprouver des désagréments, des inquiétudes. La situation en effet devenait chaque jour plus difficile et le plus grand nombre du moins d'entre eux n'avait aucune connaissance technique, aucune initiative. Tous ou presque tous pleins de nullité, ils restaient dans l'incapacité la plus absolue de se rendre utiles et de savoir prendre les mesures nécessaires pour assurer la subsistance journalière de leurs hommes.

Quant à eux-mêmes, grâce à leurs ordonnances, aux chevaux et voitures dont ils pouvaient disposer, ils parvenaient encore à acheter dans les villes ou gros bourgs voisins des conserves, des légumes, la viande et le pain à peu près à leur suffisance.

Tandis que les soldats, eux, ne voyaient pas souvent les distributions alimentaires se faire. Les voitures de l'intendance, chargées des pains tant désirés, n'étaient jamais bien loin, disait-on : mais les fourriers qu'on dépêchait au-devant d'elles ne parvenaient presque jamais à les découvrir.

Il n'y avait plus de tabac pour les pipes, plus de café même sans sucre, pas régulièrement de pain, presque pas d'eau pour remplir les bidons et pas de bois pour faire chauffer la soupe. La maraude, sur laquelle on avait toujours fermé les yeux, ne rapportait plus rien. C'était, à tous les points de vue, vraiment pitoyable. Le gâchis, le désordre, l'imprévoyance s'étalaient de tous les côtés, causes de souffrances et de découragement chez tous les hommes.

A ce moment-là, l'Empire était par terre : aussi, tous ces ducs, marquis, comtes, vicomtes et barons, ennemis-nés du nouveau régime, n'attachaient plus une grande importance aux choses de la défense nationale. Quand tout manquait autour d'eux, ils montraient une pitié narquoise, faisant tout retomber sur l'inintelligence inévitable des généraux républicains. Et même, au fond le plus caché de leurs cœurs de vieux chouans, ils souhaitaient qu'aucune victoire ne vînt affermir et donner de l'éclat au nouveau gouvernement de la République qu'on avait installé sans les consulter et qu'ils se permettaient de détester de toute leur âme.

Maintenant qu'il n'y avait plus rien d'agréable pour eux à espérer, ils désiraient laisser là ces uniformes galonnés d'or et rentrer au plus vite dans leurs confortables demeures, après une paix signée, le plus tôt possible, même aux conditions les plus onéreuses et les plus humiliantes pour la France.

En attendant la réalisation de ce désir, ils se servaient de toutes les calamités dont souffraient les soldats pour gagner des voix à leur parti politique : si les mobiles manquaient de chaussures, de vêtements, de couvertures plus chaudes, de provisions de toutes sortes, etc., etc..., c'était la faute à la République !

Et les gars moblots qui, il y avait déjà quelques mois, étaient partis de chez eux remplis de mauvaise volonté et de révolte, arrachés par une injuste loi, prétendaient-ils, à leur terre, à leurs foyers, à leurs familles, finissaient par se considérer aujourd'hui comme de malheureuses victimes immolées pour satisfaire aux besoins de cette guerre maudite. Où voulait-on les mener à présent ? Qu'allaient-ils devenir au milieu de tous ces désastres, de tout ce désordre, de toute cette incurie ?

Et, comme leurs chefs respectés, ils demandaient la paix à tout prix. Ils osèrent même espérer qu'elle allait leur être accordée après toutes les défaites qui se succédèrent si rapidement à cette époque et, à la lecture de chaque rapport du matin, ils espéraient apprendre ce qu'ils appelaient la bonne nouvelle.

Mais la paix ne devait pas être signée si tôt qu'à leur souhait. La jeune République, qui créait de tous côtés de nouvelles armées bien équipées, commandées par des généraux en qui elle avait confiance, voulait prolonger la lutte, espérant bien, à force de persévérance et de courage, ramener la victoire du côté de la France et chasser glorieusement l'ennemi du sol sacré de la patrie.

Hélas ! Tous ses efforts patriotiques devaient se briser contre l'incapacité ou l'inertie des uns, la lâcheté ou la trahison des autres.

AVERTISSEMENT

*Le premier chapitre de ce volume, « Départ de Laval »,
est le résumé de la première période de la Mobile, période
d'organisation et de mise en train, avec les impressions
personnelles du sergent P...*

Elle va de Laval à Sainte-Suzanne.

*Le second chapitre, « Le 2ᵉ Bataillon », est la copie tex-
tuelle de pages écrites à part, sans date déterminée, à la fin
du deuxième carnet du sergent. Ce sont là des impressions
générales, qui ont dû être inscrites en un jour de repos et,
probablement, à l'époque où déjà la campagne des mobiles
de la Mayenne avait duré un assez long temps.*

*A partir de ce moment, ce volume ne contiendra plus,
sous le titre : « En Campagne » pour la première partie et
sous celui de : « En Captivité » pour la deuxième partie,
que la copie fidèle des notes prises au jour le jour par le
sergent P...*

Son vieil Ami.

EN CAMPAGNE

A SAINTE-SUZANNE

28 septembre 1870.
Mercredi. C'est aujourd'hui que le 2e bataillon du 66e mobile quitte Laval pour aller cantonner dans diverses localités assez éloignées. Notre campagne militaire débute donc en réalité dès ce jour et avec elle je commence mon journal où j'ai l'intention d'inscrire tous les événements avec mes impressions de chaque journée. Ce sera là pour moi une satisfaction toute intime et peut-être une récréation dans la monotonie de la vie des camps. C'est le seul but que je me propose.

A sept heures du matin, les 6e et 7e compagnies du 2e bataillon quittent leur casernement de Saint-Michel. Elles doivent se rendre par chemin de fer à Évron et de là à Sainte-Suzanne où elles vont séjourner.

Moi, je suis commandé pour escorter par la grande route de Laval à Sainte-Suzanne une voiture chargée de poudre destinée aux exercices de tir des deux compagnies.

Après une très longue et pénible marche par une chaleur accablante, j'arrive à destination vers la fin de l'après-midi, très complimenté par mon capitaine pour la rapidité de mon voyage et son heureuse terminaison. Puis je vais à la mairie chercher mon billet de logement et là, j'apprends que j'ai été réclamé instamment par le docteur Lebail, maire de la ville et l'un de mes vieux et bons amis du lycée de Laval. On m'enseigne son habitation où je me rends avec un véritable plaisir.

J'y suis aussi généreusement qu'amicalement reçu.

Grâce à la façon chaleureuse avec laquelle il me présente, je ne tarde pas à me lier avec tous les gros bonnets du pays, au grand désespoir du Baron, mon capitaine, et du Vicomte, mon lieutenant, qui ne peuvent venir au cercle de ces messieurs sans se rencontrer nez à nez avec moi. En cette circonstance, j'ai été très heureux de trouver ce cher ami à Sainte-Suzanne. Grâce à lui, logé chez lui, mangeant à sa table, j'ai été exempté de fréquenter la pot-bouille des sous-officiers et, grâce encore à lui, j'ai pu passer bien agréablement toutes mes soirées.

29 septembre.
Jeudi.

Aujourd'hui nous commençons nos exercices de tirailleurs. On nous fait sauter les haies, les fossés. Nous restons ensuite des heures entières cachés, sans changer de position, occupés à guetter l'ennemi qui est représenté par une partie de la compagnie. Il s'agit de ne pas se laisser surprendre. C'est moi le chef du poste. Tout à coup, je vois mon capitaine qui arrive à la tête de l'ennemi improvisé et qui, malgré les nombreux coups de fusil que mes hommes déchargent contre lui et sa troupe, s'empare de ma position en se vantant d'avoir remporté la victoire. Je la trouve un peu forte, car, lui dis-je, en vous voyant arriver, j'ai tiré sur vous ; mais j'ai eu beau faire de nombreuses décharges sur vos hommes, jamais un seul n'a été mis hors de combat : je ne pouvais pourtant pas vous embrocher à la baïonnette ! Il rit, mais ne désavoue pas sa prétendue victoire. Enfin, à demain ma revanche. Cette fois-ci, il ne sera pas victorieux, je lui jouerai un tour à ma façon.

30 septembre.
Vendredi.

Ce matin, second exercice de tirailleurs. On nous apprend la manière de défendre le pays, parce que, prétend-on, lors-

que les Prussiens voudront y pénétrer, c'est nous qui
serons chargés de sa défense. De fait, ce pays serait bien
facile à fermer à l'ennemi, car ce ne sont que collines,
que bois, que rochers, que rivières. La petite ville de
Sainte-Suzanne est située sur le haut d'une montagne,
munie d'un vieux château avec ses antiques fortifications. Qu'on place des canons sur les remparts et des
tirailleurs dans les bois d'alentour, et je défie à 100.000
Prussiens d'y arriver. Nous prenons beaucoup d'intérêt
à notre nouveau genre d'école militaire.

Nous faisons ce matin quatre lieues de marche dans la
campagne. Puis, le capitaine prend position sur le haut
d'un rocher boisé et me donne l'ordre de venir le surprendre avec la moitié de la compagnie. Cette opération
me paraît impossible, car, posté sur sa hauteur, il découvre très loin devant lui et peut facilement m'apercevoir.
Mais je m'étais promis de lui jouer un tour et mon plan
était tout combiné à l'avance. Je paie quelques pots de
cidre à mes hommes dans une ferme voisine, pour les
bien disposer et les décider à me suivre volontiers dans
mon expédition.

Nous faisons alors une longue marche au milieu des
rochers, des champs, derrière les haies, cheminant de
façon à nous dissimuler, grâce aux plis du terrain. Nous
nous éloignons du rocher où se tient le capitaine et, après
un détour de plusieurs kilomètres, nous arrivons aux
pieds d'une colline voisine de la forteresse qu'il nous faut
enlever. Nous nous y reposons près d'une heure, et puis
nous filons un par un à travers les buissons, jusqu'au
milieu du fameux rocher. J'avais eu soin, préalablement,
afin de tromper l'ennemi, d'envoyer une partie de ma
troupe d'un côté opposé, persuadé que mon capitaine,
grâce à ce stratagème, ne s'occuperait pas de moi.

Mon plan avait bien réussi. Le général en chef des
troupes ennemies s'était élancé à la baïonnette à la ren-

contre de ce qu'il croyait mon avant-garde pour la
repousser. Et moi, en entendant le cri de mes hommes
qui se laissent faire prisonniers, j'escalade, avec le reste
de mes forces, le haut du rocher, à la cime duquel je
plante mon drapeau. Mon capitaine était battu ! Mais,
en vainqueur généreux, je ne lui parlai pas de sa défaite,
et nous rentrons à Sainte-Suzanne sans dire un mot.

Ce jour-là, je suis nommé vaguemestre, comme sup-
plément de besogne. Nos compagnies étaient éloignées
les unes des autres ; il fallait bien, pour chacune d'elles,
un sergent chargé de recevoir les lettres et de les porter
à la poste. Or, on avait assez de confiance en moi pour
me donner cette fonction qui, je l'avoue, ne me fatigua
pas beaucoup.

Ce qui m'était le plus pénible ici, c'était de me lever à
5 h. 1/2 du matin pour partir à 6 heures à la marche
militaire. L'après-midi, nous restions en ville pour faire
l'exercice sur la promenade ou sur la route. Ensuite, je
dînais chez mon ami le docteur, allais au cercle avec lui
jusqu'au moment du coucher.

1ᵉʳ octobre.
Samedi. Tous les jours, régulièrement, nous
nous livrons aux mêmes manœuvres
de tirailleurs en campagne et dans les bois. Cela devient
un peu monotone et je ne trouve rien d'intéressant à
marquer sur mon carnet pendant quelques jours.

5 octobre.
Mercredi. Aujourd'hui nous varions nos exercices : nous allons faire l'école de tir.
Chacun de nous pourra brûler deux cartouches. Allons !
je vais donc tirer mon premier coup de fusil ! Mais je
m'attends à recevoir une fameuse calotte, car nos fusils
sont de vieilles armes à piston qui repoussent beaucoup
si l'on ne prend pas des précautions spéciales.

A deux heures nous commençons. De pauvres paysans

qui se figurent encore manœuvrer avec leur petite cara-
bine de chasse, ne se donnent pas la peine de bien épauler et reçoivent, en tirant, une telle secousse et un tel
choc que leurs joues en sont souvent ensanglantées.
Quant à moi, je ne sais si cela provient de la bonne qualité de mon fusil ou de ma manière d'épauler, je n'éprouve
aucune sensation pénible. Seulement, comme je m'appli-
quais surtout à bien appuyer mon arme plutôt qu'à
viser. je mets assez loin du but. Je suis quand même
content de moi et de mon premier coup de fusil. C'est
une émotion finie. A demain notre second exercice à feu.
Je tâcherai de viser pour atteindre le but.

6 octobre.
Jeudi.

C'est après-midi que nous devons
faire notre deuxième exercice de tir.
Après avoir marché un assez long temps, nous nous pla-
çons sur le bord d'un précipice, et notre cible est debout,
de l'autre côté, à 200 mètres. Le tir est donc assez difficile. Cependant. bon nombre de balles atteignent le point
noir et le drapeau-signal se lève assez souvent. Moi, je
m'applique bien, et, si je ne puis mettre dans le point du
milieu. tout au moins je touche la cible, ce qui suffit pour
me contenter.

En retournant vers cinq heures chez mon ami Lebail,
je ressens d'assez violentes douleurs dans le ventre. Je
puis à peine marcher et, sitôt arrivé au logis, je me mets
au lit. Le bon docteur m'applique quelques cataplasmes
laudanisés sur le ventre et me fait boire une potion pour
dormir. Ce brave ami me prodigue tant de bons soins,
que je ne sais comment lui exprimer ma reconnaissance.

7 octobre.
Vendredi.

Je reste au lit toute la journée.
Mais un mieux sensible se dessine,
grâce au traitement intelligent de mon dévoué docteur.
Le capitaine envoie prendre de mes nouvelles, en me

prévenant que le lendemain nous devons partir pour le Mans. Je me lève dans la soirée pour l'informer que je tiens à suivre le bataillon. Je me couche de bonne heure après avoir bouclé mon sac. Je visite mon bidon que ma mère, à mon départ de Laval, avait eu la générosité de me remplir d'un bon vieux cognac. Quel n'est pas mon étonnement en voyant sortir un liquide noir comme de l'encre ! C'était l'alcool qui avait attaqué l'étain tout neuf. Avec un vrai chagrin, j'ai dû tout jeter au ruisseau.

Je suis nommé guide de gauche, c'est-à-dire le second sergent de la compagnie. D'après l'ordre de bataille, j'occuperai donc la gauche, la queue de la compagnie. Dès ce moment, mes amis éprouvent un malin plaisir à ne m'appeler que guide de gauche. Je ne réponds plus qu'à ce nom.

AU MANS

8 octobre.
Samedi. Nous partons de Sainte-Suzanne vers onze heures du matin. J'ai obtenu l'autorisation de ne pas suivre à pied la compagnie, et je vais jusqu'à Évron en voiture avec le docteur Lebail, que je quitte après lui avoir renouvelé mes plus sincères remerciements et avec la plus poignante émotion.

Je m'embarque avec mes camarades en chemin de fer jusqu'au Mans. Nous arrivons dans cette ville sous une pluie battante. On nous fait ranger sur le champ de foire où nous retrouvons toutes les autres compagnies de notre bataillon, puis on nous distribue nos billets de logement.

Je suis logé avec mon sergent-major Peslier et un autre sergent chez un gros épicier, dont la femme, seule présente en ce moment, nous met à même de manger à sa table, nous recommandant d'être bien exacts à l'heure des repas et surtout, pour le coucher, de rentrer avant neuf heures. Cela ne faisait guère mon affaire, aussi je lui exprime mon désir de ne pas l'embarrasser et mon intention de descendre à l'hôtel, me contentant de déposer mon sac d'équipement chez elle. Je n'aurais pas pu m'habituer à cette odeur écœurante d'épicerie qui était répandue dans toute la maison, ni à la grossière nourriture, composée surtout de soupe, qu'elle m'avait servie au seul repas qu'en arrivant j'avais dû prendre chez cette aimable épicière.

Comme cela, je dînerai en ville et je coucherai tantôt dans un hôtel, tantôt dans un autre, selon les circonstances.

9 octobre.
Dimanche.
Ici, le matin, on nous fait faire l'exercice depuis 8 heures jusqu'à 11 heures. Après je m'en vais déjeuner avec des officiers amis, je prends le café et je retourne à 1 heure après midi au champ de manœuvres. Vers 5 heures je m'attable pour déguster l'absinthe quotidienne et aller dîner ensuite. La soirée se passe au café-concert où nous nous trouvons chaque soir en grand nombre. Enfin je me dirige vers un hôtel voisin pour y dormir.

Voilà en résumé mon existence dans la ville du Mans. Elle est moins monotone que celle de Sainte-Suzanne. Nous pouvons entre camarades nous donner de nombreuses distractions dont nous nous empressons de profiter, pensant bien que nous passons ici nos derniers jours de bon temps.

10 octobre.
Lundi.
Me voilà sergent de semaine. Cela va me donner un peu plus d'occupations en dehors des exercices ordinaires.

Quel bonheur ! On nous distribue aujourd'hui des fusils Chassepot ! Nous allons donc enfin abandonner nos vieux fusils à piston. Comme ils sont beaux ces petits fusils nouveaux ! Comme ils sont légers ! Comme on aura du

plaisir à faire l'exercice avec cette arme si coquette !
Seulement, quant à présent, nous ne savons rien en faire.
Il faudra qu'on nous apprenne le maniement spécial à ce
fusil. Pour cela, les sous-officiers doivent se rendre à
5 heures du matin à la caserne de l'infanterie où on leur
enseigne la nouvelle théorie, le montage et le démontage
du Chassepot qu'ils feront connaître ensuite à leurs
hommes. Bien entendu, nos officiers resteront ignorants
de tout cela : les sergents ne sont-ils pas là pour supporter tous ces embêtements ? Il faudra bien qu'ils
s'égosillent des heures entières pour faire entrer dans la
caboche de leurs hommes le compliqué maniement du
fusil nouveau modèle. Justement, en ce moment, je ne
me sens pas très bien disposé, je puis à peine crier :
Portez, arme ! Mon cœur se soulève immédiatement.
Aussi je commande souvent : *En place, repos !* Mes soldats n'en sont pas mécontents. Et moi, pendant ce temps,
je tâche de me remettre en humant l'air à pleins poumons.

Je sais parfaitement à quoi attribuer mon malaise.
Depuis que je suis au Mans, je ne fais que festoyer avec
l'un, avec l'autre. Je fréquente un peu trop mes amis
officiers : avec eux, les repas sont prolongés, très abon-
dants, les vins généreux coulent facilement. Et puis, les
nuits se passent presque blanches. A un tel régime,
on ne peut manquer d'être bientôt éreinté, tout brave
sergent qu'on soit.

11 octobre.
Mardi.
Je me sens de plus en plus malaise
et je me décide à demander au capi-
taine l'autorisation de ne pas prendre part aux exercices
de la journée et d'aller consulter le docteur. Mais, sur
ces entrefaites, je rencontre un vieil et joyeux ami et, au
lieu de me rendre à la visite, je vais m'asseoir dans un
café, jusqu'à l'heure du déjeuner, et je passe ma journée
et ma soirée comme les précédentes.

Le lendemain, mon état est le même et rien n'est changé dans mon existence.

13 octobre.
Jeudi.

Depuis hier, 12 octobre au soir, ma mère est dans la ville du Mans et me cherche ou me fait chercher de tous les côtés. Ce matin seulement, j'apprends son arrivée et l'hôtel où elle est descendue. Je m'empresse d'aller la retrouver et l'embrasser avant l'exercice du matin, pour venir ensuite déjeuner avec elle. A mon grand regret, il m'est impossible d'avaler une bouchée de viande, ni une seule gorgée de vin. Pour consoler ma mère, je lui promets de me rendre à l'hôpital, persuadé qu'un simple purgatif me remettra en bon état.

Je la reconduis à la gare où, après le déjeuner, elle reprend le train pour Laval. Elle me remet aimablement 250 francs, parce que, dit-elle, je vais bientôt m'éloigner encore et que, une fois en guerre, elle ne pourra plus correspondre avec moi. Je la remercie, lui prodigue les meilleures consolations et l'embrasse une dernière fois en la quittant.

Après midi, on nous a changé nos billets de logement. Je dois me rendre chez un marchand de nouveautés. Mais j'envoie mon brosseur y porter mon petit bagage et ne daigne pas paraître chez mon nouveau logeur. J'aime toujours mieux coucher à l'hôtel : cela me répugne d'aller demander un lit que je ne dois pas payer.

14 octobre.
Vendredi.

Ce matin, j'ai rencontré le docteur dans la rue et, après lui avoir détaillé mon état de santé, je l'ai prié de me signer immédiatement un billet pour l'hôpital. Comme je ne puis plus prendre ni boisson, ni aliment, il pense qu'une bonne purgation est nécessaire. D'ailleurs, une fois à l'hôpital, je serai forcé de me reposer, et ce sera un grand point.

Je m'y rends vers cinq heures, avant que mes amis puissent me rencontrer en venant prendre leur apéritif.

On m'envoie coucher dans une salle avec cinquante variolés en convalescence. On me distribue une chemise et un bonnet de coton, et je me mets au lit.

J'étais déjà en train de dormir, lorsque, tout d'un coup, j'entends un bourdonnement assez fort autour de moi. Je me réveille en jurant : c'était la prière du soir, suivie de longues litanies et d'interminables *Ave, Maria* que les sœurs infirmières chantaient, tandis que les malades marmottaient les réponses. Enfin, au bout de deux heures, je me rendors d'un sommeil réparateur.

15 octobre.
Samedi.

Ce matin, de bonne heure, les prières et les litanies ont recommencé. Puis un gros docteur arrive. C'est un homme d'au moins 100 kilos. Je ne sais s'il est bon médecin, mais, à coup sûr, c'est un gaillard qui a la santé solide. Il me tâte le pouls, me fait tirer la langue et m'ordonne une purge à l'eau de sedlitz. Je fais une légère grimace, j'aurais préféré la limonade que je prenais habituellement. Mais je n'ai pas le droit de faire des observations. Une heure après, j'avais avalé ma purgation. Seulement, comme le bouillon de choux qu'on m'offre ensuite me répugne, je le fais clandestinement passer par la fenêtre.

Vers cinq heures, le soir, on me demande si je me sens de l'appétit. Je réponds que oui, sans avoir pourtant le moindre besoin de manger. Alors, je m'attable avec le commun des martyrs, toujours avec mon bonnet de coton sur la tête et je me place entre deux autres bonnets pareillement de coton. Ma situation me semble très gaie. Ne pouvant manger, je passe ma portion à mes voisins qui la reçoivent avec un sourire béat et me trouvent un garçon charmant.

La sœur me félicite de mon bel appétit et me promet de demander mon élargissement pour le lendemain. C'est ce que je désire ardemment. Je me sens plus mal le soir, mais je n'en dis mot, je crains trop de rester dans cette salle infecte. Je me couche et m'endors au murmure monotone des prières du soir.

16 octobre.
Dimanche. Ce matin je me sens encore plus malade qu'hier au soir. Cependant, à l'arrivée du gros docteur, je demande à sortir. Je reçois un refus formel, ma langue est trop blanche. Je suis désolé, d'autant plus que le bruit court que notre bataillon va partir. Je cherche quel moyen employer pour m'enfuir. Les événements me servent heureusement. De nouveaux malades arrivent de tous côtés, on ne sait plus où les caser. Je propose mon lit que la sœur accepte et je reprends mes vêtements militaires au galop pour m'en aller de l'hôpital, sans penser seulement qu'il me faut un billet de sortie signé du docteur. Je me faufile au milieu des allées et venues des nombreux visiteurs du dimanche et je me rends sans encombre en ville. Les jambes me manquent un peu, comme après une forte fièvre. Pour me donner du ton, je me fais servir, coup sur coup, deux chartreuses au café le plus proche.

Vers six heures le soir, je me sens beaucoup mieux ; je puis même légèrement boire et manger aussi. A cette heure-là, je me trouve au café avec le lieutenant-payeur Lamy, avec lequel je suis très lié. Il me montre une dépêche dans laquelle Delâttre, ami de Gambetta et nouveau préfet de la Mayenne, me nomme sous-lieutenant dans le 1er bataillon. Mais je suis trop républicain pour le commandant Cha.... qui refuse de m'accepter. Je resterai donc sergent comme devant ; ce qui ne m'empêche pas de passer une bonne soirée, et la santé, qui semble décidément me revenir, me rend ma bonne humeur.

17 octobre.
Lundi.

Ce matin, je me sens bien disposé, aussi je compte me représenter aux exercices de ma compagnie. Mon capitaine, en me demandant gracieusement de mes nouvelles, me félicite d'être sorti si tôt de l'hôpital, parce que, ajoute-t-il avec un aimable sourire, je dois être nommé officier dans le 4e bataillon qui se forme à Laval en ce moment. C'est lui-même qui me recommande pour cette nomination et je l'en remercie.

Dans l'après-midi, nous allons chercher 90 cartouches pour chaque homme. Nous devons partir vers le 19 de ce mois.

Ce soir, vers onze heures, je cherche un gîte pour une nuit avec mon ami le sous-lieutenant Camille. On nous refuse de tous côtés et nous sommes obligés d'aller nous réfugier jusqu'auprès de la gare.

18 octobre.
Mardi.

En rentrant dans l'intérieur de la ville pour gagner le champ de manœuvres, le lieutenant Camille et moi, nous apprenons que l'ordre de partir est donné pour ce soir 6 heures. Vite, je cours préparer mon sac chez mon négociant logeur en le remerciant. Il doit se demander de quoi je le remercie, puisque je ne suis pas allé coucher chez lui une seule nuit. C'était tout de même une politesse que je lui devais.

Avant de partir, je dîne avec le père du lieutenant Camille et, à 6 heures précises, nous allons prendre le train pour Tours. Quel tumulte dans la gare ! Dans les wagons, tous les soldats chantent à tue-tête, on ne s'entend pas parler. Enfin, le train se met en marche et nous arrivons à minuit dans la capitale de la Touraine.

A TOURS

Nous nous mettons en ordre pour nous rendre à une caserne quelconque. Celui qui nous sert de guide connaît si bien son chemin qu'il nous fait traverser la ville deux ou trois fois avant de trouver notre casernement. Enfin, à près de 3 heures du matin, nous entrons dans la caserne des Récollets. Celle-ci était vide ; personne pour nous recevoir, si bien qu'après une heure d'attente nous étions encore debout dans la cour pendant qu'on cherchait la place pour chaque compagnie. Enfin, je trouve pour moi un ignoble matelas de troupier, je jette ma couverture sur mes jambes, je m'étends de mon mieux et tâche de dormir.

19 octobre.
Mercredi.
Quelle nuit affreuse je viens de passer ! J'ai été mordu tout le temps par des punaises. Ma paillasse était tellement dure, que je ne pouvais rester dans la même position sans bientôt ressentir des crampes. Et puis, c'était la première fois que je couchais tout habillé. Comme je regrette mon bon lit d'autrefois !

On nous consigne pendant la matinée dans notre dégoûtante caserne, ne nous laissant sortir que pour déjeuner. J'en profite pour visiter la ville que je trouve bâtie aussi proprement et presque dans le même style que notre ville de Laval. Le soir, à 9 heures, je viens recoucher sur mon ignoble matelas.

20 octobre.
Jeudi.
Allons, bon ! me voilà de garde au poste de la caserne. C'est là une corvée peu amusante ! Heureusement, on me permet d'aller déjeuner et dîner en ville et je me promets de prolonger mes repas le plus possible. Le poste est ren-

forcé par des dragons. Je trouve parmi eux des jeunes gens de bonne famille, engagés pour la guerre. Nous faisons vivement connaissance et nous allons plus d'une fois trinquer à nos santés mutuelles dans le petit café du coin.

Cette nuit, je vais avoir un lit encore plus dur que celui sur lequel j'avais couché précédemment. En effet, je m'étends mollement sur le pavé du poste avec mon sac comme oreiller et ma couverture comme drap. Enfin ! c'est la misère qui commence.

21 octobre.
Vendredi. Je me réveille avec le dos courbaturé. Vite (j'allais dire : je saute du lit), je me lève et vais plonger ma tête dans le baquet plein d'eau qui est à la porte, puis je cours me réchauffer l'intérieur en avalant un généreux café, toujours dans le petit établissement du coin.

A 10 heures, je suis appelé chez un capitaine de place qui s'emporte militairement contre moi parce que tout autour des murs de la caserne gisent des sentinelles mal odorantes. Je lui réplique que ces dites sentinelles occupaient leur place avant même notre entrée dans les lieux. Il ne comprend pas et il me commande de balayer tout cela et de faire en sorte que la place soit proprement nettoyée en deux heures, sans quoi il me flanque en prison pour m'apprendre mon métier de chef de poste à sa caserne. Bougre, quel pète-sec ! Je distribue illico tous les balais que je puis découvrir à mes hommes et vite tous se mettent à l'ouvrage sous mon œil de sergent.

A midi, toutes mes cours sont d'une propreté remarquable et, juste à ce moment, nous recevons l'ordre de quitter Tours pour aller à Vendôme. Je prépare mon sac et à 3 heures je quitte le poste des Récollets et aussi mes nouveaux amis. Nous sortons de la ville pour aller pren-

dre le chemin de fer dans une petite gare située à une
lieue. Là nous achetons du pain, du vin, du fromage, car
on nous prévient que peut-être camperons-nous le soir
même. Cette perspective me sourit peu !

A VENDOME

A 7 heures nous arrivons à Vendôme. nous traversons
la ville dont les habitants se tiennent aux portes de
leurs habitations pour nous saluer comme des sauveurs.
Il paraît que les Prussiens ne sont pas bien loin et qu'ils
menacent d'entrer dans la vieille cité.

Sur la place de l'Hôtel-de-Ville où on nous fait ranger,
on nous annonce que le bataillon va rester ici toute
la nuit. Alors de nombreux Vendômois accourent pour
emmener dans leurs maisons les moblots enchantés. C'est
à qui en logera le plus : on voit des voitures de paysans
s'en aller avec un chargement de dix à douze soldats pour
les héberger jusqu'au lendemain. Je n'ai jamais vu pareil
enthousiasme. Mon sergent-major et moi sommes con-
duits par deux aimables personnes, dont un vieux Parisien, dans une magnifique demeure. Nous y dînons et
causons beaucoup, puis nous allons nous reposer dans un
assez mauvais lit que nous trouvons quand même bien
bon en comparaison de nos grabats rocailleux des ca-
sernes de Tours. C'est la dernière nuit que je dois coucher
entre deux draps : aussi je compte bien dormir.

22 octobre.   De bonne heure le matin je me
Samedi.   lève et sors pour visiter un peu la
ville qui est très pittoresque avec certaines de ses rues
où la rivière coule au pied des maisons. J'ai surtout
admiré une de ses vieilles églises et la tour de son antique
château élevé sur le haut d'une colline.

Nous devons. paraît-il, partir à une heure après midi

pour Châteaudun, que les Prussiens viennent de brûler. Avant le départ je veux chercher à déjeuner dans un établissement quelconque ; mais je ne rencontre rien dans les différentes rues que je parcours. J'achète alors un pain et, après en avoir grignoté une confortable portion, j'attache le restant à mon sac.

A l'heure dite, nous nous mettons en route, et après quatre heures de marche, nous nous arrêtons pour camper dans la plaine de Bel-Air.

AU CAMP DE BEL-AIR

Quel joli coup d'œil nous avons pu admirer pendant que nous marchions ! Plus de 10.000 hommes couvraient une route magnifique ; partout où on jetait les regards, ce n'étaient que fusils, que soldats ! C'était un panorama merveilleux et impressionnant.

Arrivé au camp, j'aide mes camarades à construire la tente qui doit nous servir d'abri. Cette première opération marque notre véritable entrée en campagne. Nous avons un mal inouï pour accomplir ce travail, nos mains sont encore inhabiles. Enfin, au bout d'une demi-heure, nous réussissons à établir assez solidement la fragile maison que nous admirons avec fierté.

Mais cette reposante contemplation ne dure pas longtemps ; en effet, l'ordre arrive subitement de partir de suite en grand'garde à une lieue du camp. Il faut laisser là notre si engageante tente, remettre le sac au dos et filer. Nous nous figurons, avec l'imagination pleine d'inexpérience, que nous allons à la rencontre des Prussiens. Aussi, avant de quitter les amis que nous laissons au camp, nous leur serrons la main avec une étreinte émue, comme si nous ne devions plus nous revoir. Je pars avec ma demi-section et on nous poste sur une hauteur avec défense d'allumer du feu et de dresser le moindre abri. Je me réfugie sous un pommier et m'asseois sur un tas de petits cailloux sur lequel je dois me résigner à passer la nuit. Depuis que nous sommes dans la plaine de Bel-Air, il tombe une pluie torrentielle et mon pommier, dépouillé de feuilles, ne me garantit guère. De plus, comme sergent, j'ai la corvée d'aller, toutes les deux heures, placer six sentinelles à deux kilomètres plus loin ; aussi ma nuit promet d'être plutôt pénible.

Tous mes hommes sont misérablement couchés autour de mon arbre et, ne pouvant s'endormir, commencent à jurer contre le métier. Je bois une goutte de cognac que j'ai conservé dans mon bidon pour chasser la fraîcheur qui menace de me gagner et je ferme les yeux pour tâcher de sommeiller.

23 octobre. **Dimanche.** Quelle nuit affreuse je viens de passer, mon Dieu ! Comme j'ai le dos, les reins et tous les membres courbaturés ! Je suis trempé comme une soupe : tout le temps il a plu et fait un vent terrible. Nos couvertures sont imprégnées d'eau. Ah ! il est gai notre premier dimanche de campagne !

A une heure après minuit, j'ai fait une reconnaissance, accompagné de mon sergent-major, par une pluie battante. Nous cherchons, selon la mission dont on nous a chargés, des Prussiens sans jamais pouvoir en découvrir un seul. Et après des recherches que nous comprenons inutiles, nous revenons à notre pommier-abri et, maintenant que le jour est venu, nous pouvons allumer du feu pour sécher nos vêtements. Ensuite je vais à la maraude et achète chez les paysans voisins du pain et des poulets. J'ai pris aussi un peu de paille pour pouvoir allonger mes membres dessus.

Je grille un poulet, et malgré le vent terrifiant et la pluie qui, tombant à torrents, a bientôt inondé ma litière,

je mange avec un groupe de camarades, de fort bon
appétit.

A midi notre poste est relevé et nous rentrons au camp
en enfonçant jusqu'aux chevilles dans une boue épaisse.
Là je retrouve ma tente bien dressée et les amis qui sont
en train de préparer la soupe pour le repas du soir.
Nous ne manquons pas de paille et tout me fait espérer
que je vais bien dormir et réparer mes fatigues.

24 octobre.
Lundi. C'est encore une mauvaise nuit
que je viens de passer. Une tempête
épouvantable souffle sur le camp : le vent s'engouffre
sous nos tentes et menace de les enlever. De plus, je ne
suis pas habitué à coucher sous de si petits abris : j'allonge mes jambes comme dans un lit, si bien que mes
pieds passent sous la toile et reçoivent la pluie du dehors.
Et comme il a toujours plu, je me réveille glacé par l'eau
et le froid.

Je viens d'écrire à ma mère pour l'informer du lieu où
je me trouve et la mettre au courant de notre nouvelle
situation.

Depuis notre arrivée ici, nous n'avons pas reçu de
pain. Nous sommes privés d'eau potable et manquons
de bois pour faire du feu. L'intendance, dit-on, ne fonctionne pas encore régulièrement. Nous nous contentons
alors de manger du biscuit trempé.

Depuis deux nuits que je couche tout habillé sur la
dure, autant dire sur la terre, j'ai les fesses et les côtés
tout meurtris. Que sera-ce donc au bout d'un mois passé
dans les mêmes conditions ! Mais il faut quand même se
dégourdir pour aller à l'exercice et puis après on devra
s'occuper de préparer la soupe.

A 4 heures ce soir nous ne savons pas encore ce que
nous mangerons pour dîner. Je me dispose à allumer le
feu, pensant que les camarades parviendront à trouver

de l'eau suffisamment pour remplir notre marmite et quelque chose peut-être à mettre dedans. Ce matin, j'étais arrivé à faire une soupe délicieuse avec un vieux reste de poulet, un manche desséché de gigot et quelques choux et navets. Je suis de semaine pour faire la cuisine et je m'applique le plus que je puis pour la réussir. On est si content quand on peut manger à peu près convenablement ! Ce qui n'est pas toujours facile.

A éplucher mes légumes, tisonner mon feu, en un mot à faire le ménage, j'ai les mains comme un vrai paysan, j'ai la figure comme un charbonnier. Depuis que nous sommes campés ici, je ne me suis pas lavé une seule fois. Il n'y a pas assez d'eau pour se payer ce luxe.

Il est 6 heures. Notre soupe va être bien maigre ce soir. Mais avec un peu d'appétit nous la dévorerons quand même bien.

Aujourd'hui un grand mouvement s'est opéré dans notre camp. L'artillerie a pris de nouvelles positions et une partie de notre infanterie a poussé une reconnaissance à quelques kilomètres en avant. Craindrait-on une surprise de l'ennemi ? Cela ne me préoccupe guère et, avec l'insouciance que je désire garder dorénavant, je vais me coucher.

25 octobre. Décidément la vie de camp est in_
Mardi. supportable : le pauvre troupier ne peut pas y dormir tranquille. A 1 heure, cette nuit, le clairon sonne tout à coup le rappel et, vite, il faut se réveiller, se lever et accourir en armes ! Quelle émotion lorsqu'on entend, au milieu du grand silence de la nuit, ce cri lugubre : « Aux armes ! »... A cet appel j'ouvre un œil, je cherche à tâtons mes souliers, je boucle mon sac, prends mon fusil et mes cartouches et sors à quatre pattes de ma tente pour aller faire lever mes hommes qui, malgré les sons retentissants du clairon, ne veulent pas se réveiller.

Au bout de peu d'instants, la compagnie se met en ordre de bataille. Je croyais cette fois que c'était sérieux et que nous allions aller au-devant des Prussiens. Après une heure d'attente on nous fait former les faisceaux, on place çà et là quelques sentinelles, puis nous rentrons nous coucher. Et c'est tout !

Au matin, rien de nouveau ; nous reprenons nos habitudes et déjeunons avec un morceau de bœuf froid. C'est tout le menu.

Il pleut presque continuellement. Aussi je commence à ressentir les malfaisants effets de l'humidité et ma gorge est un peu endommagée. Contre la pluie qui, aujourd'hui, ne cesse pas, nous nous abritons sous nos tentes sans oser mettre le plus petit nez dehors.

A 5 heures du soir, l'eau tombe toujours ! Quelle triste existence que celle que nous menons dans ce camp de Bel-Air ! Toute la nuit on essaie de dormir, sans la plupart du temps y réussir : tout le jour on reste couché sous la tente, sur sa paille humide, sans pouvoir s'appuyer le dos, avec impossibilité de s'étendre ni de se lever. Mes souliers sont en ce moment tellement imbibés d'eau que je n'ose les enlever, car alors, je serais sûr d'être incapable de les remettre. La boue commence à pénétrer et à faire pourrir notre maigre litière. Nous n'avons plus que de l'eau de rivière pour notre soupe, dans laquelle nous faisons bouillir un morceau de bœuf. Quelle misère !

26 octobre.
Mercredi.

Toute la nuit le vent et la pluie n'ont pas cessé. Ce matin, je me décide à laver mon linge, mais je ne réussis guère dans mon opération et mes mouchoirs ne sont pas plus propres après qu'avant. Mais, tant pis, je m'en servirai comme cela.

A 11 heures, un épouvantable coup de vent démolit

notre tente. Nous devons la reconstruire sous une pluie battante. Nos fusils se rouillent si facilement sur notre paille mouillée que nous sommes forcés de les nettoyer une et deux fois par jour. C'est pour nous une grande distraction et, quand ils redeviennent brillants, une énorme satisfaction.

A déjeuner, nous dégustons une succulente soupe à l'oignon, suivie d'un morceau de bœuf avec, comme dessert, du riz au sucre qui sent surtout la fumée. A dîner, il y aura grand régal avec une oie cuite dans la marmite : ça, c'est épatant ! Nous autres, sous-officiers, allons avoir à partir d'aujourd'hui un cuisinier chargé de fabriquer notre cuisine, tout comme des aristos.

Quand je regarde mes mains, je suis honteux de leur état de saleté. Aussi, je m'éloigne un peu du camp et vais chercher une rigole quelconque avec, si possible, un peu d'eau pour mon lavage. Je finis par en rencontrer une toute boueuse, dont je me sers, avec la boue comme savon, et je m'en retourne tout fier de montrer mes mains blanches comme celle d'un curé... ou à peu près.

J'apprends en rentrant que l'on se bat à quelques lieues en avant et que nous partirons ce soir ou, au plus tard, cette nuit. La ligne et l'artillerie décampent déjà.

Tiens ! voilà un bienheureux soleil qui se montre juste pour faire sécher ma lessive et me permettre, dans la soirée, de plier mon linge sec et le caser dans mon sac.

A 6 heures vient la nouvelle que la droite de notre armée est engagée avec l'ennemi. Alors, gare à nous. Je prépare mes bagages à l'avance pour pouvoir me coucher tranquille.

27 octobre.
Jeudi.

A 5 heures du matin, on sonne le réveil. La nuit a été très froide. On nous annonce le départ pour 10 heures. Il faut vite démonter nos tentes et les ficeler au-dessus de nos effets pour aller à la rencontre des Prussiens. Heureusement. on vient de distribuer des sacs à tous les soldats de notre bataillon. Je jette celui que j'avais acheté au moment de notre départ de Laval pour en prendre un d'ordonnance. Maintenant. je suis prêt et convaincu que bientôt nous allons prendre contact avec l'ennemi.

Quel étonnant spectacle que celui de la levée d'un camp ! Quand toutes les tentes sont abattues, que l'on voit grouiller tous les hommes qui les habitaient. on croirait voir toute une fourmilière humaine sortant subitement de sous terre.

A 11 heures, par une pluie battante. nous quittons le camp de Bel-Air.

AU CAMP DE HOUCQUES

La pluie continue durant toute notre marche. Nous faisons deux grandes lieues à travers les champs labourés et détrempés par les averses. C'est épouvantable ! Vingt-cinq mille hommes piétinent dans cette terre molle qui n'est plus qu'une boue gluante lorsque nous arrivons. Il faut faire un effort pour lever les pieds qui restent collés au terrain. Quelques soldats y laissent leurs souliers. Parfois. un malheureux glisse. tombe et s'enfonce dans ce mortier boueux. incapable de se relever seul ! C'est horrible ! J'ai vu. et bien d'autres comme moi, un pauvre mobile s'enliser jusqu'aux genoux et bientôt jusqu'au milieu des cuisses. comme en sable mouvant, dans une partie plus vaseuse. et rester ainsi le haut du corps droit. sans force pour se retirer. Ceux qui passaient près de lui ne pouvaient le secourir sans s'exposer au même péril que lui. D'ailleurs. tout secours devenait inutile. Bientôt il ferma les yeux, la tête penchée : il était mort ! mort de fatigue. de faiblesse et sans doute aussi de frayeur. On ne s'arrêta pas pour cela, il fallait toujours suivre, toujours marcher.

Oh ! je me souviendrai longtemps de cette étape si cruelle et que facilement on aurait pu nous éviter. On avait en effet à sa disposition la grande route qui aurait allongé notre marche de quelques kilomètres, mais que nous aurions parcourus en bien moins de temps que le prétendu raccourci à travers les champs défoncés qui nous condamnait à tant de fatigue et à tant de souffrances. Mais nos chefs directs étaient incapables de la moindre prévoyance.

A 6 heures, le soir, nous traversons le bourg de Houcques et campons tout auprès. Je crois qu'il y a près de 60.000 hommes réunis ici. Quel coup d'œil ! Comme on trouverait ce spectacle grandiose si on avait le cœur gai ! Mais on est si fatigué, si abattu ! Pour comble, nous n'avons ni eau, ni pain, ni paille ! De la terre humide pour se coucher en attendant demain et la bataille. Quel métier !

La nuit vient vite : nous dressons notre tente et allumons un peu de feu avec du bois trempé péniblement ramassé pour sécher, si possible, nos vêtements si froids d'humidité. Quant à la soupe, ce soir, il ne faut pas y penser, car l'eau potable manque.

La vue de tous ces feux allumés si nombreux et sur une étendue immense est d'un effet inimaginable.

Je mange un œuf dur avec un biscuit et me mets à flâner mélancoliquement hors de notre tente. J'ai alors le bonheur de trouver à acheter un peu de paille au prix de 1 fr. 50. Je vais donc pouvoir me coucher convenablement et essayer de m'endormir pour me réveiller dispos, demain matin, pour la marche que nous devons entreprendre dès la première heure.

28 octobre. Je puis me vanter d'en avoir passé
Vendredi. une fichue nuit ! La pluie, battue
par le vent, frappe nos toiles avec fracas et les traverse
en venant nous mouiller des pieds à la tête. Je me ressens
un peu de la terrible étape d'hier, aussi je me réveille
avec une névralgie dans les tempes et le front. J'ai, de
plus, un peu de fièvre et mal dans le ventre. Je me lève
pour me glisser dehors ; mais j'ai de la peine à me tenir
debout tellement la boue sous mes pieds est grasse. Alors,
je rentre sous mon abri pour me livrer à mes rêveries
ordinaires, assez tristes pour l'instant.

A 9 heures, l'ordre est donné de plier les tentes pour
partir. Pendant deux heures, nous apercevons au loin
des troupes d'infanterie défiler sur la route d'Orléans.
Après, ce sera notre tour. Il paraît que nous allons former un corps de 60.000 hommes pour frapper d'un coup
terrible les Prussiens.

En quittant notre camp, on voit des soldats qui se
débarrassent de tous les objets qui ne leur sont pas indis-
pensables, pour alléger leurs sacs : ils jettent des souliers
percés, des sacs en toile, des vieilles brosses à cirage, etc..
qui sont ramassés par la foule de maraudeurs qui suivent
partout les armées.

A 10 heures, départ.

AU CAMP DE MARCHENOIR

Nous arrivons dans notre nouveau camp à 2 heures
l'après-midi. Le panorama est de toute beauté. Partout
où les yeux se portent, on ne voit que soldats. Pendant
notre route nous avons eu assez bon temps, mais, en
approchant des plaines près la forêt de Marchenoir, la
pluie a recommencé à tomber de plus belle. Aussi, nos
vêtements sont complètement traversés d'humidité : le
terrain est encore plus boueux qu'à Houcques et je me

demande avec effroi comment nous allons pouvoir dresser nos toiles de tente dans une terre aussi molle.

A 4 heures, je ne sais pas du tout ce que nous allons trouver pour manger au dîner. J'ai encore, heureusement, un pain de munition attaché à mon sac.

Pendant que mes collègues montent notre tente, je m'en vais en réquisition avec des mains d'un sale à dégoûter un chiffonnier ; mais, puisqu'il n'y a pas d'eau disponible, on ne peut pas m'en vouloir de ne point me laver. Au bout d'une heure, je reviens avec une poule et j'aperçois avec satisfaction mon gîte bien bâti. Nous mettons la poule au pot, c'est-à-dire dans la marmite, et, lorsque la nuit arrive, nous nous disposons à la manger. Mais la poule n'est pas cuite, il faut se contenter de manger la soupe. Comme cela, du moins, notre déjeuner pour demain est assuré.

Il paraît que, dans notre tragique course de Bel-Air à Houcques, nous avons laissé deux morts dans la boue. De plus, dans la nuit que nous avons passée près de ce dernier bourg, trois des nôtres ont succombé au froid et à la fatigue. Cela vient encore noircir mes idées et je vais m'allonger tristement sur la paille qu'on a étendue en couche légère dans notre habitation de toile.

29 octobre.
Samedi.

Je ne puis m'habituer à ces infectes tentes : il faut se courber en deux pour y dormir. Aussi, chaque matin, je me réveille avec des douleurs plus vives dans tous les membres. A l'heure du déjeuner, je sors de notre abri pour manger notre vieille poule d'hier et, grâce à l'eau que notre cuisinier en titre a pu découvrir dans un petit trou, nous avons dégusté un peu de café qui nous a semblé très bon. On y découvre bien un peu de boue et quelques petites bestioles qui vivent d'ordinaire dans l'eau croupie, mais nous n'y attachons pas d'importance et nous déclarons notre café excellent.

Après le déjeuner, l'ordre est donné de partir. C'est vraiment fatigant de toujours marcher ainsi avec son sac, son pain, sa viande et son fusil sur le dos ! Avec toutes ces marches à droite, à gauche, en avant, on mange trop mal pour réparer ses forces, on ne boit jamais à sa soif et on dort à peine pour se reposer.

Une bonne nouvelle qui circule ici me donne un peu de courage. On raconte que Bazaine s'avance sur Paris, que les Prussiens, à la rencontre desquels nous marchions, se sont repliés sur la capitale et que nous allons d'abord délivrer Orléans pour ensuite bloquer l'ennemi entre les fortifications de Paris et nos lignes. Quel beau rôle pour notre armée !

Nous nous rangeons de front, attendant le signal du départ, mais toujours avec de la pluie. Et dire que, depuis le temps qu'elle dure, nous n'y sommes pas encore habitués à cette satanée pluie !...

Allons bon ! voilà un contre-ordre. Nos tentes sont pliées, nos sacs ficelés et sur nos dos, et on nous commande de rester ici encore 24 heures ! Il faut recommencer l'ouvrage que nous venons de défaire ; quelle calamité, mon Dieu !

Il paraît que, pendant la nuit, un camp voisin du nôtre a capturé six uhlans. Cela prouve que les Prussiens sont bien près d'ici. Mais, gare à eux ! Car nous devons malicieusement décamper demain matin à 2 heures pour les surprendre et les écraser dans le bois où ils se cachent. Je vois que notre expédition vers Paris va se trouver retardée et que nous n'atteindrons pas de sitôt Orléans.

On nous lit pompeusement un ordre du jour pour nous exhorter au courage et à combattre vaillamment jusqu'à la mort. Comme c'est étrange d'entendre un chef recommander ainsi à ses hommes qu'ils doivent aller demain se faire tuer, sans murmurer ! Mais le soldat a si bon caractère, il est si peu rancuneux ! Aussi, j'ai écouté cet ordre du jour avec tout le calme dont je suis capable et je reste très disposé, après comme avant, si je dois me battre contre l'ennemi exécré, à défendre bravement et chèrement ma vie.

Je pense sérieusement à cette fameuse journée de demain où nous devons, paraît-il, déloger 20.000 Prussiens dans leur camp retranché. Ce n'est qu'après que nous irons reprendre Orléans actuellement occupé par l'ennemi, au nombre d'environ 100.000 hommes. Nous serons de 120.000 à 150.000 pour mener à bien cette expédition. En l'honneur de cette grande cérémonie, pendant un moment de loisir, je graisse mes souliers après les avoir dégagés de leur couche de boue, et je brosse ma tunique en faisant un peu reluire ses boutons.

Le ciel est très menaçant et cela me fait de la peine, parce que mes si propres godillots vont bientôt à nouveau être maculés.

Il est 6 heures du soir. Je crois que notre dîner ne sera pas brillant : je n'aperçois qu'un pauvre morceau de bœuf dans la marmite.

On vient, à l'instant, de nous faire une distribution de lard et de biscuits pour cinq jours. Cela suffira pour la campagne que demain nous commencerons et qu'on nous promet rude et difficile. C'est le moment d'aller se coucher pour être frais et dispos pour le lendemain.

30 octobre.
Dimanche. Quel triste dimanche ! il pleut à verse et nous allons être obligés de marcher pendant environ sept heures dans une épaisse boue à travers les champs. Il n'est que 6 heures et j'écris ces mots sans à peine y voir, car le soleil n'est pas encore levé.

Je viens d'acheter de quoi remplir mon bidon d'un assez mauvais cognac, mais qui parviendra quand même à me donner quelque force pour supporter les fatigues de notre prochaine marche, car il ne faut pas que nous comptions avoir le temps de préparer notre déjeuner. J'arrange mon sac, aide les camarades à plier notre tente et nous nous mettons silencieusement en route pour le baptême du feu.

AU CAMP DE PONTIJOU

Il est 1 heure de l'après-midi. Nous voici arrêtés dans la plaine de Pontijou. Nous n'avons pas rencontré un seul Prussien ; je ne sais vraiment pas quand est-ce que sonnera l'heure où nous nous battrons contre l'ennemi. Partis de Marchenoir à 7 heures ce matin, nous sommes arrivés ici à 1 heure. Nous avons fait une marche forcée à travers les champs ou sur des routes nouvellement empierrées : ce sont là des étapes éreintantes. Après cinq longues heures d'une pareille course, les pauvres soldats ont des mines piteuses, défaites, décomposées. De tous côtés on rencontre des hommes endormis dans la terre boueuse le long de la route, des traînards qui suivent avec peine la colonne.

Je parviens à un peu me distraire de la lassitude ordinaire en faisant des rêves tout éveillé. Je me vois entrer avec l'armée victorieuse dans Paris, après de rudes combats, la figure noircie de poudre, et traverser mon vieux quartier Latin où j'ai laissé tant de bons amis. Ma pensée s'envole au loin, jusqu'à mon petit logement d'étudiant, tout plein de délicieux souvenirs, où j'ai goûté tant de bonheur tranquille que peut-être je ne retrouverai plus.

Nous nous arrêtons quelques instants dans un bourg où je puis acheter des tablettes de chocolat oubliées par les Prussiens qui ont passé par là.

Le soleil, par extraordinaire, nous a accompagnés presque tout le temps de la route : c'est bien gentil de sa part, seulement il est cause que nous souffrons beaucoup de la soif. Au bout du bourg j'ai la joie de me payer une côtelette de porc au prix de 75 centimes. C'est pour rien, vraiment. Je suis très tourmenté par les accès de fièvre qui ne me quittent guère et qui me font craindre parfois de ne pouvoir suivre la campagne jusqu'au bout.

Nous campons dans les plaines de Pontijou et, sitôt notre tente dressée, je vais opérer des perquisitions alimentaires. Chemin faisant, j'ai la chance de rencontrer un ruisseau qui me permet de me laver la figure et les mains, et puis aussi le peu de linge sale que j'ai dans mes poches. Après cela, je rentre au camp avec seulement quelques bouteilles de vin que j'ai pu découvrir. Je mange ma côtelette et me coule sous nos toiles pour essayer de reposer.

31 octobre.
Lundi.

Encore une mauvaise nuit : la pluie et le vent ont fait un vacarme épouvantable tout le temps. Je me réveille avec un fort mal de gorge causé par le froid aux pieds dont j'ai souffert. Aucun ordre nouveau n'est arrivé jusqu'à nous. Je sors de la tente pour manger la soupe faite avec le bœuf qu'on nous a distribué. Toujours le même fricot, mais cette fois complété d'un café extra. Dieu, quel café ! C'est de la bouillie de marc ! Mais, avec un peu de mon cognac, il peut encore se boire.

On nous fait cadeau en ce jour mémorable de pantalons neufs et de belles guêtres blanches. Je dépose ces effets dans un sac appartenant à la compagnie. Je les garde pour le moment où, comme on nous le promet si souvent, nous entrerons à Paris : car alors, je tiens à ce que ma tenue militaire soit pimpante. Pourvu que les bagages de la compagnie ne soient pas volés durant nos allées et venues ! Ce ne serait pas la première fois.

C'est vraiment un jour exceptionnel que ce jourd'hui !

Le capitaine vient de faire tuer un mouton pour le partager entre les 170 hommes de la compagnie ! Ce matin, au déjeuner, nous autres galonnés, nous avons eu des côtelettes. Pour le dîner, nous ferons cuire un gigot en ragoût. Quelle régalade !

Nous ne devons partir que demain matin : renfermons-nous donc sous la tente. On ne peut se figurer à quel point on se crétinise sous de semblables cambuses ! On rêvasse, étendu sur sa paille, en attendant le repas. Comme il n'y avait pas de pommes de terre à notre disposition, au lieu du prémédité ragoût, nous avons fait un rôti avec notre gigot ; mais, sans beurre pour le cuire, il est diablement desséché. Heureusement, nous avons quatre litres de vin pour l'arroser. Ça c'est une vraie noce !

Mais l'éclat de notre festin ne parvient pas à dissiper notre mélancolie. Moi surtout, je me sens envahi par les idées les plus noires. Je pense trop souvent à tout ce que j'ai laissé à Paris. Je songe que le mois où je dois payer mon terme de loyer est passé et, naturellement, je n'ai pu l'acquitter à son échéance. Que va dire le propriétaire ? S'il a le malheur de toucher à ce qui m'appartient, je crois que, sitôt libre, je chercherai tous les moyens pour me venger de lui.

Une autre idée m'attriste aussi : la fièvre ne me quitte pas et mes douleurs de ventre deviennent plus vives. Quel chagrin, si je me voyais forcé d'entrer à l'hôpital et d'abandonner ma compagnie ! Une fois là, il me faudrait bien y rester jusqu'à complète guérison, même si la campagne était terminée. Cette vilaine pensée me décourage.

A 5 heures du soir, nous venons de faire deux heures d'exercice à travers les champs labourés : cela m'a beaucoup fatigué. Je m'allonge sous la tente en attendant le moment du dîner qui doit se composer de soupe au riz cuit à l'eau. Du moins, nos menus sont variés.

Je viens de rencontrer deux amis du lycée : l'un, de la ligne, Ricou ; l'autre, des chasseurs, Métayer. On est étonné de se rencontrer sous trois uniformes différents.

L'aumônier de notre régiment rôde beaucoup en ce moment autour de notre tente de sous-officiers. Heureusement, mon air rébarbatif lui enlève l'envie de m'aborder : il se contente de trouver que j'ai l'air d'un vieux sergent de l'ancien temps, fort peu engageant.

Après dîner, je vais me coucher, et, comme je suis seul quelques instants, j'en profite pour m'allonger et détirer mes membres.

1ᵉʳ novembre.
Mardi.

C'est la Toussaint ! Cette date me rappelle un anniversaire tout intime. J'étais allé, accompagné d'une amie bien chère, à une revue passée à Longchamps, aux portes de Paris. Comme ce jour-là j'en avais vu des beaux soldats, bien habillés, bien en rang, les boutons et les armes reluisants ! Quel plaisir j'éprouvais à les regarder passer l'air si martial, si fier ! Comme j'étais heureux alors !

Aujourd'hui, 1ᵉʳ novembre, j'aperçois aussi beaucoup de soldats devant mes regards. Mais qu'ils sont tristes à regarder ! Comme ils ont l'air malheureux ! Les fanfares ne sonnent pas à Pontijou gaiement comme à Longchamps. Ici, tout est sombre, tout est lugubre ! Combien cela va-t-il encore durer ? Je suis vraiment bien fatigué de mon sale métier militaire !

Voici l'heure du premier déjeuner ; je vais tremper un biscuit dans mon café.

A 8 heures, ce matin, on a célébré la messe au camp : je me suis empressé de ne pas m'y rendre, trouvant plus profitable de me réchauffer au-devant du feu allumé près de notre tente. Une fois cette messe terminée, nous nous occupons de confectionner notre déjeuner. Quel déjeuner, bon Dieu ! Un morceau de gras de lard, autant dire du suif, avec un chou, le tout dans la marmite : cela doit suffire pour nous sept. Pour marquer ce jour de fête, on nous a distribué à chacun un demi-paquet de tabac. Cela m'a peu touché, car je ne fume presque plus. je n'y pense plus. C'est un tort sans doute, car fumer, c'est se distraire.

Il fait un peu de soleil, mais le temps est bien froid, et, comme il a plu toute cette nuit, nous avons les pieds glacés par l'humidité.

Chaque jour il tombe des hommes malades.

Si nous continuons à camper ainsi dans la boue, au bout de quinze jours la mobile sera diminuée de moitié. Nos pauvres mains sont toutes crevassées et nous n'avons que de l'eau boueuse pour les laver.

De temps en temps, le soir avant de me coucher, je vais faire la causette avec quelques amis. Là on me fait la confidence que si, malgré plusieurs propositions pour ma nomination au grade d'officier, on ne m'a pas encore accepté, c'est à cause de ma grande influence sur mes hommes et de mes idées républicaines qui sont tout à fait en opposition avec celles des chefs de notre mobile. Et puis, il m'arrive parfois de jurer des noms de Dieu, comme un vieux sergent, et cela n'est guère recommandable.

J'aperçois les camarades qui reviennent des provisions avec une perdrix, une poule, des choux, des pommes de terre, du beurre et du fromage. Quelle aubaine et quel festin pour ce soir ! Je me frotte les mains pour témoigner mon contentement aux camarades qui me regardent d'un air triomphant.

On parle de nous faire rester encore quelques jours ici. A quoi servons-nous donc avec nos airs de guerriers en colère ? A-t-on peur ? On cause vaguement de la paix. Attendons-nous ici la fin des questions diplomatiques qui doivent se traiter à ce sujet ?

Pendant notre repos nous grillons de notre mieux du café en grains, distribué ce matin, pour le moudre ensuite. Nous serons heureux d'avoir pris cette précaution en cas de nouvelles étapes. Je me trouve dans une bien navrante situation comme linge. Je n'ai en effet qu'une chemise qui en ce moment est sur moi, un mouchoir dégoûtant, une paire de chaussettes sales et humides. Moi qui avais jusqu'ici des habitudes de propreté plutôt exagérées, je souffre beaucoup de mon dénuement. J'ai toujours une petite brosse à ongles dans ma poche et chaque fois que mon pantalon se macule de boue, je le frotte à l'user jusqu'à la corde.

Il est 5 heures du soir. Je viens de faire une excursion dans le bourg voisin de notre camp. Je me suis présenté pour prendre du café dans une auberge : j'ai dû l'avaler sans sucre, car les Prussiens n'en ont pas laissé le moindre morceau. Puis je reviens au camp avec un appétit dévorant. En guise d'apéritif, on m'apporte la nouvelle de notre départ demain avant le jour. C'est sans doute dans l'intention d'aller dénicher l'ennemi quelque part. Après un repas réconfortant, je me couche sur ma vieille paille où j'espère me reposer dans un bon sommeil.

2 novembre.
Mercredi. A 5 heures, ce matin, on sonne le réveil, pour nous inviter à plier bagage lestement. afin de partir au plus vite. Une fois bien rangés en ordre. le sac au dos, nous recevons le commandement de redresser nos tentes pour demeurer encore ici. Rien n'est décourageant comme ces fausses alertes. Après tout. on veut peut-être simplement nous forcer à changer l'air malsain renfermé sous nos toiles-abris.

Allons ! la journée commence mal. A peine notre camp est-il réinstallé. qu'on nous apprend que Metz a capitulé, que Bazaine. après s'être vendu. a rendu les armes ! Le lâche ! le traître ! Encore une ignoble créature à Bonaparte ! Tous ces généraux de salon montreront ainsi qu'ils n'ont ni patriotisme, ni courage. Cette fatale nouvelle m'a donné un coup au cœur. On nous berçait, depuis quelques jours, dans l'idée d'une paix prochaine. Mais ce n'était pas une paix honteuse comme celle qu'une pareille trahison peut préparer que j'attendais et espérais.

Si des hommes comme Bazaine osent revenir à Paris, j'espère bien que le peuple entier se ruera sur eux et piétinera sur leur ignoble corps. Enfin, tout n'est peut-être pas fini, oublions, si possible, ce triste événement.

A 7 heures, nous avons eu un exercice assez prolongé : il a fait bien froid, il gelait à glace et c'est avec peine que nous parvenions à tenir en mains nos fusils. Pendant près d'une heure, j'ai souffert d'une onglée très douloureuse.

Hier, j'avais eu un bon dîner, mais en revanche, ce matin, je crois que je vais me brosser le ventre. Nous n'avons qu'une soupe maigre : on nous promet de la viande pour ce soir.

Ce que c'est que la destinée ! Depuis que je suis soldat en campagne, je comprends que j'ai le devoir, si la bataille se présente, de tuer les hommes qui seront en face de moi, du côté ennemi. Or, tantôt, en voyant assommer des bœufs, j'étais indigné de la douleur qu'on leur faisait subir.

Après-midi, je n'ai rien à faire, aussi je vais me plonger dans le plus profond de mes réflexions. Je pense qu'une guerre civile, dans l'état où se trouve politiquement la France, pourrait éclater à Paris avant notre libération du service militaire. Ce serait pour tous un grand malheur ! Une guerre civile retarderait, en effet, notre marche sur la capitale. Et puis, la mobile restant organisée, on voudrait sans doute s'en servir. De quel

côté nous rangerait-on ? Je serais outré de me battre
avec des chefs tels que les nôtres, tous jésuites, bonapartistes ou légitimistes. Ils voudraient tourner leurs armes
contre la République. Si, du moins, on nous fait rentrer
à Laval, je pourrais exprimer au préfet républicain mon
désir de ne pas combattre, tant qu'à notre tête nous
aurons de pareils chefs.

Mais si, malheureusement, nous restons dans les camps,
il me faudra bien suivre mes chefs, sous peine de déser-
tion et de toutes les suites. Je me verrai donc forcé de
me battre pour aider un prétendant quelconque à s'em-
parer du pouvoir. Du moins, personne ne pourra
m'obliger à tirer un coup de fusil et tous les galonnés qui
m'entourent ne m'empêcheront pas de crier à pleins
poumons, à leur commandement de feu: Vive la France,
vive la République, à bas Bonaparte !!!

Nous voudrions bien actuellement savoir ce qu'on
veut faire de nous. Notre camp ne se trouve qu'à quatre
lieues de Blois. Je viens de recevoir une bien aimable
lettre du docteur Lebail, de Sainte-Suzanne. J'en écris
une à ma mère qui doit être très tourmentée sur mon
sort.

On fait, en ce moment, de grands efforts pour ramener
la discipline dans l'armée. Aussi on fusille chaque jour
les soldats maraudeurs, voleurs de poules, de bois, de
linge, et d'autres aussi pour insulte envers les supérieurs.

Notre camp devient de moins en moins pittoresque.
Quand on se promène autour de nos tentes, on ne voit
que boyaux de cochons ou de vaches tués pour les
besoins de la troupe. C'est là un spectacle peu ragoûtant.

Chaque matin je me réveille avec mon même mal de
gorge. Ce sont probablement les quelques pipes que je
me suis remis à fumer qui m'occasionnent ce malaise.

A 4 heures l'ordre est donné de ne pas nous éloigner
du camp, parce que, d'un moment à l'autre, nous som-

mes destinés à partir. Je le désire vraiment. Je préférerais chaque jour faire une étape plutôt que de rester dans un camp où la vie est si monotone. Ici, quand on sort de dessous sa tente, on ne rencontre que des binettes grelottantes, décomposées. Tout le monde maigrit à vue d'œil, on ne trouve plus rien à se dire. Le plus profond découragement est peint sur chaque figure. Aux repas, on se dépêche d'avaler sa soupe et son bœuf. tellement le froid vous pince aux doigts.

Pour nous distraire, on nous fait faire une heure d'exercice dans les terres labourées et boueuses : aussi, en rentrant, nous avons une livre de terre collée à nos souliers. Je grignote une tablette de chocolat en attendant le repas. J'ai eu le bonheur de me procurer de l'encre pour remplir mon encrier qui était presque vide.

On prétend qu'un armistice vient d'être signé pour vingt jours. Serait-ce pour conclure la paix ? La journée est finie, on se couche.

3 novembre.
Jeudi. Toute la nuit, j'ai rêvé à la paix. Je rentrais chez moi, à Paris. Malheureusement. mes beaux rêves étaient souvent interrompus. Il faisait si froid, qu'à plusieurs reprises je me réveillais littéralement gelé. Je ramenais alors ma couverture sur mes membres pour les réchauffer et tâchais de me rendormir. Je n'avais pas encore autant souffert de la température. Le vent glacé qui passe à travers les fentes de nos toiles nous pénètre. Et. une fois qu'on se met à grelotter, on a bien du mal à reprendre de la chaleur.

Une idée ne me quitte pas. c'est celle que la guerre ne durera pas longtemps à présent. Elle devient en effet impossible au milieu de toutes les trahisons qui désolent notre patriotisme. Pauvre France ! Je crois donc fermement à une prochaine paix conclue avec la Prusse : seulement, je suis persuadé qu'elle sera suivie d'une guerre civile. Alors, qu'adviendra-t-il ?

Il est 9 heures du matin. Nous recevons l'ordre de lever le camp. Personne ne sait où nous allons. Une demi-heure après, nous nous mettons en marche et arrivons à notre nouvelle destination à 10 h. 1/2.

AU DEUXIÈME CAMP DE PONTIJOU

Nous voilà campés de l'autre côté du village de Pontijou que nous avons traversé. Quelle peut bien être l'utilité de ce déménagement ? Il nous a tous mis en grande colère. On dit, pour nous calmer, que cette manœuvre avait pour but de changer notre front de bataille. Des lanciers sont arrivés et ont occupé notre dernier camp. Pour être assurés d'avoir de la paille pour notre litière, nous avons été forcés de la transporter passée en botte à travers nos fusils et appuyée sur nos épaules pendant toute la route. Notre position est bien moins agréable que la précédente, car nous sommes installés dans des terres labourées.

Nous faisons dorénavant partie du XVIe corps d'armée qui doit, d'après les bruits qui courent, se battre ce soir même : l'armistice annoncé était donc une fausse nouvelle ?

A 4 heures je reviens éreinté, les doigts et le bout du nez gelés après trois heures d'exercice, manœuvrant dans des sillons et des mottes de terre.

Je ne sais pourquoi on voit tant de troupes de toutes catégories passer par ici et camper aux environs. Il semble qu'on se prépare pour un engagement sérieux. Et moi qui croyais bientôt redevenir simple civil ! Quelle déception !

Le spleen commence à m'envahir sérieusement. Je suis triste, découragé de voir qu'on n'aboutit à rien. Avec cela le froid commence à devenir très rigoureux et je ne sais vraiment comment nous pourrons y résister sous nos petites toiles. En plein jour, les pieds et les mains gèlent et dans la nuit c'est intolérable. Chaque soir en se couchant on se demande si on se réveillera le lendemain.

A 6 heures ce soir nous n'avons pas encore reçu le pain pour notre dîner. Il faut attendre.... Jamais je n'aurais cru que cette campagne devait devenir si dure et si pénible. Et l'avenir n'est guère rassurant, bien peu fait pour nous donner du courage !

Le capitaine croit que nous allons encore passer ici trois ou quatre jours. On installe des sentinelles pour que nul ne puisse sortir du camp. Il faut se résigner à rester à grelotter sous sa tente ou auprès d'un feu qui ne parvient pas à chauffer.

Depuis plus de quinze jours je n'ai pu contempler ma chère image dans un miroir. Comme je me trouverai changé le jour où il me sera permis de me dévisager ! Je laisse repousser mes cheveux et ma barbe, puisqu'on ne rencontre plus aucun barbier. Quelle physionomie je dois avoir avec ma figure jamais lavée, mon vieux képi sur la tête, garni d'une visière large comme un balcon : on pourrait y mettre des pots de fleurs ! J'ai les mains sales, des souliers toujours crottés ; c'est une véritable mascarade. Mais c'est la tenue du pauvre troupier en campagne !...

4 novembre.
Vendredi.

Comme on est malheureux d'être condamnés, ainsi que nous le sommes chaque nuit, à coucher sous nos tentes, ramassés sur nous-mêmes, courbés en deux ! A chaque réveil, nous nous sentons pleins de douleurs, courbaturés aux genoux, aux hanches, aux reins ! De plus, le côté ou le dos sur lequel on s'endort est tout meurtri d'être resté pendant un temps prolongé sur notre vieille paille devenue dure comme du bois : on ne sait plus comment se retourner. Ce sont de véritables souffrances. Pour ma part, je suis bien content, lorsque le petit jour commence, de sortir de dessus ma litière afin d'aller dehors marcher pour me dégourdir et réchauffer. Malgré tous ces inconvénients et ces malaises, je parviens à dormir et même à rêver, quelquefois avec plaisir. Les rêves que j'aime le mieux sont ceux qui me transportent à Paris, dans la rue Dauphine, où je retrouve mon petit logement avec un bon feu, un bon lit, et surtout la charmante compagne que j'ai dû y laisser pour aller prendre mon rang dans la mobile. A ce sujet, que de désirs, que de regrets, que de tourments depuis mon départ ! C'est là l'objet de presque toutes mes pensées la nuit et aussi le jour. Mais, ces pensées, je veux les garder pour moi seul, ne jamais les communiquer ni même les écrire. Mon crayon est souvent disposé à suivre mes idées ; mais ma volonté saura toujours, je l'espère, le retenir et le rendre discret. Je ne dois, sur mes carnets, que parler des événements se rapportant directement à la campagne.

Ici, je me vois empêché de tracer un seul mot, tant mes doigts sont engourdis et gelés.

A midi, nous avons déjeuné d'un morceau de bœuf d'hier avec un croûton de pain dur que nous avions découvert dans une ferme voisine.

Quel froid il fait en ce moment ! Un supplice à ajouter à ceux que nous supportons à chaque instant, c'est celui de s'éloigner parfois le plus possible, pour déboutonner sa culotte et faire ses besoins intimes. Le vent qui souffle de tous côtés a bientôt fait de vous geler de part en part, si bien que, lorsqu'on se relève et qu'on veut reboutonner sa braguette, on est dans l'impossibilité d'y arriver. Il faut, à toute force, qu'un ami charitable vous aide. C'est là une corvée pénible et douloureuse à laquelle on ne se décide qu'à la dernière extrémité. Et quand pareil accident arrive la nuit, on peut dire que c'est une vraie catastrophe.

Par ces nuits si froides, nos toiles de tente se recouvrent d'une épaisse couche de gelée blanche dans l'intérieur surchauffé par nos haleines, si bien que nos pauvres nez qui touchent souvent le plafond de nos abris s'y trouvent collés et gelés.

Malgré la température, il a fallu, à 7 h. 1/2 ce matin, prendre nos fusils glacés et aller, pendant deux heures, faire l'exercice dans les champs.

Nous venons d'acheter deux vieux coqs que nous attachons par la patte pour les laisser pécotter autour de notre tente, en attendant de les mettre au pot. Nous avons aussi fait emplette d'une casserole pour essayer d'y confectionner des fricots variés. Je ne sais si nous réussirons.

Mon mal de gorge diminue de jour en jour. Je puis, à présent, fumer deux ou trois pipes sans danger. Ma bonne pipe en bois, qu'à mon départ de Paris j'avais achetée rue de Rivoli, sert à mon sergent-major autant qu'à moi. Celui qui, ici, a brisé la sienne, ne peut plus s'en procurer une nouvelle. Il faut bien avoir la charité de lui prêter celle qu'on a.

Quelle chance ! Je viens de trouver un troubade qui, pour quelques sous, va me laver mes deux mouchoirs et ma paire de chaussettes. En attendant que cette lessive soit terminée, je vais laisser mes roupies geler au bout de mon nez.

Chaque fois que nous changeons de camp et que nous traversons de nouveaux champs ensemencés, j'éprouve un douloureux serrement de cœur en voyant tant de soldats piétiner sur les sillons si bien alignés. Combien nous en avons déjà détruit de ces moissons ! Que de récoltes futures anéanties ! Que de ruines pour les infortunés agriculteurs ! Qui leur donnera du grain pour faire leur pain cet été ? N'est-il pas terrible de voir tous ces pieds français qui foulent et réduisent à néant tant de richesses, surtout dans ces plaines si fertiles de la Beauce !

Si encore, comme compensation, nous empêchons l'ennemi de dévaster le pays !

Jusqu'à ce jour, le vin ne nous a jamais complètement manqué. Les paysans viennent en vendre dans le camp et y trouvent un bon bénéfice.

Lorsque, par hasard, nous avons un journal à notre disposition, il faut voir avec quelle avidité nous en dévorons le contenu. Hélas ! que de tristes nouvelles nos yeux y lisent ! Je ne les inscris pas sur mon carnet, j'aurais trop de peine à les écrire.

Diable ! le froid devient encore plus rigoureux. On devrait bien nous faire quitter ce camp où nous ne sommes d'aucun côté à l'abri du vent. Mais non ; on déclare qu'il faudra y rester encore plusieurs jours. C'est démoralisant ! Je sens le besoin de faire quelques longues étapes : la marche, en effet, est pour moi une distraction qui me permet d'oublier bien de mes sombres pensées. Et, en ce moment, je me sens le moral aussi abattu que le physique.

Je me décide à aller me promener à travers les champs pour me réchauffer avant de dîner.

8 h. 1,2 du soir. — Je viens de faire un tour dans le beau village de Pontijou. Nous étions trois collègues munis d'une permission de 8 heures que j'avais obtenue du capitaine Gondard. De suite, nous nous rendons dans une auberge où on refuse de nous servir une tasse de café. La consigne a été donnée de ne pas laisser entrer les soldats dans les cabarets. On s'y conforme strictement. Sur ces entrefaites, arrivent des amis du bataillon de Château-Gontier qui essuient le même refus que nous.

Alors, nous avisons deux litres de vin blanc cachés dans un coin de la salle. Nous les prenons et les vidons prestement. Survient un caporal et une patrouille pour nous mettre dehors. Très heureusement il se trouve que ce caporal avait été, en même temps que nous, en garnison au Mans. Aussi, il ne pouvait manquer de se souvenir du fameux *guide de gauche* et de ses farces. Il m'aperçoit et, joyeux de me retrouver, il me serre les mains, commande à boire, et, comme on ne pouvait rien lui refuser, on lui apporte du vin et tous nous trinquons à nos santés, puis nous sortons.

Voyant la patrouille rentrer au poste, nous revenons à notre auberge sous prétexte que nous avions laissé du vin dans notre bouteille, avec l'intention, puisqu'il était payé, de revenir l'achever. Nous nous installons donc à notre table et redemandons du café. Nouveau refus. Alors, pour influencer le patron, nous montrons à l'un de ses garçons, le seul qui sût lire, notre permission. Il la déchiffre tant bien que mal et se décide à nous servir des tasses de café. Mis en goût, on le prie de préparer un punch. A peine était-il commandé qu'un brigadier et trois gendarmes nous mettent, sans aucune cérémonie, à la porte. Nous sortons, mais non sans protester et sans engager une discussion courtoise avec nos braves Pandores. Nous perdons notre temps et notre procès, car ils s'entêtent à déclarer que nous n'avons pas le droit de stationner dans les établissements.

Nous les saluons respectueusement et prenons aussitôt une table pour la porter dans la cour..., en dehors de l'établissement! Nous allons ensuite chercher un litre de cognac et du sucre, puis décrochons une tasse par ci, un verre par là, des cuillères ailleurs, et mettons le feu à l'eau-de-vie. Nous trinquons et buvons tranquillement. Les gendarmes, épatés, se retirent.

Nos libations étaient à peine terminées, lorsqu'un lieutenant de gendarmerie vient nous prier poliment de terminer nos affaires sur le champ et de sortir illico. Nous nous découvrons en l'appelant capitaine gros comme le bras. Lui, alors, se rehaussant dans son col, manifeste son contentement en nous adressant, sur le plus aimable des tons, la prière de ne pas faire de bruit et de ne pas rester trop longtemps dans notre cour.

Nous finissons notre punch au milieu des rires les plus joyeux et quittons les lieux. En repassant dans le bourg nous achetons une demi-livre de gruyère pour 32 sous, trois bougies pour 12 sous, et rentrons au camp à 8 heures pour nous coucher. Moi j'écris, avant de m'endormir, mes notes à la lueur éclatante d'une des bougies.

5 novembre.
Samedi.

Nous sommes réveillés par un froid glacial. Nous grattons nos toiles à l'intérieur et faisons tomber une couche épaisse de givre. Un des plus grands désagréments de nos tentes, c'est qu'on ne peut en sortir, si le besoin pressant s'en fait sentir, surtout après quelques libations supplémentaires, sans être obligé de passer, à quatre pattes, par-dessus tous les camarades qui sont couchés auprès de vous. Cette nuit j'en ai éprouvé tout l'ennui. Comme je couche à l'extrémité de la tente, il me fallait me traîner sur les genoux, jusqu'à l'entrée, au risque de réveiller mes six collègues et de leur monter sur le ventre, ou la poitrine, ou les jambes. J'ai préféré me mettre de côté, soulever un peu la toile en bas et envoyer mon jet le plus loin possible. C'est là un vrai travail, mais j'aime mieux m'y astreindre plutôt que d'entendre les hurlements aigus des coucheurs voisins quand on les écrase en montant dessus, en plein sommeil.

Nous venons de recevoir des nouveaux souliers dits Godillot. Les miens sont très fins et me font un petit pied. Je pose avec !

A 7 heures, nous avons exercice. Le soleil, qui est assez vif, fait fondre la gelée sur la terre, de sorte que les champs où l'on manœuvre se défoncent sous nos pieds et deviennent bientôt à l'état de boue dans laquelle nous pataugeons.

A midi, tout le régiment doit partir en reconnaissance et ne rentrer que pour la soupe du soir. Avant le départ, je puis me laver dans une marmite d'eau chaude et je ressens un grand bien-être de cette opération de propreté.

Le capitaine, toujours très renseigné, prétend que nous allons rencontrer des Prussiens dans notre reconnaissance, mais il croit qu'ils seront en petit nombre ; il ne veut pas nous alarmer. Aussi je suis persuadé que je reviendrai sain et sauf de notre expédition.

7 heures du soir. — J'ai appris dans le courant de l'après-midi que le 4ᵉ bataillon de notre régiment est formé et cantonné à Vendôme. On l'a composé de jeunes gens de 25 à 35 ans et aussi des malades et des poltrons que nous avions laissés à Laval. J'en connais presque tous les officiers, qui n'ont été nommés que par coterie. Son commandant est mon premier capitaine à mon arrivée dans la mobile.

Tous ses amis sont naturellement dans les hauts grades et, parmi eux, se trouvent quelques gros piliers de café qui feront sans doute beaucoup d'embarras, mais seront d'un triste relief au point de vue militaire. Pas un n'aurait eu le modeste courage de porter un fusil, mais tous se sont senti des dispositions particulières pour traîner un sabre à son côté. Ils ne connaissent pas le premier mot du métier, mais ils sont fiers de commander : on ne doit pas l'être beaucoup de se trouver sous leurs ordres. Franchement, j'aime mieux rester sergent dans mon 2ᵉ bataillon que d'être officier dans ce 4ᵉ, d'autant plus que je n'aurais pu obtenir qu'un galon de sous-lieutenant et que je me serais vu peut-être le subalterne d'un capitaine gargotier de son état.

En revenant de notre reconnaissance, j'étais fourbu. Naturellement, nous n'avons pas rencontré l'ombre d'un Prussien. A la fin, c'est à croire que nous ne tirerons pas un coup de fusil, à moins que ce ne soit contre des républicains, français comme nous. En vérité, j'en ai peur. On parle toujours d'un armistice pendant lequel les communications par lettres avec Paris seraient rétablies. C'est mon lieutenant qui me donne cette nouvelle, discrètement. Connaîtrait-il ma vraie situation ? En tout cas, je désire ardemment qu'il ait dit vrai.

Après le dîner, je compte retourner au bourg de Pontijou avec les camarades pour nous réchauffer d'un punch bien chaud, comme celui d'hier.

Ma santé en ce moment est bonne et mon appétit est tellement développé, avec cette vie au grand air, que je ne puis le rassasier. Cela provient sans doute aussi de ce que la nourriture est peu réconfortante avec ce bouilli de bœuf, toujours ce bouilli !

Le lieutenant, qui est dans ses moments de confidence, prétend que, si l'armistice attendu a lieu, nous resterons ici pendant toute sa durée. C'est là une triste, bien triste perspective. Nous serons pour sûr morts avant la fin.

A 8 heures. — J'ai eu le bonheur de pouvoir m'acheter une tablette de chocolat pendant notre promenade au bourg. Je ne veux plus y aller ainsi le soir. Quand on rentre on ne rencontre que sentinelles presque à chaque pas. Aujourd'hui comme hier, ayant à peine dépassé la dernière maison du village, je me trouve face à une première sentinelle qui me crie : « Qui vive ! » et me laisse avancer après que je lui ai décliné ma qualité. Vingt pas plus loin une deuxième me demande le mot d'ordre et comme je ne le connais pas, elle me crie de passer au large. Il me faut faire un détour pour chercher un factionnaire plus commode. On doit ainsi déambuler des demi-heures entières, et encore on n'est jamais sûr de pouvoir rentrer à l'heure. Les permissions ne signifient plus rien : les sentinelles ne connaissent que le mot d'ordre. A ces conditions, mieux vaut ne plus se promener le soir.

En sortant du camp tantôt j'ai rencontré mon commandant qui n'a pu se retenir de m'adresser des compliments pour ma belle tenue militaire. Le fait est que ma tunique n'a pas une tache, est toujours bien brossée, les boutons toujours brillants. Cela fait contraste avec les pauvres moblots qui m'entourent, pleins de poussière, de boue desséchée, mal ficelés, avec des trous à leur culotte, des képis défoncés ! Qu'ils font peine à voir !

Allons, il faut souffler la bougie, car si l'adjudant l'apercevait en passant !...

6 novembre.
Dimanche. Encore un dimanche à passer au camp ! Dieu, quel ennui ! Pourtant notre vie ce jour-là est la même que celle des autres journées. Le matin on prend son café avec un biscuit comme dans la semaine : on fait l'exercice, on mange son bouilli, on recommence l'exercice pour ensuite dîner comme les jours ordinaires, et se coucher enfin dans son même taudis. Ma seule distraction va encore être de me plonger dans mes pensées, dans mes souvenirs, dans mon existence si attrayante de jadis, mais si regrettée !

Après l'exercice du matin, comme seule diversion, il y a messe. Je reste pendant l'office sous ma tente, occupé à écrire. On remarque mon abstention, aussi je fais bien de ne jamais compter arriver au grade d'officier, je suis trop mal noté sur le registre de l'aumônier. Et puis, je ne suis pas un graisseur de pattes vis-à-vis de mes supérieurs. Quand parfois j'ai découvert une perdrix, un poulet, quelque bon morceau, je refuse, à quelque prix que ce soit, de les leur céder, et c'est impardonnable !

A midi, je serai sergent de semaine, c'est mon tour. C'est un service très ennuyeux au camp. Au moment, par exemple, où on est bien occupé soit à écrire, soit à somnoler en fumant sa pipe, tout-à-coup le clairon sonne un appel au sergent de semaine qui, au galop, doit tout quitter pour aller recevoir des ordres et ensuite les transmettre. Quand il revient, la soupe est froide, tant pis ! Et c'est ainsi toute une semaine.

Si les ordres, donnés souvent d'une façon inintelligente, sont mal transmis, mal exécutés, c'est le sergent de semaine qui est responsable et puni. Aussi, je me promets de ne pas trop rêvasser pendant ces huit jours de service extraordinaire et d'être bien à mon affaire pour ne mériter aucun reproche. Car, maintenant, les chefs sont de plus en plus sévères pour les moindres manquements.

A midi. — Allons, bon ! voilà qu'on commande ma compagnie pour être de grand'garde ! Il faut démonter nos tentes, préparer nos sacs et transporter toutes nos provisions usuelles à deux lieues du camp, pour aller probablement passer la nuit à la belle étoile. Ah quel plaisir d'être soldat ! Et moi qui venais d'acheter deux bouteilles de Bordeaux ! Où vais-je les mettre ? Comme je suis de semaine, il me va falloir, là-bas, faire des rondes, organiser des patrouilles pendant la nuit en grelottant de tous les membres. Quel dur métier tout de même, surtout quand on ne se sent aucune disposition pour lui. Vraiment, il est des moments où je me trouve malheureux de vivre une pareille existence et où je me demande si nous pourrons résister jusqu'au bout.

5 heures après-midi. — Nous sommes partis avec armes et bagages et, au bout d'une heure de marche, le capitaine s'aperçoit que nous ne sommes pas sur notre route.

Il m'envoie au galop au camp pour que je m'enquiers de la voie que nous devons suivre. Je reviens bientôt avec des renseignements utiles. Nous reprenons notre marche et, après une heure, arrivons au poste qui nous est assigné. Quel chef de compagnie nous avons à notre tête : il sort du camp, sur l'ordre qu'il en a reçu, et il ne s'inquiète pas de savoir où il doit se diriger ! Et nous devons marcher à droite, à gauche, énervés, fatigués, comme de pauvres bêtes de somme qui souffrent sans rien dire ! Enfin, nous sommes campés ici pour 24 heures.

AUX AVANT-POSTES DE PONTIJOU

Comme je suis de semaine, toutes les heures je dois visiter et surveiller les sentinelles placées à quelques cent mètres plus loin. Puis, entre temps, je vais faire des patrouilles pour voir si les Prussiens ne sont pas par là. Mais, je n'ai pas peur, je suis bien persuadé que je n'en rencontrerai point.

A 8 heures, je commence mes rondes de nuit, mais je suis tellement lassé, que j'en prends à mon aise et envoie mes caporaux rôder pendant une heure en avant pendant que je m'installe dans une auberge et prends une tasse de café.

A minuit, je me couche auprès de mes hommes, ce qui me force à entendre de leurs bouches de drôles d'histoires. Ils racontent, entr'autres, que les Prussiens doivent nous donner un milliard pour que nous replacions Badinguet sur le trône. Si cela pouvait être, je crois que les Français auraient tôt fait de jeter Bonaparte et bonapartistes, canailles et Cie, au beau milieu de la Seine : ce ne serait qu'un trop doux mais bien juste châtiment. Je laisse mes sentinelles et mes patrouilles en repos et vais tâcher de dormir.

7 novembre.   Au moment où je me couchais,
    Lundi.   une ronde d'officiers de hussards
s'amène pour visiter mon poste. Mes hommes sont enveloppés dans leurs couvertures, ce qui a le don de déplaire
à Monsieur l'officier. Il m'engueule, à ce propos, fort
malproprement. Je lui réponds que les mobiles, n'ayant
pas de bons manteaux comme Messieurs les hussards,
étaient obligés de s'abriter contre les rigueurs du froid
sous leurs couvertures. Il appelle, en furie, mon lieutenant, et a la gracieuseté de lui demander deux jours de
consigne pour moi. Heureusement mon capitaine arrive,
s'informe de ce qui se passe et répond par un haussement
d'épaule à l'officier de hussards.

Après cette visite mouvementée, je rentre dans ma
tente avec l'espoir de dormir le restant de ma nuit. Mais,
vers 4 heures, un coup de fusil parti je ne sais d'où met
en émoi tout notre petit camp. On crie aux armes et
tous nous voilà debout avec défense de se recoucher.
Toutes ces veilles, ces alertes, ces ordres et contr'ordres
finissent par me donner des névralgies dans la tête. De
plus, je souffre beaucoup d'un doigt de ma main gauche
et j'ai bien peur d'y avoir un panaris. Ça, ce ne serait
pas veinard, tout de même !

On continue assez généralement à croire à la paix :
cela me donne l'idée de faire quelques économies pour
avoir la possibilité de retourner de suite à Paris.

Je fais mon premier déjeuner avec un biscuit et un
morceau de fromage de gruyère. Heureusement mes
dents sont bonnes et je parviens à broyer mon dur biscuit.
J'ai tout de même du mal à m'y habituer. Après le repas,
je vais faire mon possible pour m'esquiver, toujours sous
le prétexte d'aller surveiller mes sentinelles avancées,
pour aller prendre un café dans mon petit caboulot d'hier
au soir.

J'achète d'abord un litre de cognac que je dois partager

avec mon sergent-major Peslier. Une petite goutte le matin au réveil nous met en bonne disposition pour supporter la tâche quotidienne.

Je viens de prendre un confortable café à l'auberge de la route d'Orléans. Je m'y suis lavé les mains et aussi la figure ; je m'en trouve tout rajeuni.

Je m'inquiète beaucoup du mal de mon doigt. Par bonheur, c'est la main gauche qui est atteinte et je pourrai continuer à transcrire mes notes. Pourvu que cela ne me force pas à entrer à l'hôpital ! Je suis persuadé que c'est l'humidité du camp et l'état de saleté dans lequel nous devons rester qui sont cause de ce mal. On a tant de peine à entretenir, à astiquer nos fusils qui se rouillent continuellement : les mains se durcissent, les doigts se crevassent et sont tout disposés à attraper de mauvais germes. Moi qui supporte si difficilement la vie militaire, faudra-t-il que je la voie s'aggraver par des malheurs inattendus et des maux supplémentaires !

Un ami arrive des provisions avec un demi-pain de sarrasin : c'est bien maigre ! Avant de déjeuner je vais déposer mon sac et chercher à dormir sous la tente : je tombe de sommeil.

A 11 heures. — Tout d'un coup, je suis réveillé par le bruit du canon qui tonne au lointain. Quelle émotion on éprouve en entendant pareil appel ! Vite, on met sac au dos, on ploie les tentes et on se tient prêt à tout événement. Cette fois-ci, je crois que nous allons nous battre. Le canon retentit toujours et l'on s'avance en tirailleurs. Mais au bout d'un certain temps le bruit cesse et nous rentrons tout simplement dans notre camp de Pontijou.

AU DEUXIÈME CAMP DE PONTIJOU

Tous les régiments y étaient rangés en bataille, n'attendant plus que l'ordre du départ. La canonnade recommence de plus belle, donnant à croire que l'ennemi n'est pas loin.

Nous restons deux heures en place sans recevoir l'ordre de marcher. On ne veut donc pas livrer le combat ? A-t-on peur ? Enfin à quatre heures nous allons en avant. J'avale quelques croûtes de biscuit avec une gorgée de cognac pour me donner de l'aplomb.

Au bout d'une heure, un général arrive au grand galop et nous fait retourner à notre camp pour y rester jusqu'à nouvel ordre ! Ça c'est inouï ! Il faut remonter nos tentes une heure après les avoir pliées !

Il paraît que la canonnade que nous avions entendue était produite par la rencontre de deux reconnaissances française et prussienne. C'est le prélude, dit-on, d'un grand combat pour demain. Nous couchons avec nos fusils sous la main, préparés à partir demain matin dès 3 heures pour rencontrer l'ennemi au petit jour. On ne fait pas de soupe ce soir : notre fromage et notre pain noir vont seuls composer notre frugal repas.

Je ne puis m'endormir. Le bruit du canon que pour la première fois j'ai entendu retentir lugubrement m'a donné une telle commotion qu'il m'est difficile de reprendre mon calme. Et puis, les nouvelles qu'on nous annonce surexcitent les nerfs. Un officier d'état-major prétend que la lutte, demain, sera terrible. Heureusement mon cognac sera là pour me donner du courage : mais mon doigt me fait toujours de plus en plus souffrir.

8 novembre.
Mardi. On nous a fait lever à 4 heures ce matin pour aller surprendre les Prussiens. Je me sens un cœur de guerrier, prêt à mar-

cher gaillardement et à faire tout mon devoir de soldat.

Nous sommes sac au dos, attendant le signal du clairon pour partir.

A 9 heures. — Nous venons de faire notre première étape en bas chemins et à marche forcée. Les bataillons se sont développés en bataille : notre armée va être forte de 100.000 hommes pour le grand combat de tantôt. Nous grignotons en marchant du biscuit dur comme des pierres. Je suis déjà fatigué ; mon diable de doigt me fait bien souffrir !

A 11 heures. — Nous faisons notre seconde halte avant de traverser la forêt de Marchenoir. Notre artillerie se déploie en avant de la forêt où les Prussiens peuvent être cachés, car hier ils étaient de l'autre côté. Puis notre marche reprend.

A 2 heures du soir. — Dans cette troisième étape, nous avons traversé toute la forêt, pour arriver à la plaine d'où, hier, les Prussiens ont été délogés. C'était de là que venait la canonnade entendue au camp de Pontijou. Nous voyons les trous creusés par les obus dans les murs des maisons. Quelques moulins brûlent encore ; on enterre des morts à notre droite.

Le colonel envoie avertir que dans une heure nous attaquerons l'ennemi ; nous sommes bien fatigués à la fin d'une pareille journée pour entamer la lutte !

A 4 heures. — Comme entraînement, on nous fait marcher deux heures à travers les champs en ordre de bataille. Depuis 6 heures ce matin jusqu'à 4 heures ce soir nous sommes, sac au dos, sur les jambes sans interruption. C'est véritablement éreintant ! Jamais je n'aurais cru qu'un malheureux militaire pût supporter pareille fatigue. C'est avoir trop de mal !

Chaque fois que notre colonne s'arrêtait, on croyait pouvoir se reposer un instant. Alors nous nous laissions tomber par terre sans choisir notre endroit. Mais à peine étions-nous installés, appuyés sur nos sacs, que le clairon résonnait et, vite, il fallait se relever. C'est là une opération fort pénible : il semble qu'on a sur les épaules une charge de 200 livres à soulever.

5 heures. — Enfin nous nous arrêtons pour camper ici près d'Attainville.

AU CAMP D'ATTAINVILLE

Malgré notre fatigue extrême, nous avons été au bourg voisin chercher s'il y avait moyen de faire quelques provisions. Mais, naturellement, on ne trouvait plus rien à acheter, les Prussiens ayant passé par là. Ils y étaient encore ce matin. J'ai vu des maisons où les clefs étaient aux portes et personne au dedans. Impossible de rien avoir. Je me hasarde à frapper chez le curé pour lui demander un peu de vin. Aimablement et charitablement le brave homme m'offre cinq litres. En voilà une aubaine inespérée !

La porte du presbytère est heureusement solide, car tous les soldats, me voyant en sortir avec ma charge de vin, veulent entrer de force pour remplir leurs bidons. Mais leurs efforts sont inutiles.

Demain nous avancerons encore davantage et nous finirons bien par atteindre ces sauvages de Prussiens qui ont tout brûlé dans ce pays.

Je vais dîner en trempant mon biscuit dans du vin, puis j'irai me coucher, car je suis bien fatigué, et demain la journée sera au moins aussi rude. J'ai la fièvre et des douleurs dans tout le bras gauche : c'est bel et bien un panaris que j'ai au doigt : j'espère qu'il ne m'empêchera pas de dormir.

A COULMIERS

9 novembre.
Mercredi.   Ce matin on nous fait lever à 5 heures. Nous attendons les Prussiens d'un moment à l'autre. On se dépêche de préparer et de prendre son café, puis on astique un peu son fusil et on met sac au dos. Gare aux Prussiens s'ils osent se présenter ici ! Nos pauvres moblots en ont vraiment assez de courir chaque jour après eux et ils ne désirent rien tant que de les rencontrer au moins une fois pour se venger sur eux, leur flanquer la tripotée qu'ils méritent et se reposer ensuite avec toute sécurité.

En me réveillant, je m'aperçois que mon doigt est devenu gros comme un petit œuf. Ah ! le clairon sonne...

8 heures du matin. — Voilà la mobile partie. On m'a ordonné de rester à l'arrière-garde afin de protéger le convoi de l'armée. Je dois en prendre le commandement. C'est une place qui ne me sourit guère. C'est trop de responsabilité pour moi. J'aurais préféré rester au milieu de ma compagnie, avec tous mes camarades, et partager les mêmes dangers qu'eux. Mais je n'ai pas le droit de réclamer.

Nous nous mettons en marche et, dès 9 heures, on entend gronder le canon. On fait arrêter le convoi et armer nos fusils, crainte de surprise, car l'ennemi tombe souvent sur les voitures de l'armée pour voler les munitions et les vivres. Lorsque tous mes ordres sont donnés, je rejoins mon ami, le lieutenant-payeur Lamy, qui, de droit, est d'arrière-garde, et je vais, avec lui, m'asseoir dans une ferme voisine appelée Mézières. Là nous nous chauffons un peu, car dehors il fait un froid effrayant. Voyant que le convoi ne s'ébranle pas, nous commandons un déjeuner. Le repas est très gai. Nous le partageons avec plusieurs jeunes lieutenants de la ligne.

Une brave femme, me voyant souffrir de mon doigt, me fait un cataplasme de mie de pain bouillie dans du lait.

Le lieutenant Lamy prétend qu'après notre prochaine victoire, je puis compter sur un avancement assez sérieux. Je n'ose me réjouir. Nous ne parlons à table que des succès que nous devons remporter. J'invite tous les officiers présents à venir dîner chez moi à Paris lorsque nous y serons entrés triomphalement.

11 heures du matin. — A la fin du repas, nous brûlons un punch joyeux et nous nous mettons à bavarder comme si, au lieu du bruit du canon, nous entendions les sons d'une musique enlevante. Le convoi se remet en marche et nous allons reprendre chacun notre place respective. Je décharge mon sac dans la voiture de la cantinière du 3ᵉ bataillon de notre mobile et je me remets en route. Le canon gronde toujours ! Il fait froid et nous sommes transis sous la pluie glacée qui tombe...

9 heures du soir. — Nous arrivons dans la plaine où la bataille vient d'être livrée. Nos mobiles n'ont pas donné et n'ont vu le feu que de loin. C'est une véritable satisfaction pour moi d'être certain que notre compagnie ne s'est pas battue, moi absent. Tout le long de notre route nous ne rencontrons que des blessés qui se traînent vers un village voisin. Des voitures remplies de soldats grièvement atteints, presque mourants, cheminent doucement. On n'aperçoit qu'arbres coupés par les obus, murs troués par le canon, maisons, châteaux et villages incendiés. Oh ! que la guerre est terrible !

Nous devons camper sur la route et sous la pluie. J'organise mon poste pour la nuit et vais avec le lieutenant Lamy dans une ferme tout proche. On tue vivement une oie que la cantinière du 3ᵉ bataillon, qui est devenue notre cuisinière bénévole, coupe en morceaux et met dans la marmite. Pendant ce temps, je me chauffe comme un propriétaire au-devant d'un grand feu et, si je ne souffrais pas de mon doigt, je me déclarerais relativement heureux. On nous raconte ici quelques épisodes de la journée de Coulmiers qui a été favorable à nos armes.

Au moment où je voulais faire appliquer un nouveau cataplasme sur mon panaris, je m'aperçois, à mon grand enchantement, qu'il venait de percer. Je l'ai pressé pour lui faire rendre tout le pus qu'il pouvait contenir et je me trouve bien soulagé. Quel bonheur ! Que je suis donc content ! Je pose encore un cataplasme sur mon doigt et je vais aller dormir.

La brave femme de la ferme où nous nous trouvons, prise de pitié pour nos mines si fatiguées, nous cède son lit pour cette nuit. Le lieutenant Lamy et moi nous nous déshabillons avec volupté et nous nous coulons dans les draps du lit. Notre cantinière, sans aucun scrupule et, d'ailleurs, sans aucun danger, se couche en travers, à nos pieds, avec un oreiller sous la tête et, tous trois, nous nous promettons de bien dormir, malgré toute l'inquiétude qui tourmente nos esprits. Car il pleut à torrent et nous devons marcher demain toute la journée pour rattraper l'ennemi et en finir avec lui. Je ne comprends même pas pourquoi on ne nous a pas lancés, sans délai, à sa poursuite, pour achever sa défaite. C'est, peut-être, une habile tactique ; je me berce dans cette rassurante idée et je laisse le sommeil venir.

10 novembre.
Jeudi.
Quelle nuit délicieuse je viens de passer ! Je me moquais bien que les Prussiens aient couché la veille dans cette pièce ! J'étais si à l'aise sans ma culotte crottée que j'ai dormi sans m'apercevoir un seul instant que nous étions trois dans le même lit. Je me lève au petit jour et vais mettre un peu le nez dehors. Je revois le champ de bataille que je trouve d'un aspect aussi triste qu'hier. Dans presque

tous les fossés, dans l'entrée des maisons, on voit de pauvres soldats morts à la suite de leurs blessures ; ils ont des mines convulsées, horribles à regarder. On rencontre çà et là des bras, des jambes coupés, des flaques de sang. On entend de tous côtés les cris des blessés qu'on n'a pas encore eu le temps de soigner. Puis, dans les champs, ce ne sont que cadavres de chevaux... Je me sens impuissant à retracer tout cela et à exprimer l'émotion qui m'étreint.

Je ne sais où nous nous dirigerons aujourd'hui : il a plu toute la nuit et la route est bien mauvaise, pleine d'une boue jaunâtre et glissante. Les Prussiens doivent se tenir encore dans les bois au-devant de nos lignes. Comment allons-nous faire pour les en déloger par un si épouvantable temps ? D'autant plus que nous sommes bien moins alertes qu'hier au soir où, enivrés par l'odeur de la poudre et par notre succès, nous les aurions poursuivis avec acharnement, sans penser à notre fatigue. On part à 8 heures et nous pataugeons dans un fleuve de boue. Il tombe de la neige à gros flocons. A peine avons-nous fait deux cents pas qu'on s'arrête. Je suis toujours d'arrière-garde, ce qui me permet d'aller tantôt à droite, tantôt à gauche, me réchauffer aux bienfaisants feux des maisons. Mais les Prussiens ont à peine laissé de bois aux malheureux paysans qui sont littéralement ruinés et restent privés souvent même du nécessaire. Je devance la colonne et pousse une pointe jusqu'à Epiers où j'achète deux poulets que je vais déposer dans la voiture de la cantinière.

Nous rencontrons de nombreux convois de prisonniers ennemis qu'on emmène vers l'intérieur de la France. Ce sont surtout des Bavarois. On nous fait rester dans la boue, sous la neige, à grelotter, les pieds humides, nos tuniques traversées, depuis 8 h. 1/2 du matin jusqu'à 2 heures de l'après-midi. Quel supplice !

AU VILLAGE DE CHAM

7 heures du soir. — Enfin. notre convoi s'ébranle et nous arrivons à Cham, à quelque distance du camp français. A-t-il fallu faire suer les pauvres chevaux de nos voitures pour qu'ils se décident à avancer par un temps aussi épouvantable ! A chaque instant un de nos véhicules s'embourbait et il fallait peiner des heures entières pour le délivrer ! Le chemin est si mauvais que nous ne pouvons arriver avec notre chargement jusqu'à la plaine où campe notre régiment. C'est pourquoi nous restons au bourg de Cham et nous nous installons dans une maison abandonnée d'où les Prussiens sont sortis le matin même. Le lieutenant Lamy et moi allons chercher un peu de vin et faisons cuire nos poules dans une marmite que nous venons de découvrir dans un coin. Quelle tristesse dans ce pauvre village ! Les habitants n'ont plus rien à manger, rien à boire ! Et toujours des incendies, des chevaux crevés, des voitures abandonnées, des ambulances qui passent et repassent avec des blessés, des prisonniers qu'on emmène on ne sait où !... Cela fait frémir !

Enfin, après notre dîner nous nous reposons tous trois, comme la nuit dernière, sur un vieux grabat en paille.

11 novembre.
Vendredi. Ce matin. notre première occupation est de chercher du lait, du pain et de l'eau-de-vie. Nous faisons ensuite vivement une soupe au lait. J'emprunte une chemise, un mouchoir et des chaussettes à mon complaisant ami, le lieutenant-payeur, et je laisse tous les effets que je quitte dans la maison qui nous a abrités la nuit.

Nous devons aller à Saint-Sigismond et de là à Saint-Peravy-la-Colombe. On n'est pas encore venu me relever

de mon poste, de sorte que je reste toujours à l'arrière-
garde, ce qui ne me désole guère, car tant que je resterai
avec le lieutenant Lamy, je serai assuré d'être moins
malheureux que dans ma compagnie.

Mon doigt ne me fait plus souffrir, mais les douleurs de
ventre recommencent à me tourmenter. J'ai beau boire
du cognac, je ne parviens pas à les faire disparaître. Elles
proviennent bien sûr de la fatigue, de l'humidité et du
froid aux pieds. Ce matin encore il pleut et la boue devient de plus en plus abondante. Enfin on nous ordonne
de partir.

Sur la route, je me paie du vin blanc : il est tellement
épais qu'on y boit et mange tout à la fois. Cependant il
me ragaillardit. Nous arrivons à Saint-Peravy à 5 heures
le soir.

AU VILLAGE DE SAINT-PERAVY

Dans quel état de saleté nous nous trouvons ! J'ai de
la boue jusqu'aux oreilles, on ne voit plus le drap de mon
pantalon. Je n'ose pas me regarder, car je me fais peur
et honte, moi qui jusqu'ici avais réussi à conserver une
agréable propreté.

Je pars aussitôt aux provisions, puisque je ne dois pas
encore aller coucher au camp. Je vais, accompagné de
ma cuisinière-cantinière, jusqu'à une ferme assez éloignée où probablement les Prussiens n'ont point passé.
Là j'achète un lapin. Plus loin, je rencontre des troubades qui avaient arraché de magnifiques choux qu'ils me
cèdent à deux sous pièce. Puis je fais l'achat de deux
canards et d'une bonne poule avec accompagnement de
navets. Je mets le tout dans ma couverture que je jette
derrière mon dos après l'avoir passée autour de mon cou.
Je reviens, plein d'une juste fierté, dans le bourg, où
j'avais rendez-vous avec le lieutenant Lamy que je ne
rencontre pas, à mon grand étonnement.

Je rôde à l'abandon avec mes provisions, toujours suivi de la cantinière, sans heureusement rencontrer personne. Mais dans le bourg, quelle cohue ! quelle bagarre ! Ce ne sont que voitures d'ambulance, de provisions, de munitions. Tout cela se heurte sur la route. On ne peut passer ; on est éclaboussé à chaque instant par les chevaux, on glisse à tous les pas dans la boue.

Je ne sais vraiment comment nous n'avons pas été écrasés, courant, pendant trois heures. après le lieutenant-payeur. que nous finissons par maudire de tout notre cœur. Nous ne pouvions découvrir où nous installer : tous les logements étaient pris. J'avais envie de jeter toutes mes provisions dans le fossé tellement j'étais découragé et fourbu. Enfin. nous nous hasardons dans une infecte baraque encore habitée. La cantinière se présente la première ; on a pitié d'elle et je passe à sa faveur.

Je m'asseois au coin d'un maigre feu et nous mangeons une poule presque crue. sans pain ni vin. Pour le coup, je regrette de n'être pas rentré dans ma compagnie qui doit être installée dans les environs. La bonne femme de la baraque nous raconte la déroute des Prussiens qui, hier encore, entraînaient quelques-uns de leurs canons restés là. embourbés. depuis le 9 novembre ! Si nous avions eu le courage de les poursuivre, nous leur enlevions toute leur artillerie ! Pendant deux jours. ils n'ont fait qu'aller et venir pour dégager leurs pièces et nous les avons laissés tranquillement occupés à cette longue besogne, sans les troubler ! C'est inouï ! Cela me met dans une colère rouge !

Je suis, ce soir, tellement fatigué. que je reste. sans bouger, au coin du feu. Je suis assis sur une chaise percée comme on en donne aux petits enfants, toute basse, de sorte que mes genoux sont à la hauteur de mon menton. C'est sur ce maigre siège que je dois passer ma

nuit. Comme je vais faire de jolis rêves ! La cantinière
est dans un petit lit près de moi. Je le lui laisse pour elle
seule. J'ai bien voulu, l'autre fois, coucher à trois sans y
attacher d'importance, sans crainte de tentations ni d'accidents. Mais, à deux, c'est autre chose, c'est trop com-
promettant, cela ne me convient pas. Cette cantinière du
3ᵉ bataillon, que les hasards de la campagne mettaient
provisoirement auprès de moi dans l'escorte du convoi,
dont, auparavant, je ne m'étais jamais soucié, était une
gentille brune qui avait abandonné son mari pour suivre
le bataillon de Mayenne. D'une physionomie très agréable, malgré son front trop bas, elle était surtout fort
attrayante sous son pimpant costume militaire. J'avais
entendu raconter tant d'histoires sur son compte, je la
savais de mœurs si légères, se livrant sans façon à l'un et
à l'autre que, par mesure de salubrité, j'avais la ferme
volonté de ne jamais rechercher de contact intime
et de me comporter vis-à-vis d'elle en simple et bon
camarade.

12 novembre.
Samedi. Je viens de passer une de mes
plus mauvaises nuits. J'ai le der-
rière en marmelade. Sitôt que je sommeillais un peu,
j'étais réveillé par un enfant qui piaillait tout le temps
pour avoir à téter. Avec cela, le froid aux pieds m'a pris
et je n'ai pu me réchauffer, ma provision si maigre de
bois étant épuisée.

Je vais manger une soupe au lait de bique et, ce soir,
on cuira au moins un canard. Je crois que nous allons
avancer jusqu'à Orléans que les Prussiens viennent d'évacuer et, qu'ensuite, nous marcherons vers Paris qui n'en
est éloigné que de 25 lieues. Quel beau jour que celui de
notre entrée dans la capitale !

10 heures du matin. — Je suis allé, après notre frugal
repas, voir l'emplacement où se trouvait campée notre

compagnie. Le capitaine est venu me demander des nouvelles de mon doigt. Je lui ai répondu qu'il n'avait plus besoin que de quelques cataplasmes. Il m'exprime le désir que je guérisse vite pour reprendre mon service. Ce qui veut dire, en bon français, que je n'ai encore rien à faire aujourd'hui. Aussi, je me mets à la recherche du lieutenant Lamy et du sous-lieutenant Camille pour les inviter à manger avec moi mon canard et mes choux. En sortant du camp, je rencontre l'ordonnance du capitaine qui, en passant à Laval, avait reçu de ma mère, pour me les remettre, deux paires de chaussettes tricotées par elle et la somme de cent francs. Je reçois le tout avec joie, me promettant de conserver l'argent pour plus tard.

A 5 heures le dîner est préparé. Nous avons à notre disposition dix litres de vin. Quel succulent repas ! Il n'y manque rien, pas même le café. On se croirait en pleine paix, au milieu de sa famille.

Je viens de recevoir à l'instant la gracieuse et inattendue permission d'aller demain à Orléans afin de faire quelques achats urgents pour mon capitaine et pour mon lieutenant. C'est une veine inespérée. Demain, je me paierai donc un vrai déjeuner avec assiettes et fourchettes. Et puis, j'ai besoin de m'acheter une chemise, une cravate, etc... Je ne me sens pas de joie. Nous irons à la ville plusieurs amis ensemble. Camille et Lamy viendront avec moi. Nous prendrons le cheval et la voiture qui appartiennent à la 6ᵉ compagnie.

Après un copieux dîner je file avec Camille jusqu'à Saint-Sigismond pour y chercher un gîte garni de bonne paille où je suis sûr de bien dormir.

A ORLÉANS

13 novembre.
Dimanche. J'ai passé une nuit excellente. Seulement en me réveillant je souffre de douleurs dans les épaules. Nous cheminons, Camille et moi, vers Saint-Peravy, non sans éprouver une certaine émotion parce que tout le long de notre route nous rencontrons des artilleurs qui semblent se préparer à un départ. Nous craignons que l'ordre ait été donné de lever le camp et alors, adieu notre si désirée promenade ! Heureusement notre émoi était sans raison. Vite j'astique mes boutons de tunique, je cire mes souliers, nous attelons notre équipage et, après avoir avalé notre soupe au lait, nous nous mettons gaîment en route.

A 11 heures on arrive à Orléans. La première chose que nous faisons c'est de prendre un bon bain chaud. Puis nous avisons un grand hôtel pour y déjeuner. Ces beaux messieurs les Orléanais nous regardent à peine ; ils ne daignent pas nous savoir gré de les avoir débarrassés des Prussiens. Ils ne se plaignaient pas d'eux. Le garçon de la table d'hôte nous avoue sans sourciller que les Allemands payaient très bien, n'étaient pas exigeants dans le service, mangeaient tout dans la même assiette, tandis que nous !... En vérité, c'est à souhaiter que les Prussiens reviennent ici pour y piller tout.

Mais les petits commerçants sont d'un autre avis. Ils ont tous été dévalisés et volés par la soldatesque allemande, tandis que leurs officiers se rendaient chez les gros boutiquiers où ils payaient ce qu'ils achetaient.

Après le déjeuner nous faisons nos emplettes et visitons la ville.

Cela me fait une drôle d'impression de voir tant de monde dans les rues, tant de maisons, des femmes si bien habillées ! Je pense que demain je ne verrai plus que des soldats et des tentes.

Je me sens tout étourdi lorsque j'entre dans un café : la fumée du tabac et des cigares, l'odeur d'alcool, et le bitter que j'y prends (oui, un vrai bitter), me tournent la tête. Nous allons un peu à l'air pour nous remettre et rentrons dans le magnifique hôtel du Loiret pour dîner. Nous buvons du champagne à la santé de nos chefs, de nos succès passés et futurs. A force de prolonger nos libations, nous oublions un peu l'heure, si bien que nous sommes dans l'obligation de chercher une chambre pour y passer le reste de la nuit.

Nous frappons à bien des portes sans qu'on consente à nous loger. Fatigués de courir en vain après un gîte, nous sonnons à un hôtel ; à peine le portier entrouvre-t-il la porte en risquant le bout de son nez que résolument nous donnons une violente poussée et entrons de force dans la cour. En montrant les dents et faisant sonner nos sabres, nous intimidons notre portier qui nous introduit dans une chambre où deux matelas étaient étendus. Là on décroche les grands rideaux des fenêtres pour nous faire des draps et nous dormons comme des bienheureux jusqu'à 4 heures du matin.

14 novembre. **Lundi.** A 4 heures nous déménageons et allons retrouver notre cheval et notre voiture dans laquelle on installe toutes les provisions et tous les achats recommandés que nous avons faits. Puis nous nous mettons en route et rentrons à notre camp vers 7 heures.

AU CAMP DE SAINT-PERAVY

Ici comme tout paraît triste ! Je m'effraie à nouveau de reprendre ma vie militaire ; l'idée de rester toute une nuit sous les toiles, entouré de soldats, au milieu des saletés tout autour de soi, des privations, des corvées, tout cela me donne des frissons. Nos pauvres moblots ont des mines si malheureuses, si maladives ! Beaucoup sont déjà à l'ambulance. Pourvu qu'on nous entraîne vite vers Paris !...

Hier, j'ai dépensé pas mal d'argent, mais je me suis acheté des choses bien utiles : une belle chemise de flanelle rouge, un bon caleçon de tricot, des tablettes de chocolat, une chaude cravate, etc., etc.

Mes vacances sont terminées, je reprends mon service. A midi nous avons appel et à 2 heures exercice.

Après la manœuvre, nous préparons pour dîner un gigot que nous arrosons du vin qu'ici on trouve aisément, les paysans venant avec des barriques en vendre au camp. Malheureusement, la pluie ne cesse pas de tomber.

Ce soir, je ne vais point encore coucher sous ma petite tente : je dois aller faire une partie de cartes sous celle du commandant où, en ce moment, l'adjudant-major habite seul et m'invite à y passer la nuit. Je ne m'inquiète pas de ce que le capitaine pourra dire puisque, en somme, je ne sors pas de notre camp.

On parle à nouveau d'un prochain grand combat. Il paraît que les Prussiens reviennent sur leurs pas et ont le projet de reprendre Orléans. Nous faisons des tranchées tout autour de nos lignes : quelle tripotée nous allons, pour sûr, flanquer à l'ennemi quand il va se présenter ! Tout le monde ici le croit, le désire, pour goûter ensuite un repos bien mérité.

15 novembre.   J'ai passé une très bonne nuit.
Mardi.   Dans cette immense tente du
commandant, je pouvais à ma guise étendre les jambes
et, jusqu'à 3 heures dans la nuit, j'ai conservé une douce
chaleur.

A ce moment, je suis réveillé par une douleur très vive
dans la cuisse gauche. Je me rendors quand même mais,
lorsque je veux me lever, j'ai beaucoup de peine à me
tenir debout et surtout à marcher. J'espère qu'avec un
peu d'entraînement cela va se passer.

Nous paraissons devoir rester un assez long temps ici.
On attend que les Prussiens puissent se rassembler ; on
parle qu'ils seront bientôt au nombre de 150.000 hommes.
Quelle belle tactique que la nôtre ! Pendant que les
Allemands ne sont que 60.000 au-dessus d'Orléans, nous
ne bougeons pas pour les laisser tranquilles. Nous
attendons placidement qu'ils aient reçu un renfort de
90.000 hommes avant de vouloir les attaquer, pour pouvoir tout culbuter en bloc ! Nous sommes donc bien sûrs
de nos forces ?

Pourtant, notre situation ne semble guère s'améliorer.
Les soldats dépérissent chaque jour davantage. Tous les
matins, à la visite, les malades se présentent nombreux.
Beaucoup sont atteints de dysenterie causée par l'humidité persistante. Moi, je n'ai pas le droit, avec mes petites
misères, de me plaindre.

Je vais aller confortablement déjeuner avec mes amis
Camille et Lamy, dans notre vieille ferme, là-bas, où on
nous prépare un vrai ragoût aux pommes de terre !

Quand on a bien mangé et bien bu, les idées forcément
s'éclaircissent. Aussi, avec entrain, nous devisons à perte
de vue. Nous nous voyons entrant en triomphe à Paris
après des luttes terribles de chaque jour. Quelle gloire !
Que d'honneurs ! Pourtant nous restons un peu inquiets
sans comprendre la raison qui nous immobilise un si long

temps en la même place. On devrait déjà être à dix lieues de Paris si nous n'avions pas perdu de temps. Décidément nous ne connaissons rien, à nous trois, à la tactique militaire. Pour éviter la menaçante dysenterie, nous ingurgitons quelques verres de rhum. On ne saurait prendre trop de précautions.

Nous croyions, à l'heure du dîner, trouver un repas en rapport avec notre déjeuner. Mais notre cuisinière ayant fait la paresseuse, rien n'est préparé : il faut se contenter de pain et de fromage. Nous ne pouvons adresser aucun reproche à la cantinière que nous retenons à notre service momentanément, et que nous empêchons, pendant ce temps, de faire son commerce d'eau-de-vie près des troupiers.

6 heures du soir. — Malgré le triste menu, le repas a été fort gai, grâce à un abondant punch que nous avons allumé. Après je rentre dans la tente du sous-lieutenant Camille où je puis m'allonger et bien me reposer avec faculté d'enlever mes souliers si pleins de la boue gluante dans laquelle nous avons marché depuis notre ferme.

16 novembre.
Mercredi. Encore une bonne nuit de passée. Au dehors, nous sommes entourés d'un brouillard épais. Le rapport n'apporte rien de nouveau. Nous attendons ici des renforts qui vont porter notre armée à 200.000 hommes. On prétend que Verdun et Neufbrissac sont pris par les Prussiens. On veut sans doute dire que ces deux villes se sont rendues faute de munitions, car je crois les Allemands incapables, soit par la ruse, soit par la force, de prendre une ville forte. Ils sont, pour cela, ou trop lâches, ou trop bêtes. Ce qu'il y a d'inquiétant dans de semblables nouvelles, c'est de penser que toutes les troupes ennemies qui étaient retenues autour de Metz, de Verdun et de Neufbrissac, vont être libres et venir grossir les armées

qui se tiennent déjà tout près d'Orléans, attendant le moment propice pour nous tomber sur le dos. Ah ! elles peuvent manœuvrer à leur aise et opérer tous les mouvements qu'elles jugeront convenables, nous sommes décidés à ne pas les inquiéter. Nos braves et intelligents généraux laisseront obstinément pourrir ici leurs troupes, afin que, démoralisées et affaiblies, elles soient plus sûrement écrasées !

Tous les jours 350 mobiles vont travailler aux tranchées. Ils font d'énormes fossés avec des remblais pour protéger nos tirailleurs. On songe toujours à la fameuse grande bataille si souvent annoncée. Et comme nos généraux sont gens à précautions et qu'ils prévoient que nous pourrions bien être battus, nous trouverions, en cas d'une retraite forcée, ces tranchées derrière nous comme refuge.

Ah ! Ah ! Nous entendons le canon du côté de Pithiviers. Je suis persuadé que c'est l'armée prussienne qui, bien mise à point, commence à faire des siennes. Je pense que nous allons lui répondre.

Voilà la pluie qui recommence d'une façon bien désagréable, juste au moment où notre camp allait commencer à sécher. Je me console en pensant que les Allemands sont sans doute aussi à plaindre que nous, eux qui n'ont pas de tentes pour s'abriter. Il est vrai qu'ils logent, paraît-il, dans les maisons et les granges. En ce cas, ils sont moins malheureux que nous, qui pourtant sommes encore dans notre pays ! Oh ! ces Prussiens, comme je les déteste, surtout depuis que j'en ai vu à Coulmiers. Quand parfois j'en rencontre je ne puis m'empêcher de leur crier toutes les injures qui me viennent à la bouche. Malheureusement, ils ne me comprennent pas !...

Je vais déjeuner avec mes amis officiers. Nous mangeons du veau aux carottes et du riz au lait et au sucre. Mes collègues, les sous-officiers, trouvent étrange que je les fréquente si peu.... Au fond, je dois l'avouer, ils ont raison. Pourtant, en agissant comme je le fais, je les débarrasse d'une bouche à nourrir à leur ordinaire, je leur procure un bénéfice. Je ne vois donc pas pourquoi je ne profiterais pas de l'excellente cuisine que fait la cantinière. J'ai bien le temps de souffrir de la mauvaise chère.

Mon mal de doigt est presque complètement guéri.

7 heures du soir. — Je suis resté au camp et j'y ai fort mal dîné avec le morceau de bœuf de la popote des sous-officiers. Je passe la soirée à faire une partie de cartes avec les officiers de mon bataillon. Nous jouons au brelan. A 8 heures, le sous-lieutenant Camille et moi désirons rentrer. Mais la nuit est si sombre que l'on s'égare dans notre camp. Nous glissons à chaque pas, nous buttons dans les piquets des tentes; nous tournons plus d'une heure sans découvrir notre gîte. C'est là un supplice que je ne connaissais pas encore. J'ai cru, un moment, que nous allions être obligés d'entrer dans la première tente venue pour y coucher. Enfin un mobile de notre connaissance se hasarde à mettre le nez dehors pour se rendre compte de ce qui se passe et il veut bien nous indiquer notre chemin. Nous revenons par où nous avions déjà marché, et après quelques hésitations nous retrouvons l'abri tant cherché et tant désiré.

Je n'oublierai pas de si tôt cette promenade au milieu de la nuit. Il nous faut, à tous les deux, un bon quart d'heure pour enlever nos guêtres qui sont collées, pleines de boue, à nos pantalons. Enfin, vers 10 heures, nous nous étendons sur notre paille pour fermer les yeux, mais nous reconnaissons bientôt que, près de notre tente, on a installé un corps de garde : les soldats, qui doivent être tous soûls, crient et hurlent à la façon des Prussiens, et il est impossible de dormir.

8

17 novembre.
Jeudi.

Comme je le pensais, la nuit a été très mauvaise. Chaque fois que je me réveillais, je me figurais entendre quelqu'un m'appeler : c'étaient tout simplement les sentinelles qui criaient à tout propos : Qui vive ! J'ai tellement remué au milieu de tous ces réveils, ces demi-sommeils, que je me suis découvert. Aussi, je ressens mes douleurs à l'épaule gauche et dans les pieds. Il faut songer à remettre ses souliers, ce qui est toujours une opération difficile avec des chaussettes continuellement humides et crottées de boue desséchée.

Je vais être obligé de cesser l'usage du chocolat, je crois que c'est lui qui me cause les douleurs d'estomac que j'éprouve.

La pluie continue à tomber d'une façon malfaisante. Aussi les hommes meurent facilement dans nos ambulances mal installées. Quant à moi, j'espère qu'ayant résisté jusqu'à ce jour à toutes les fatigues et à tous mes malaises ordinaires, je pourrai aller jusqu'au bout de la campagne. J'appelle à mon secours de nombreux petits verres de rhum.

Ce matin, je vais faire un bon déjeuner avec un lapin sauté et du café. Je pense que ce sera le dernier, car nous devons partir demain, ce qui me causera une véritable satisfaction. A rester si longtemps dans la même boue, on est pris d'un ennui insurmontable.

Depuis 4 heures nous entendons le canon. Nous quitterons le camp demain matin de bonne heure. Par précaution on fait cuire de la viande pour deux jours. Le XVIIe corps est arrivé ici avec 80 pièces de canon. On parle d'une bataille qui pourrait durer plusieurs jours. Ça ne prend plus, je n'y crois pas. Pourtant on peut s'attendre à quelque chose : 30.000 Arabes viennent d'arriver pour nous servir de cavalerie.

Prudemment, j'écris une longue lettre à ma mère. Puis

je me mets à rêver en fumant une pipe mélancolique.

On annonce que nous allons partir ce soir à 8 heures. C'est stupide ! Pourquoi ne pas nous laisser dormir ici cette nuit, nous serions bien mieux disposés demain pour prendre contact avec l'ennemi. Si réellement Frédéric-Charles a eu le temps de rejoindre, retour de Metz, les autres corps d'armée allemands qui l'attendent depuis longtemps déjà au-delà d'Orléans, s'il a pris définitivement le commandement général, oh alors ! on peut compter que la grande bataille est proche ! Celui-là au moins a su profiter du temps que nous lui avons donné si bêtement. Il est temps de nous tenir prêts. Moi, je prépare tout pour le départ.

Allons bon ! Maintenant c'est un contr'ordre. Nous ne partirons que demain matin à 8 heures. Réinstallez vos tentes, pauvres troubades. Et surtout que personne ne murmure. Je mange ma soupe et mon bœuf, et vais jouer aux petits paquets dans la grande tente de l'adjudant-major. Je n'ai pas de veine aux cartes, je perds cinq francs et me retire. Je vais avec l'ami Camille coucher chez lui. Mais, cette fois, nous ne nous perdrons pas : nous avons une lanterne.

18 novembre.
Vendredi. Ce matin, le réveil sonne à 6 heures. Je bois vite un verre de rhum, en tout honneur, et je sors de la tente de Camille pour aller boucler mon sac et, après avoir cassé la croûte, nous partons à 8 h. 1 2, peut-être pour la bataille.

AU CAMP DU BOIS DE BUCY

A 1 heure après midi, nous arrivons dans un bois près de Bucy, petit bourg sur la route d'Orléans. Pendant l'étape, j'ai été pris d'une fringale à tout dévorer : pour l'apaiser, j'ai été forcé d'engouffrer tellement de chocolat que mon estomac en est tout brûlé. Si, au moins, j'avais eu de l'eau à boire pour éteindre l'incendie !

J'ai fait une marche très pénible : le dessous de l'une de mes guêtres de cuir s'était décousu, de sorte que mon pied sortait à chaque pas de mon soulier. C'est seulement au bout de deux heures que j'ai pu trouver une corde pour la ficeler et maintenir le tout en place. Après cela, nous avons traversé des champs, puis des petits bois où nous devions marcher un par un, fouettés à chaque instant par les branches des arbres ou accrochés par les ronces.

Ici, nous sommes campés dans un taillis de sapins où nous pourrons coucher sur de la bruyère mouillée. Du moins nous n'aurons plus de boue. Aussi, je me suis décrotté pendant une heure et ensuite je me suis soigneusement lavé, de sorte que maintenant me voilà propre comme un bon rentier. C'est un bonheur ! Seulement je m'aperçois avec un véritable effroi que mes effets militaires commencent à s'user. Enfin, tant pis : je les brosse quand même, je ne puis vivre dans l'état de saleté où mes compagnons restent si insoucieusement.

J'ai attrapé un gros rhume : pourvu qu'il ne tourne pas en fluxion de poitrine !

Je viens d'avoir le plaisir de prêter 40 francs au sergent Louis Sauvé, de ma compagnie, qui me signe majestueusement un billet que je renferme dans mon porte-feuille : nous gardons, malgré tout, les formes !! On nous laisse abattre des sapins pour faire des feux monstres qui réchauffent généreusement nos membres et nous aideront à mieux digérer le mauvais dîner de ce soir. Le temps est sans nuage et, de voir le ciel bleu, cela désenténèbre nos idées.

Nous sommes à 3 lieues d'Orléans et à 26 lieues de Paris, seulement. Mais on ne nous fera pas avancer plus loin, on ne tentera certainement pas de débloquer la

capitale : il ne faut pas y compter. Tous les généraux de
notre armée sont des créatures de l'empereur ou au
moins des monarchistes et ils n'ont aucune envie de
vaincre pour le compte de la République. Ils iraient,
sans retard, de l'avant, s'ils devaient la renverser.

Il ne viendra donc jamais un général vraiment républicain pour se mettre à la tête de toutes les forces ici réunies et nous entraîner vers Paris ? Personne ne peut
expliquer d'une façon plausible la raison de notre piéti-
nement sur place depuis des semaines. Il faut attendre...
toujours attendre... C'est le seul mot d'ordre. Attendons,
alors. Et quand les Prussiens qui, eux, ne restent pas à
rien faire, auront eu le temps de se grouper en masses
nombreuses, ils tomberont sur notre dos sans nous laisser
le loisir de réunir nos forces disséminées sur une étendue
de dix lieues. Ils n'auront guère de mal pour nous écraser les uns après les autres. Quand on comprend toutes
ces combinaisons louches, l'esprit est bien près de se
mettre en révolte.

19 novembre.
Samedi.
Je me réveille avec d'affreux
rhumatismes à l'épaule. Il a tombé
une pluie torrentielle toute la nuit. Cela me désole, car je
vais encore être exposé, en allant et venant, à salir mes
vêtements qui sont si propres : à moins de me condamner à rester sous la tente, couché sur une paille
pourrie. Mais le sous-lieutenant Camille m'invite à aller
boire notre ordinaire verre de rhum, cela me décide à
mettre ma personne dehors.

Mon rhume de poitrine s'est augmenté d'un rhume de
cerveau ; pourtant, avec la bonne chemise que j'ai
achetée l'autre jour à Orléans, je devrais être à l'abri de
tous ces accidents. Je crois bien que le mal vous gagne
d'autant plus facilement qu'on prend plus de précautions.

J'avais de bonnes chaussettes que ma mère m'avait envoyées et le sergent-major les a égarées, de sorte que je me trouve dans l'impossibilité d'en changer et le besoin pourtant s'en fait vivement sentir. C'est vraiment du guignon ! Sacré major, va !

Je vais fumer une pipe pour tâcher de me distraire au milieu de cette grande tristesse du camp. Ma pipe me fait rêver à tant de choses !

Il est bien difficile de se procurer de l'eau. J'ai envoyé des hommes en corvée pour en rapporter. Depuis 7 heures 1/2 ils sont partis et à 9 heures ils ne sont pas encore de retour ! Il ne faut plus songer à confectionner notre soupe du soir. Et si nous restons encore ici quelques jours, comment ferons-nous donc ? Zut !!!

Dans une de mes excursions, j'ai acheté une douzaine d'œufs pour 90 centimes. Ce n'est pas cher. J'ai déterré des pommes de terre et des navets : avec cela on va cuisiner un fameux fricot. Nous continuons à abattre des arbres entiers pour faire nos feux : si cela continue longtemps encore, toute la sapinière y passera.

On me dit que les lettres pour Paris arrivent, en ce moment, à destination. Et moi j'en ai deux que je voudrais bien faire partir, mais je ne trouve aucune boîte aux lettres pour les déposer et, pourtant, je cherche bien.

Je ne sais pourquoi nos chefs sont si gais aujourd'hui. Ces poltrons-là doivent avoir entendu parler de paix. S'ils devaient se battre demain ou en un autre jour prochain, ils auraient le verbe moins haut.

A midi, j'apprends, à la lecture du rapport, que je suis désigné de planton chez le général de brigade (colonel Lebel).

DE PLANTON CHEZ LE GÉNÉRAL

Notre adjudant est incapable de me renseigner sur l'endroit où je dois me diriger : il ne sait pas de quel côté demeure le général. Aussi, je marche à droite et à gauche dans la forêt, cherchant, mais ne trouvant pas le chemin qu'il me faut suivre. Ce n'est que grâce à un vieux caporal de la ligne qui connaît le poste que j'arrive enfin à destination. J'entre dans une écurie où sont déjà réunis des sergents et caporaux d'infanterie. Je me coucherai cette nuit sur un peu de paille étendue sur de la bouse de vaches et du crottin de cheval : cela me tiendra chaud ! En attendant, nous faisons une partie de piquet à deux sous. Je n'ose guère écrire au poste parce que je pourrais passer pour un poseur et les lignards qui m'entourent ne me regardent déjà pas d'un très bon œil avec ma tenue de mobile.

Je rencontre ici un étudiant, engagé volontaire devenu caporal qui, avant la guerre, habitait à Paris. Nous avons longuement causé ensemble de la rue Dauphine, du vieux quartier Latin, de la mère Moreau avec ses bonnes prunes, des petites femmes et de bien d'autres choses encore. Quel plaisir on éprouvait à raconter toutes nos histoires, gaies ou tristes ! Pour nous désaltérer (nos langues étaient si sèches !) nous avions acheté du vin dans un seau à cheval et, ma foi, toujours devisant, nos verres s'étaient remplis et vidés si souvent que je me sens, à un moment, un peu pompette ! Il n'est que temps de se coucher dans sa litière et de clore la séance.

20 novembre.
Dimanche. J'ai dormi comme un bienheureux dans mon fumier. Mon caporal-étudiant a été confectionner du chocolat à la ferme et il a l'amabilité de m'en apporter une grande tasse. Quelle régalade ! Pour second déjeuner nous nous

proposons de faire cuire une poule dans un peu de graisse. Je dois rester dans ce poste jusqu'à midi seulement ; j'ai encore le temps de faire une ou ou deux parties de piquet et, la malechance me poursuivant, je perds continuellement. On me console en me disant que je dois être heureux en amour !… Comme ce mot-là tombe à pique !

Il paraît que nous devons demeurer dans ces parages quatre ou cinq jours encore. Toujours le même système : rester en place.

Après avoir pris mon chocolat au réveil, je goûte une heure après le café que mon ordonnance a la prévenance de m'apporter. Je le partage avec mes compagnons en l'allongeant de quelques verres d'eau-de-vie. J'entame alors une conversation avec un soldat, ancien conducteur de voitures pour les environs de Paris, qui connaît parfaitement Robinson, près de Sceaux. Robinson qui m'a laissé tant de doux souvenirs !

Le déjeuner à la poule a été charmant et fort apprécié, excepté par un vieux sergent lignard qui est tellement soûl qu'il ne peut plus porter les morceaux jusqu'à sa bouche.

Le temps est superbe. Il est midi passé et j'attends avec impatience qu'on vienne me relever de mon poste. Je suis très embêté : tous les sergents et caporaux avec lesquels j'avais un peu lié connaissance sont partis et ont été remplacés par de vieux grognards sales, repoussants. Ne va-t-on donc pas bientôt venir me relever ? Quelle scie ! Je me promène de long en large au soleil pour me réchauffer et toujours j'attends et je m'impatiente.

J'ai trouvé une occasion de faire porter mes deux lettres à la poste d'Orléans. Elles partiront peut-être pour Paris. Je l'espère et cela me donne une petite joie. Par ce ciel pur, l'air est si léger, que j'entends, aujourd'hui dimanche, une cloche qui sonne l'Angelus à midi. Ce son monotone m'emplit d'une tristesse que je ne m'explique pas.

Et puis, après, je perçois distinctement le sifflet d'une locomotive. Comme il y a longtemps que je n'avais entendu ce cri aigu qui m'a rappelé, aujourd'hui, toutes les tristesses de mon départ de Paris, au moment de ma convocation militaire !

Décidément, personne ne vient me relever. On m'a oublié : comme le service est sérieusement fait dans la mobile ! Je vais encore être obligé de coucher une nuit dans mon écurie. C'est triste.

Le général de brigade vient d'être appelé chez le général de division pour y chercher des ordres. Son entourage croit que nous partirons demain matin, et que les sergents de planton vont, tout à l'heure, être chargés d'en transmettre l'avis aux divers commandants des bataillons. C'est une jolie perspective pour moi ! Il va donc me falloir courir de tous côtés, au milieu de la nuit, à travers les bois, sans connaître les chemins, pour faire parvenir à qui de droit l'ordre de départ. Il est beau le métier ! En attendant, on me laisse toujours dans mon poste peu envié, sans avoir à manger, et si les camarades du camp ne m'envoient rien, je me brosserai tout simplement le ventre.

Comme je le pensais, à 7 heures du soir je suis expédié chez le colonel. Je patauge pendant une heure avant de trouver son logement qui est dans le bourg de Bucy. Le bruit court que les Prussiens se préparent à nous attaquer dès 6 heures demain matin. J'avais eu soin de dîner avant de me mettre en route et pris un repas très varié : d'abord du bœuf, 2° des pommes de terre, 3° une pomme de reinette, 4° ma soupe qu'on m'apporta du camp, 5° du fromage, 6° encore un restant de bœuf pour apaiser mon appétit, et enfin, comme dessert, quelques patates cuites sous la cendre. En rentrant je vais me coucher afin d'être bien dispos pour la lutte de demain.

21 novembre.
Lundi.
A 2 heures du matin, je suis réveillé par la voix du lieutenant d'ordonnance du général. Il s'agit d'aller porter un second ordre au colonel de mon régiment. Je me lève rapidement, mais à coup sûr pas gaîment. Tout en pestant, je me mets en route à travers les bois, dans les ténèbres et à moitié endormi. Je tombe à chaque instant dans des ornières pleines de boue ; à tout moment je dois répondre aux qui vive ! qu'on me lance, sous peine d'être fusillé sur le champ. Arrivé à l'entrée du bourg, un factionnaire ne veut pas me laisser passer, parce que je n'ai pas le mot d'ordre. Il me mène au poste où le sergent de garde me reçoit avec un grognement prolongé, peignant énergiquement sa mauvaise humeur d'être ainsi réveillé au milieu de la nuit. Enfin, après quelques pourparlers, on m'autorise à continuer ma route et je gagne la demeure du colonel. Je frappe pendant un quart d'heure avant de pouvoir réveiller quelqu'un dans la maison. Après quoi, on m'ouvre et je monte au haut d'un escalier où je trouve une première porte que je heurte. — Qui est là ? s'écrie-t-on. — Un sergent de planton... — Ah ! bien, me répond-on : atttendez. J'attends trois ou quatre minutes et je frappe à nouveau. — Attendez ! attendez ! dit la même voix.

Je me mets en colère et, n'écoutant que mon devoir, j'ouvre moi-même la porte et je vois, derrière, l'aumônier du régiment en train de s'habiller. Il veut commencer un discours pour me gourmander, mais j'aperçois dans une autre pièce mon colonel à qui je remets la dépêche que j'ai en main puis, sans rien écouter, je reprends le même chemin qu'en venant, pour éprouver les mêmes difficultés. Revenu au poste des sergents de planton je me recouche avec volupté dans ma litière encore chaude.

Je m'endors en rêvant bataille : c'est de circonstance ! On me dit que notre camp de mobiles se lève et on me laisse toujours de planton ici. Je suis inquiet, car j'ai laissé dans ma tente diverses affaires, et un petit veston fourré que j'avais acheté à mon passage à Orléans. Je suis sûr que les camarades auront la négligence de les laisser à ma place.

La bataille doit bientôt avoir lieu et je suis toujours de planton chez le général. C'est inimaginable ! Je suis furieux. parce que, dans ces conditions. je vais rester à l'arrière-garde. tandis que j'aimerais beaucoup mieux me battre dans les rangs de ma compagnie. Je bois le café avec les vieux troupiers qui sont près de moi. puis je boucle mon sac et me le mets au dos en attendant qu'on nous commande de partir. Cela ne peut tarder.

Durant 3 heures nous sommes équipés, cartouches préparées. attendant les Prussiens, car il paraît qu'on doit les laisser nous attaquer. Il est tout naturel que. leur ayant généreusement octroyé tout le temps de se réunir et de se préparer. nous leur accordions encore la liberté de commencer les hostilités à l'heure qu'ils jugeront convenable. Puisqu'on nous laisse en place sans avoir l'air de s'occuper de nous et qu'il est déjà près de midi. on prépare le déjeuner et je commence par manger du pain et du fromage pendant que cuisent des pommes de terre dans une marmite où, avec de l'eau. on met un morceau de tripe en guise de beurre. Quelle ratatouille de troubade !

Midi. — A midi juste (que c'est beau l'exactitude militaire !) un sergent de mobile vient enfin me relever de mon poste. Ce n'est pas trop tôt. Je rentre en notre camp.

AU CAMP DE BUCY

On m'annonce que nous ne partons pas encore. mais les tentes sont démontées. avec défense de les relever avant 3 heures de l'après-midi. Je trouve une bonne provision de vin et je vide d'un trait le restant de mon bidon pour courir le remplir à la cantine.

A près de 3 heures nous redressons nos tentes ; seulement, croyant vraiment partir, on avait brûlé une grande partie de notre paille, de sorte que nous n'en possédons plus que quelques brins pour coucher dessus.

Notre major Peslier a, paraît-il, disparu depuis deux jours. Pour sûr il aura été faire la noce à Orléans, le veinard ! Pourvu qu'il se ramène avant notre départ !

Je viens de me procurer une livre de beurre ; quel luxe ! Comme je rentre un peu tard de mon excursion, la soupe est mangée. Je vais glaner un morceau de bœuf chez les amis de la 7ᵉ compagnie. Puisque me voici en pays de connaissance, je vais y rester et coucher dans la tente du sous-lieutenant Camille qui, un peu malade, passe la nuit dans une maison au bourg. Tant pis si on fait un appel et si on s'aperçoit de mon absence ! Nous devons quitter le camp demain de très bonne heure. Si je me trouve aussi en train que ce soir, il me semble que je me battrai avec un courage et une vigueur capables de tout culbuter devant moi, sans penser qu'une balle ennemie pourrait bien arrêter mon si vaillant élan.

Avant de nous endormir on apprend la rassurante nouvelle de la défaite d'un détachement prussien à quelques lieues d'ici. Je me demande, avec une certaine méfiance, quelle est la source de ces racontars qui, si facilement, viennent jusqu'à nous.

22 novembre.
Mardi. J'ai passé une bonne nuit. On nous fait lever à 5 heures pour être prêts contre toute attaque que l'ennemi pourrait tenter. On ne nous distribue que des biscuits et j'en fourre dans toutes les places vides de mon sac. J'ai voulu ce matin essayer de couper des morceaux de ce biscuit dans ma soupe, mais j'y ai bientôt renoncé, je préfère le

manger tout sec et j'attendrai du pain, quand j'en recevrai, pour cet usage.

Il pleut à torrent: je ne crois pas que les Prussiens se présentent par un pareil temps. Nous restons abrités sous nos tentes.

Le rhume qui m'avait inquiété il y a quelques jours n'a pas duré: il a avorté très heureusement, parce que, avec cette humidité, les bronchites sont vite venues. Par contre, en me levant, j'ai ressenti de fortes coliques. J'ai donné à la cantinière la commission de m'acheter deux litres de rhum. C'est un bon préservatif et je serais découragé si ma petite goutte du matin venait à me manquer.

A force de n'avoir rien à faire, nous devenons fort industriels. Nous abattons des arbres et en formons des tables et des bancs que nous fichons en terre au-devant de nos tentes.

Ce qui me désole au suprême degré, c'est cette série interminable de mauvais temps. Nous aurions tant besoin d'une bonne journée de soleil pour sécher nos vêtements et nous réchauffer un peu. Mais tous les éléments sont contre nous, c'est à croire que l'on est condamné à crever comme des chiens dans la boue. De plus en plus les infortunés moblots ont des mines pitoyables. Chaque jour il en tombe un certain nombre malade ! Pendant toutes les nuits on entend des pauvres diables forcés de sortir de leur tente sous la pluie froide et se traîner au loin pour s'arrêter. Par crainte de la dysenterie je me suis acheté une chaude ceinture de cachemire rouge que j'enroule, sous ma chemise, autour de mon ventre. Eh bien, malgré cette précaution hygiénique, je ressens quelques douleurs.

Je me console quelquefois de mes trop tristes ennuis en bourrant ma vieille pipe de campagne. C'est une toujours fidèle et bienfaisante amie. Que j'aurais de peine si elle me manquait, si je la perdais !

Je viens de marcher une heure sous la pluie battante pour découvrir un demi-pain que je paie 60 centimes.

Tout le monde ici commence à se désespérer : le mauvais temps nous empêche de sortir de dessous nos tentes. Et puis, le plus terrible de tout c'est que le pain commence à manquer. Que devenir alors ?

5 heures après midi. — Je viens de rencontrer M. Pivert, le père d'un de mes amis. En retournant à Laval il m'a promis de donner à ma mère un mot que j'ai écrit à la hâte pour elle.

Je me remets courageusement à la recherche de pain, mais cette fois inutilement. Pour sept nous n'en possédons plus qu'un seul et encore il doit faire deux jours.

Demain on va commencer à se mettre en marche pour cette fameuse bataille qu'on annonce depuis tant de semaines. Il est à souhaiter qu'elle ait lieu le plus tôt possible, car Paris doit avoir besoin de secours et manquer de vivres ; il n'est que temps de le débloquer et promptement. Qui aurait jamais pensé, quand on a déclaré la guerre, que Paris, le grand Paris, serait un jour cerné par les troupes prussiennes et isolé du reste de la France ! Oh ! mais, il ne capitulera jamais ! Si pareille catastrophe devait arriver, ce serait pour moi une inexprimable et atroce douleur. Mais pourquoi cette pensée ? N'est-ce pas impossible ?

Désormais, mon capitaine remplace le commandant qui lui-même prend les fonctions de lieutenant-colonel. Alors, mon lieutenant commande, dès aujourd'hui, notre 6ᵉ compagnie. Il est connu pour son incompétence absolue, pour son incapacité notoire au point de vue militaire ; sans aucun esprit d'initiative ni d'organisation, sans autorité : il est vraiment affligeant de voir à notre tête un pareil chef, bien peu fait pour nous rassurer dans la situation si difficile où l'on se trouve en ce moment. Très entiché de son titre de noblesse à la faveur duquel

il se croit d'une essence supérieure, d'une secte domi-
nante, causeur intéressant, assez documenté, dévot très
crédule et très pratiquant, grand admirateur des jésuites,
ses maîtres, fumeur intrépide, bon marcheur, il porte
une haine implacable à la République.

Il est animé, à mon égard, de sentiments fort peu bien-
veillants, et il est bien certain qu'il fera, comme il l'a
déjà fait, tout son possible pour que, lui présent, je
n'arrive à aucun avancement. En ce moment, dans notre
6ᵉ compagnie, nous n'avons ni lieutenant ni sous-lieutenant. Mais comme ce serait moi qu'on pourrait désigner
à l'un de ces grades, on restera dans cet état irrégulier
plutôt que d'y mettre fin en nommant à l'une des places
vacantes un sergent trop imprégné d'idées républicaines,
un étudiant parisien, un libre-penseur, élevé du côté
inférieur et négligeable de la société, déjà trop influent
vis-à-vis de ses hommes et surtout si mal noté dans les
petits papiers de ce très cher et très important monsieur
l'aumônier.

Ah ! si jamais la guerre civile surgit après notre campagne actuelle, comme souvent on l'entend prédire par
messieurs nos officiers qui, sans doute, l'appellent de
leurs vœux, dans l'espoir d'y voir sombrer la jeune
République... qu'il vienne donc, celui-là, me commander
de faire feu contre les républicains ! Il saura ce que l'étudiant parisien sera capable de faire ! Il verra si ce ne
seront pas les chouans, même galonnés, qui tomberont
les premiers !... J'attends !... Peut-être notre tour viendra, à nous autres républicains !

Cette nuit, je dormirai encore avec mes souliers aux
pieds, parce que on nous promet de nous réveiller à
2 heures du matin. Comme il n'y a plus de paille sous nos
toiles, je vais coucher dans la tente du sous-lieutenant
Camille. Mais l'obscurité si noire dans cette saison me
joue encore un vilain tour : je m'égare dans la sapinière,

je marche à tâtons, butant contre une buche, me cognant le nez à un arbre, m'étalant sur une tente... Après bien des tours et détours, j'arrive tout de même au but. Je m'en vais jaser un peu, penser beaucoup et dormir le mieux possible. Je ne rêverai certes pas aux Prussiens car, maintenant, je suis tellement habitué à l'idée de la grande bataille.... pour le lendemain que cela ne me produit plus aucun effet.

23 novembre.
Mercredi.

Quelle affreuse nuit je viens de passer ! J'avais eu la malencontreuse idée de boire deux tasses de café en causant avant de me coucher. Aussi, je ne me suis endormi que vers minuit, incommodé par la chaleur lourde qui s'élève de nos litières lorsque la tente est hermétiquement close. Cela m'a donné la fièvre. Et, lorsque le sommeil est enfin venu, je n'ai eu que des cauchemars fatigants. On nous a sonné le réveil à 5 heures et je me lève avec un violent mal de tête et une vive douleur dans le pied gauche.

Je supprime le petit déjeuner parce que je n'ai que du biscuit à me mettre sous la dent.

L'ennemi est si près de nous qu'il a pu faire prisonniers quelques éclaireurs. Quand donc se décidera-t-on à l'attaquer ? Mais non : la vieille et détestable tactique adoptée par nos grands chefs est la défensive et jamais l'offensive. On laisse les Prussiens grouper des masses imposantes qui auront vite fait d'écraser nos forces divisées. C'est-il bête ! Je me révolte contre l'inertie obstinée de nos armées. Je désire sincèrement la bataille. Avec mes dispositions d'esprit je crois que je me battrai vaillamment.

En attendant, je vais me laver les mains dans un petit ruisseau et, quoique l'eau y soit un peu jaune, je m'en passe sur la figure pour me rafraîchir, car, avec la fièvre qui ne me quitte guère, j'ai souvent la sueur au front et la tête brûlante. J'ai eu ce matin une attaque de dysenterie qui semble vouloir se prolonger : il ne me manquait plus que cela !

Qu'on dise encore que l'intendance ne pense pas à nous ! On vient de distribuer un demi-pain par homme, c'est toujours un repas d'assuré. J'ai tout lieu de croire que nous allons encore être tranquilles toute cette journée. La fameuse grrrande bataille est remise à demain. A quoi diable servons-nous ici ? Qu'on nous renvoie donc de suite dans nos foyers !

Pour nous fournir une occupation et une distraction extraordinaires on annonce une grande promenade militaire dans la boue, de 2 heures à 5 heures. Voilà uniquement à quoi nous sommes bons. Nos illustres chefs ont l'air de ne se soucier de rien. Ils mangent bien, boivent bien et rient sans cesse. Paris, pendant ce temps, doit pourtant commencer à manquer de vivres.

Notre état-major est très occupé en ce moment-ci à distribuer des culottes neuves aux moblots comme si nous devions rester en campagne tout l'hiver. Si cela doit arriver, je suis sûr de mourir de tristesse.

J'espérais que, par la pluie qui tombe à torrents, on allait décommander notre promenade. Mais non, on ordonne quand même de marcher. Et nous voilà en route à travers les bois, sautant des haies, des fossés, voire même une rivière avec nos sacs sur le dos et nos fusils en bandoulière. Nous revenons au camp au bout de deux heures sans avoir, naturellement, aperçu le moindre casque prussien. Du moins, cette sortie a procuré à chacun l'agrément de se déchirer la figure et les mains aux épines des haies et des fourrés.

Ah ! je n'ai pas de chance ! Mon lieutenant, qui fait à présent les fonctions de capitaine et qui m'aime tant, m'avait donné son livre de compagnie pour y copier les noms des mobiles et voilà que j'ai perdu ce livre ! Cela ne va guère être drôle ! C'est pour lors qu'il va me dire que, en vérité, je ne suis bon à rien. Vite, je cours le chercher partout où j'ai porté mes pas. Au bout d'une heure, je retrouve le fameux carnet enfoncé dans ma litière. C'est très heureux. Des douleurs d'estomac me travaillent de temps en temps et me rendent encore plus maussade. Je vais bientôt devenir inabordable.

Pour dîner, je mange mon inévitable bœuf avec quelques pommes de terre et je vais ensuite prendre ma goutte de rhum à la cantine avec le major Peslier, revenu parmi nous. Et puis, je me couche sur ma paille humide.

24 novembre.
Jeudi. Je viens de passer une assez bonne nuit, quoique hantée de mauvais rêves. Je n'ai vu se dresser devant moi, en songe, que des personnes qui n'existent plus. J'ai assisté aussi, dans mon sommeil, à l'entrée des Prussiens à Laval. Je voulais me battre contre l'ennemi et je ne pouvais pas lever les jambes pour marcher. Après mon réveil, je me suis mis à flâner au... lit et suis resté à réfléchir comme le lièvre en son gîte. Pas gaies mes réflexions !

Je sors de ma tente parce que les crampes d'estomac me reprennent et que j'espère, grâce à une longue promenade, les calmer. Je reviendrai après prendre le café et j'irai encore me laver dans mon même petit ruisseau jaune.

Nous sommes prévenus que notre départ d'ici se fera à 11 heures et que, dorénavant, nous cantonnerons chez l'habitant. Tout comme les Prussiens, alors ! Ça, c'est gentil, mais je n'y crois guère. Avant de partir je parviens à trouver une côtelette panée que j'achète pour 16 sous ! Je vais bien me régaler.

Je ne croyais pas qu'en campagne on pût dépenser autant d'argent. Mais nous manquons tellement de tout, et le moindre objet, la moindre marchandise de toute nécessité est si rare et, partant, si chère qu'on a vite dégonflé son portemonnaie.

4 heures du soir. — Nous venons de faire une étape de quatre lieues et, au lieu d'être logés chez l'habitant, nous campons tout simplement dans le parc d'un château, à Huisseau.

AU CAMP DU PARC DE HUISSEAU

Nous sommes dans la propriété d'un marquis. Pour nous témoigner son contentement d'avoir été, par nos exploits, délivré de la présence des Allemands battus à Coulmiers, il nous fait distribuer une botte de paille pour chaque homme. Jamais nous n'aurons eu un si bon matelas ! On n'aurait pas fait mieux pour des chevaux !

A l'heure du dîner, mes camarades se lamentent, désolés de n'avoir rien à manger. Aussi, de quels cris de joie reconnaissante me saluent-ils, lorsqu'ils me voient m'avancer majestueusement avec une énorme marmite toute fumante, contenant un gros lapin que j'étais allé faire sauter, sans rien dire, à la ferme voisine !

Les Prussiens ont habité pendant trois semaines le parc où nous campons à présent. Lorsque le marquis, propriétaire, voulait faire un pas, il était immédiatement escorté par des soldats allemands qui le gardaient comme otage. On s'explique facilement le bonheur qu'il a éprouvé en recouvrant sa liberté.

A l'heure du coucher, nous nous réjouissons de pouvoir étendre nos membres fatigués sur de la bonne paille fraîche.

25 novembre.
Vendredi. Que j'ai bien dormi sur cette épaisse litière si saine ! Comme il n'a plu ni hier ni cette nuit, le terrain est presque sec autour de notre tente.

Il est bien présumable que la guerre ne doit pas de si tôt se terminer, car on prend des mesures plus actives que jamais : on nous donne de nouveaux vêtements, de nouvelles munitions, et partout on voit passer des troupes et aussi des canons qui, au nombre de 400, dit-on, vont augmenter notre artillerie. Ce sera pour sûr une fameuse tripotée que nous flanquerons aux Prussiens. Mais, pour cela, je pense toujours que l'on devrait se dépêcher et je maudis tout le temps qu'on nous fait perdre chaque jour.

Je suis très bien vu dans la ferme au lapin sauté : aussi, tous les matins, on me réserve du lait que notre cuisinier va prendre pour faire soit de la soupe, soit du riz, que l'on mange dans nos gamelles et que nous trouvons délicieux.

Après mon repas, je me suis rendu au bourg de Huisseau pour déguster un vermouth et lire quelques journaux. Leur lecture m'a redonné un peu l'espoir qu'on pourra encore arriver à temps à Paris, qui, quoique rationné, ne manque pas de vivres présentement. La bataille décisive que nous devons livrer ne sera donc pas inutile et nous n'en aurons que plus d'assurance et plus de courage.

Défense vient d'être donnée, par le rapport, de s'absenter du camp sous prétexte que, d'un moment à l'autre, nous sommes exposés à plier bagages. Il faut donc rester sous la tente. Mais la privation n'est pas grande, vu que, en ce moment, il recommence à pleuvoir.

Sitôt que le vilain temps se montre le spleen a bien vite fait de nous reprendre. J'essaie de dormir pour moins ressentir l'ennui. Quel métier abrutissant on fait là ! Si cela dure encore quelques mois, je ne saurai plus dire un mot en société. Ils sont capables, tous nos manitous, de nous faire rester dans cette position jusqu'en janvier.

Évidemment, alors, nous serons tous pourris ! Pour

moi, je me sens incapable de résister si longtemps à une pareille existence. J'en arriverai à être tellement abêti, tellement affaibli au moral comme au physique, que ma raison ne parviendra plus à me suggérer la vaillance nécessaire pour supporter toutes nos misères et toutes nos fatigues. Quand des pensées si noires et si démoralisantes vous assaillent quelques instants, en vérité l'idée de suicide se présente à l'esprit comme une délivrance.

Malgré la pluie, je vais prendre mon habituelle goutte de rhum du matin : elle fait réellement du bien. En écrivant ces lignes, j'entends tonner le canon. Peut-être cela va-t-il nous faire décamper.

2 heures après midi. — L'appel se fait sous la pluie, mais bientôt celle-ci devient si violente que nous sommes obligés vivement de nous retirer à l'abri sous nos tentes où nous restons enfermés jusqu'à 5 heures. On est au complet, tous les sept sergents réunis. Nous disons de grosses bêtises en raccommodant nos caleçons, nos culottes, nos chaussettes, etc...

5 heures. — Notre cuisinier est forcé de nous passer nos gamelles de soupe parce que nous ne pouvons sortir tellement le temps est exécrable. Je n'avais pas encore éprouvé un semblable découragement. Après le dîner, nous nous allongeons, chacun à sa place respective, et essayons de dormir.

26 novembre.
Samedi.

J'avais peur d'être réveillé par le clairon sonnant en pleine nuit le départ : mais non, il fait déjà jour et nous sommes encore à Huisseau, et il pleut toujours. C'est épouvantable ! Notre préposé à la cuisine nous passe nos gamelles de café. Après ce petit déjeuner, je vais au bourg boire un vermouth et prendre des nouvelles, malgré qu'on nous ait prié de nous tenir sur nos gardes et prêts à partir au premier signal, qui sûrement doit être donné aujourd'hui, à moins que ce ne soit demain, ou peut-être même après-demain. Cela me connaît. On va jusqu'à prétendre que, dès que le temps le permettra, nous décamperons régulièrement tous les deux jours. En voilà des déménagements en perspective ! Aujourd'hui, le temps s'améliore un peu.

11 heures du matin. — Je viens de terminer mon grand déjeuner ; aussi, avec le major Peslier, je vais boire mon second verre de rhum et faire une promenade à travers champs.

2 heures après midi. — Nous avons exercice. Un de nos gros galonnés en profite pour nous faire un speech dans lequel il déclare que l'on est très rapproché de l'ennemi et que, par conséquent, nous devons nous attendre à subir prochainement une attaque de sa part. On arrive donc indubitablement vers le moment décisif.

Malgré toutes les défenses, nous parvenons, par des voies détournées, à gagner le bourg et y prendre une vraie absinthe au petit café de l'endroit. Cela me procure une singulière impression : à chaque gorgée que j'avale, un tas de souvenirs se réveillent en mon esprit, presque gais. C'est là une espèce de griserie bien douce, mais de très courte durée.

Je vais rentrer manger mon éternel bœuf, puis nous causerons un peu autour de notre feu, malgré la pluie qui recommence ; ensuite nous nous coucherons sur notre litière de paille. Sous nos toiles mouillées, qui empêchent l'air malfaisant de l'intérieur de s'échapper, on est tout à fait incommodé, nous étouffons. L'haleine de sept personnes entassées dans un si petit réduit est suffocante. Je suis très souvent obligé d'appliquer ma bouche sur l'une des fentes de nos toiles pour aspirer un peu de l'air froid du dehors. C'est là une misère de plus à ajouter à toutes celles que nous avons déjà à endurer. Essayons quand même de dormir.

27 novembre.   Hier au soir, au moment où je
Dimanche.   me préparais au sommeil, Camille
vient me chercher pour aller sous sa tente jouer un peu
d'abord, et se reposer, bien allongés, ensuite. A peine
avons-nous soufflé notre bougie que le lieutenant-capitaine de ma compagnie arrive prévenir le sous-lieutenant
Camille d'avoir à faire préparer vivement les sacs de ses
hommes qui, sous la surveillance des sous-officiers, de-
vront rester sous leurs tentes, prêts pour le départ à
4 heures, après le café pris. Il cause à travers la toile,
sans m'apercevoir, et il explique que les Prussiens,
repoussés de Châteaudun, devaient essayer de traverser
nos lignes.

Je me lève immédiatement et, sans prendre le temps
de boucler mes guêtres, je cours à ma compagnie afin de
réveiller mon monde, après toutes les péripéties ordinaires dans ces voyages en pleine obscurité, au milieu des
ornières et des fossés boueux qui sillonnent notre camp.
Une fois ma besogne terminée, je me recouche dans
notre tente, attendant l'heure désignée. Je parviens à me
rendormir.

A 4 heures, tous les soldats se lèvent, on fait le café et
on attend les ordres.... qui ne viennent pas.

A 8 heures, rien de nouveau. Nous avons réintégré nos
tentes et y restons sous la pluie qui continue à tomber
d'une façon désespérante. Il est écrit que nous n'aurons
pas un jour complet de beau temps. Avec mes souliers
décousus qui prennent facilement l'eau, j'ai sans cesse
les pieds à la glace et suis trop disposé à m'enrhumer.

On distribue du biscuit et du lard pour deux jours ;
ces vivres viennent compléter ceux que nous avons, soi-
disant, en provision dans nos sacs. Si nous partons, l'on
est prévenu que nous n'aurons pas de distribution nouvelle pendant trois ou quatre jours. Quelle nourriture
pour des soldats qui doivent se battre contre un ennemi

qui ne manque de rien ! Ventre creux contre ventre plein... les chances ne sont pas égales !

Hier on a porté cinquante hommes de notre bataillon à l'ambulance. Comme cela rassure ceux qui restent dans la boue !

Midi. — On fait l'appel et la revue de tous les fusils et cartouches. Il faut que chacun soit prêt à se servir de son arme au moindre signal. Le ciel à ce moment est très sombre : de plus, un brouillard épais tombe sur la terre et vient encore augmenter toutes nos causes de tristesse et d'abattement.

Nous sommes allés, quatre sergents ensemble, au bourg. Il fallait, à toute force, que je fasse resserrer mes guêtres qui, sous l'action de la pluie, s'étaient élargies démesurément. Pendant qu'on me faisait le travail nécessaire nous avons pris un café, un punch et, pour couronner le tout, un vermouth. Il faut bien se remonter le moral comme on peut. Ensuite, nous nous sommes promenés dans les rues en fumant chacun un cigare d'un sou !

Comme nous en étions persuadés, il n'est plus question de notre départ pour aujourd'hui. C'était bien la peine de faire tant d'embarras pendant la nuit. On croit tout de même que ce n'est là qu'un léger retard, car il n'est pas possible, avec toutes ces armées prussiennes si nombreuses autour de nous, que l'heure de la bataille ne sonne pas enfin. De nous tous qui en ce moment sommes-là, debout, bien portants, combien seront fauchés par la mitraille !

Mon premier carnet de notes est rempli : j'écris sur sa dernière page. J'ai eu le soin de m'en prémunir d'un second que j'espère bien ne pas achever. La guerre sera certainement terminée auparavant.

28 novembre.
Lundi. Je commence mon second carnet en y inscrivant une bonne nouvelle. Hier, dit-on, nous avons remporté, près Conneré, un grand avantage sur les Prussiens qui voulaient aller se ravitailler vers le Mans. Ils doivent être désespérés de rencontrer de la résistance de tous les côtés, eux qui, jusqu'ici, avaient eu des succès si faciles. C'est ce qui pourrait amener plus vite la paix. Du moins cela permet d'espérer.

J'ai parfaitement dormi toute ma nuit. Je n'ai rien à faire et vais me rendre au bourg de Huisseau déguster encore un vermouth. Après, je reviendrai pour manger l'inévitable bœuf et puis nous irons à l'exercice.

Ah ! zut, alors !... Je n'ai pu me faire servir de vermouth : tous les vins et liqueurs sont épuisés et, en guise d'apéritif, j'ai dû me résigner à faire une promenade dans le parc. Mais là, les feuilles jaunes que je piétinais et celles qui tombaient des arbres, ont redoublé ma mélancolie. Je rentre donc sous ma tente et en profite pour écrire une lettre à mon cousin Eugène Garnier, à Laval.

Je viens de donner mes mouchoirs à laver et, en attendant, j'en ai acheté un nouveau pour 60 centimes et je vais m'en servir, tel qu'on me l'a vendu, sans être ourlé. En campagne, c'est de peu d'importance. Nous recevons une livre de pain pour chacun et pour deux jours. C'est un point très rassurant pour le soldat de penser qu'il ne mourra pas de faim, du moins d'ici demain.

Voici ce qu'on annonce, pour nous réconforter sans doute : dans notre camp de Huisseau nous ne sommes, en tout, que 3.000 hommes et avons en face nos lignes une armée prussienne de 40.000 soldats, contre laquelle nous allons lutter. L'ennemi s'avance : il s'agit de lui faire croire que nos forces sont très importantes et de nous replier, peu à peu, toujours en combattant, pendant environ 10 lieues, jusqu'à l'armée française qui attend là, très nombreuse et en une position inexpugnable. Si ces bons Allemands veulent bien tomber dans le piège, ils seront tous écrasés, anéantis. C'est superbe en théorie. Mais, en pratique, c'est bien périlleux. Combien de moblots tomberont sur la terre pour mettre un pareil projet à exécution ! Combien en restera-t-il de pauvres bougres au bout de ces 10 lieues !

A dîner, j'ai mangé une bien bonne salade. C'est un mets extraordinaire pour des troubades en campagne. Après ce réconfortant repas, je vais boire un rhum, toujours en compagnie du major Peslier ; puis j'irai me coucher et tâcher de bien me reposer car, demain, nous attendons de bonne heure l'ordre de partir afin de commencer le fameux plan dont l'exécution sera très dangereuse. Notre brave capitaine ne nous le dissimule pas : nous sommes des troupes sacrifiées pour faire réussir un coup sérieux d'où dépendra le succès de l'armée de la Loire. Tâchons de dormir en pensant à cela.

29 novembre.
Mardi. Ce matin, si le ciel est couvert, du moins il ne pleut pas. C'est déjà quelque chose. Nous avons pu acheter au bourg un pain que l'on gardera comme provision supplémentaire.

On dit que la variole et la fièvre typhoïde font des ravages dans les ambulances. Aussi laisse-t-on les malades atteints de dysenterie dans leurs tentes, pour leur éviter la contagion possible. C'est attristant ! Mais puisque nous sommes sacrifiés, périr un peu plus tôt ou un peu plus tard, cela n'a guère d'importance. Moi, dans le plus profond de mon âme, je ne crois pas aux paroles si alarmantes du lieutenant-capitaine. Si nous étions réellement tant en danger que cela, il n'aurait pas la figure aussi calme et l'air aussi résigné, aussi serein. Je prends mon café du matin et vais faire un tour au bourg pour avoir des nouvelles. Puis je rentrerai pour raccommoder mon pantalon et mon caleçon. Je deviens assez habile dans ce travail. Le XVIIe corps, c'est ce que je viens d'apprendre, arrive pour camper près d'ici. Nous sommes donc, de ce fait, plus en forme.

Je déjeune avant l'exercice ordinaire.

Mon capitaine, le vrai, celui de la formation de notre 6e compagnie, vient nous faire amicalement ses adieux : il est nommé général de brigade dans l'armée de l'Ouest qui doit s'organiser. C'est un avancement inespéré, inaccoutumé ; mais c'est un choix heureux et qui ne surprend pas trop. Notre capitaine, en effet, appartient véritablement à la grande famille militaire à des titres qu'aucun autre ne possède dans tout le bataillon, dans tout le régiment, même. Il est décoré de la Légion d'honneur et a été officier dans les voltigeurs de la garde impériale. Il connaît certainement le métier mieux que quiconque. Voilà donc mon lieutenant qui prend officiellement la place de commandant de notre compagnie. Puis, prochainement, on va nous gratifier d'un nouveau lieutenant, un gentil petit cagot, actuellement sous-lieutenant. C'est un jeune chouan très apprécié de notre nouveau capitaine. Je suis assuré, à l'avance, d'avoir avec ce prochain officier les relations les plus... désagréables.

5 heures après midi. — On sonne le départ ! Nous n'avons pas dix minutes pour faire nos paquets. Aussi, nous abandonnons bien des effets qui ne semblent pas de première nécessité et les laissons sous nos tentes, dont on n'a même pas le temps de plier les toiles. Vite, il faut partir, les Prussiens sont à quelques kilomètres d'ici. Allons-y gaiement. Je bois une bonne goutte et je me mets en route, mes cartouches prêtes dans ma poche pour ne pas manquer le premier Allemand qui se présentera.

Après avoir marché pendant une lieue, on fait arrêter ma compagnie près d'une ferme pour y prendre position. nous formons les faisceaux et attendons. cachés dans une écurie. Au bout d'une demi-heure, nous reprenons nos fusils et vite en route !...

Notre bataillon revient à son ancien campement sans avoir rencontré un seul Prussien ! C'est de la comédie !

Notre soupe est encore au-devant du feu. telle que nous l'avions laissée. En attendant qu'elle recuise, je me dépêche d'aller prendre une bonne petite absinthe à Huisseau pour me remettre des alarmes et des émotions de notre si dangereuse expédition. Après. je reviendrai au camp pour y dîner, pour jaser ensuite auprès du foyer et enfin je me coucherai. Seulement, j'aurai soin de garder mes souliers aux pieds, dans la crainte d'une nouvelle alerte.

30 novembre.
Mercredi. Depuis 4 heures ce matin, nous sommes debout. A 5 heures. nous partons en embuscade et dans une heure nous serons aux prises avec l'ennemi. On m'envoie en avant, en tirailleur. avec 30 hommes. Nous marchons pendant trois heures et, à cet instant, on entend le bruit lointain du canon. Je pose vivement mes sentinelles en avant d'un château que ma compagnie occupe et qui a déjà été criblé de balles dans la précédente bataille de Coulmiers...

Ainsi, depuis notre victoire du 9 novembre, nous marchons, marchons. marchons des jours et des jours et nous sommes encore sur le terrain où l'on s'est glorieusement battu à cette date ! Quelle avance nous avons prise ? C'est une dérision !

A peine avais-je placé mes hommes en tirailleurs qu'on me fait revenir en arrière vers le château. Nous nous remettons en marche vers Huisseau. Pour le coup, de cet endroit, on distingue clairement le bruit du canon.

On donne la permission de s'asseoir sur les sacs, mais cela ne peut être que pour un instant. L'ennemi est si près que tout à l'heure, bien sûr. on va avancer un peu et le découvrir.

10 heures 1/2 du matin. — Nous sommes déjà éreintés par nos courses de la matinée. Nous n'avons encore pris aucune nourriture et n'en prendrons probablement pas de toute la journée.

Jusqu'à midi nous restons en armes. Enfin à ce moment-là on nous engage à faire la soupe, mais on défend de dresser nos tentes. Que d'angoisses. que d'impressions troublantes on éprouve quand on vit de pareils instants !

Quel mouvement inaccoutumé il y avait au bourg, ce matin. Ce n'étaient que compagnies qui partaient, d'autres qui revenaient, se croisant. se bousculant !... On va d'un côté. d'un autre, sans savoir quel chemin on doit suivre. Je suis sûr que nos chefs l'ignorent eux-mêmes : c'est un désordre indescriptible ! Nous sommes de vrais pantins. de vrais joujoux que les Prussiens viendront bientôt cueillir. sans beaucoup de peine.

Je me couche sur notre paille bien vieillie pour tâcher de faire un somme réparateur. J'ai eu l'occasion d'acheter un demi-litre de rhum et deux saucisses que j'espère garder pour le jour prochain où l'on se battra. En outre j'ai fait l'achat d'un morceau de lard bien maigre que je vais manger après la soupe.

1 heure après midi. — Nous n'avons pas encore reçu l'ordre de relever nos tentes. En ce moment le temps est beau mais froid. On entend toujours le canon dans le lointain.

Voici qu'on commande le départ. Nous allons retourner à notre ancien camp de Bucy. qui n'est qu'à la distance de trois lieues. Nous y serons à la nuit. Il nous faut remporter notre paille si l'on veut avoir une litière pour y coucher. Cela va nous occasionner une bien grande fatigue et je me demande si, tout le long de la route, je pourrai supporter cette charge sur mes épaules, au-dessus de mon sac.

AU CAMP DE BUCY

1er décembre.
Jeudi. Je suis arrivé hier au soir ici, complètement esquinté, avec une botte de paille piquée au bout de mon fusil. Bien des fois j'ai cru devoir la laisser en chemin. Lestement nous construisons nos tentes et je n'ai pas été long à me coucher et à m'endormir lourdement, malgré le grand froid de la nuit. En me réveillant ce matin je me sens courbaturé et plein de douleurs dans le dos et tous les membres.

Nous devons partir à 10 heures, je ne sais pour quel endroit. Pourvu, au moins, que nos chefs le sachent et qu'ils ne nous trimbalent pas sans but, jusqu'au soir !

Le clairon sonne... Il faut s'en aller.

8 heures du soir. — Nous venons d'arriver à notre nouveau campement.

AU CAMP DE THERMINIÉ

Je suis exténué ! Depuis midi jusqu'à 8 heures nous avons marché en ordre de bataille à travers les champs. Je ne sais vraiment pas comment j'ai pu résister à la fatigue d'une pareille journée. On a passé bien près du bourg de Saint-Peravy. Nous n'avons rien pour nous mettre sous la dent et ne pourrons trouver aucune provision dans ces parages.

Tout en marchant, vers 4 heures après midi, nous avons entendu le canon : on se bat au-devant de nous et nous précipitons nos pas pour atteindre, avant le soir, le lieu du combat. Mais l'ennemi a été repoussé sans que nos troupes aient pris part à la lutte.

Arrivés à Therminié, nous campons près du bourg, en pleins champs... A ce moment, on nous annonce, d'une façon qu'on déclare officielle, que Paris a fait une sortie sensationnelle et que 200.000 hommes ont gagné Fontainebleau ! Quelle bienheureuse nouvelle ! Comme elle remplit nos cœurs de joie et de courage ! Alors, il est entendu que demain nous devons filer sur Fontainebleau et de là sur Paris où l'on ne tardera pas à entrer, tout nous dit qu'on peut l'espérer. D'un pied léger, je vais jusqu'au bourg, tout proche.

Malheureusement, les Prussiens ont passé par là et n'ont absolument rien laissé. C'est à peine si je puis remplir mon bidon.... d'eau !

Brusquement, je suis désolé !... Je ressens une douleur atroce dans le genou droit et je puis très difficilement marcher. Comment ferai-je, demain, pour suivre mon bataillon ? Je ne veux pourtant pas rester ici. Pour comble de malheur, je m'égare en revenant au camp et je fais une demi-lieue de trop. Enfin, je gagne péniblement ma tente et me couche sur un gros tas de paille où je m'endors en grignotant un morceau de pain bien sec.

2 décembre.
Vendredi.

Toute la nuit j'ai grelotté de froid. A peine le jour se lève-t-il qu'on nous ordonne de démonter nos toiles. Mais il a gelé si fort que la terre est dure comme de la pierre : on ne parvient pas à arracher nos piquets de tente que l'on abandonne là. J'ai déjà le sac au dos et je réfléchis tristement. Nous devons marcher toute la journée sans aucune provision de bouche. Ne pas manger, passe encore ; mais ce qui me tourmente le plus c'est l'état de mon genou. Bien certainement je vais rester en route, au milieu des champs, loin des maisons ! C'est effrayant rien que d'y penser, aussi je suis bien résolu à me traîner le plus longtemps possible.

Nous partons à 7 heures du matin et je me trouve tout indisposé autant d'inquiétude que de souffrance.

9 heures 1/2 du matin. — On entend la fusillade au-devant de notre ligne. Dans un quart d'heure nous allons prendre contact avec l'ennemi. J'ai une grande envie de boire, mais je n'ai que de la glace dans mon bidon. Il paraît que l'on doit assiéger les Prussiens qui sont renfermés dans un camp retranché. En avant ! Vive la France, vive la République !

SUR LE CHAMP DE BATAILLE
DE THERMINIÉ

11 heures du matin. — Nos tirailleurs reculent. Les Prussiens nous accablent d'obus. Une balle de fusil tue un de nos soldats, une autre tombe à mes pieds et fait soulever de la poussière jusque sur mes souliers. Un obus siffle au-dessus de nous : malgré moi, je baisse la tête en guise de salut : il éclate par derrière, il était temps ! Nous sommes couverts de terre, mais, par hasard, aucun de nos mobiles n'est atteint de ses éclats, et, après un moment naturel de frayeur, nous sommes heureux de nous voir tous debout, à nos places.

11 heures 1/2. — Les régiments de ligne fuient pour la seconde fois, refoulés par les masses allemandes. On nous fait alors arrêter. Les obus sifflent d'une façon épouvantable au-dessus et autour de nous pour éclater un peu en avant ou un peu en arrière. Quelques-uns tombent dans nos rangs mêmes et y sèment la terreur et la mort. Dieu, que c'est horrible à voir un champ de bataille ! Quel tumulte ! Quelle désolation ! Quelle horreur !

Midi. — Les nôtres reprennent un peu le dessus. Mais nous restons malencontreusement en repos, servant de point de mire à l'artillerie allemande. Les

obus pleuvent en telle quantité qu'on est obligé d'opérer
un grand mouvement de retraite jusqu'à une heure.
Malgré cela, les obus nous poursuivent toujours, tuant
et blessant quelques mobiles.

Pendant ce temps-là il fait si froid que le vin est gelé
dans les bidons. Moi, je suce les glaçons qui se forment
à mes moustaches : c'est le seul rafraîchissement que je
puisse m'offrir. Pourtant, j'ai bien soif avec toute cette
poussière, cette odeur de poudre, mes fatigues et mes
émotions !

1 heure 1/2. — Je vois au loin une batterie complète
française qui s'avance au galop, imprudemment, sur un
monticule, et qui va se jeter et se faire prendre par des
uhlans cachés dans le bas-fond. Nous assistons à ce tragique épisode et n'allons pas de l'avant pour chercher à
délivrer ces canonniers et sauver leurs pièces !

Au même moment, un groupe de cavaliers s'élance au
galop en se tournant vers nous. Un bataillon de nos
mobiles, celui de Château-Gontier, qui se trouvait le plus
près, reçoit le commandement d'armer et de faire feu.
Il tue deux artilleurs français qui, serrés et poursuivis
par des uhlans, accouraient chercher secours et refuge
vers nous. C'est à pleurer de rage !

Au bruit étourdissant de la décharge, notre capitaine,
apeuré, perdant la tête, prend les jambes à son cou et
s'enfuit. Mais bientôt, retrouvant son sang-froid, il
s'arrête, se retourne et demande brutalement pourquoi
nous battons en retraite. Elle est forte celle-là !

Nous distinguons deux immenses incendies allumés en
avant. Le canon tonne toujours ; mais hélas ! je crois que
nous sommes vaincus !... Quelle cruelle douleur ! C'est
aujourd'hui un jour néfaste, l'anniversaire de l'ignoble,
du honteux « deux Décembre », journée de deuil éternel !
Cette date détestée devait être fatale aujourd'hui à nos
armes. L'ennemi s'avance vers nos lignes. Nous l'atten-

dons de pied ferme et mettons des cartouches dans nos chassepots...

4 heures. — Ce n'est pas contre nous qu'a lieu l'attaque. Jusqu'à ce moment ma compagnie n'a pas beaucoup souffert. Seuls quelques blessés s'en vont aux ambulances. Nous ne semblons plus perdre de terrain. Dans le lointain de grandes masses françaises cherchent à nous rejoindre. Les canons et les mitrailleuses font toujours un vacarme assourdissant. Je viens de remonter ma montre pendant une accalmie car, cette nuit, il est probable que je n'aurai pas le loisir de m'occuper d'elle. Nous n'avons pas mangé depuis hier au soir mais ne ressentons aucune faim : nous reprenons notre marche.

4 heures 1/2. — En avant, cela recommence de plus belle. Nous avançons toujours... Mais alors, une pluie d'obus nous tombe dessus. Boûm ! Boûm !!! Quel tintamarre sinistre ! Bien des soldats tombent blessés ou tués autour de moi. C'est un tel tapage, avec toute cette artillerie, qu'on dirait que la terre va s'entrouvrir et nous engloutir. Je commence à me sentir l'estomac bien vide : l'odeur suffocante de la poudre et les quelques glaçons que je suce ne suffisent pas à le calmer.

Nous tournons à gauche de Therminié où l'action vient de s'engager. Nous distinguons l'ennemi dont les masses sombres s'étendent innombrables là-bas. A cette heure, ce n'est plus seulement le bruit strident des obus qu'on entend, c'est celui plus faible des balles de fusil, moins assourdissant, mais tout aussi perceptible que le premier : on perçoit un léger sifflement presque toujours suivi d'un clapotement sourd, comme celui d'un corps tombant dans l'eau... c'est que la balle vient d'atteindre un pauvre camarade. En effet, un cri soudain retentit, un homme tourne quelques secondes sur lui-même, les mains pressant sa blessure, puis il roule sur la terre. Pendant quelque temps les obus et les balles arrivent

dans nos rangs sans que, vu l'éloignement, on puisse se
servir utilement de nos chassepots pour y répondre.

Cependant nous avançons encore. La terre tremble
sous les coups multipliés des canons et des obusiers. On
commence à mieux distinguer les lignes prussiennes, on
voit la fumée sortir des fusils et on aperçoit les feux de
peloton. On rencontre de tous côtés des blessés qui se
traînent péniblement pour gagner les ambulances : cela
donne le frisson. Mais l'odeur de la poudre vous grise,
fort heureusement. Enfin, après quelques pas en avant,
nous nous arrêtons à une portée, sans doute, de chassepot. C'est un moment terrible : on se rapproche les
uns des autres, comme pour se soutenir et se donner
mutuellement courage, on arme son fusil, on épaule, on
vise et le coup part. A ce premier coup de fusil tout le
corps tremble, mais cela passe vite. On recharge promptement son arme et on tire à nouveau, rapidement, sans
viser, dans le tas. On ne sait plus d'où on en est, mort
ou blessé. C'est plus tard que la conscience du soi
revient : il semble qu'on se réveille, qu'on se retrouve,
heureux de se sentir sain et sauf, mais à droite et à
gauche des vides se sont faits, des camarades manquent ;
les uns sont restés couchés sur le sol, les autres sont
partis blessés. Une boue noirâtre s'attache aux souliers :
le sang, assez chaud pour dégeler la terre, forme une
matière gluante qu'on piétine.

6 heures. — Enfin le dernier coup de fusil vient d'être
tiré. Tout se tait avec la nuit. Les oreilles sont étonnées
de ne plus rien entendre. Mon sentiment, à ce moment,
est que nous avons perdu du terrain et que nous avons
été vaincus.

DANS UNE FERME DE THERMINIÉ

Nous entrons dans une immense ferme près de Therminié, qui se trouve abandonnée. Je me loge avec mes hommes dans une étable où il fait bien chaud. Demain, la bataille recommencera. Je serai peut être moins privilégié qu'aujourd'hui. Je vais me coucher. Avec quel bonheur j'enlève mon sac que j'ai gardé 10 heures sur le dos !

9 heures du soir. — Allons, voilà une fausse alerte. On nous fait sortir et mettre sous les armes, puis, presque aussitôt, ordre est donné de rentrer mais de se tenir prêts au moindre signal. Nous voulons reprendre nos couchettes mais elles ont été envahies par des soldats blessés qui hurlent de douleur et que nous ne pouvons déranger. On a transporté aussi des morts Prussiens ou Français dans notre étable et nous devons coucher près de leurs cadavres. Rien ne nous effraie plus et l'on se dispose à dormir comme de coutume. Mais à minuit le signal du départ est donné.

DANS LA PLAINE
DU CHAMP DE BATAILLE

3 décembre.
Samedi. Nous marchons rapidement au milieu de la nuit à travers les plaines de Therminié. Il paraît qu'il était urgent de quitter notre ferme car les uhlans accouraient pour la cerner et la brûler. On défend de parler. Quelle marche lugubre ! Il y a quelque chose de sinistre dans le ciel.

De gros nuages passent sur la lune, heureusement, pour cacher nos troupes. Enfin, au bout de deux heures, on s'arrête.

2 heures du matin. — Il tombe de la neige. Nous allons en cachette chercher un peu de paille dans les granges voisines et l'on se couche dessus, sans permission de déboucler nos sacs, ni de nous servir de nos couvertures, obligés de s'appuyer dos contre dos pour ne pas geler complètement. Nous n'essayons pas de dormir, car ce serait imprudent avec un froid si rigoureux.

6 heures du matin. — Allons, vite, debout ! Il faut recommencer à se battre ! Pour la première fois depuis hier je mange un morceau de pain sec et bois un peu d'eau. C'est nous qui allons former la tête de bataille et qui soutiendrons le choc toute la journée.

8 heures 1/2. — Ma compagnie se développe en tirailleurs à quelques centaines de mètres des Prussiens.

9 heures. — Voilà le premier coup de canon qui tonne ; nous tirons sur quelques fuyards uhlans. D'autres cavaliers ennemis ont le toupet de venir jusqu'à la ferme où nous étions campés hier au soir, mais nous ne pouvons les atteindre avec nos fusils : ils sont trop éloignés. Au bout d'une demi-heure le canon se tait.

10 heures. — Tout est calme. On ordonne de nous rallier au pas de gymnastique vers notre centre. Comme nos jambes sont disposées à courir ! Enfin, on obéit de son mieux. A 10 heures et demie on entend de nouveau le canon un peu à droite de Therminié. Espérons que la journée du samedi nous sera plus favorable que celle du vendredi : car hier nous avons certainement perdu beaucoup de terrain. Le 3ᵉ bataillon des mobiles de la Mayenne a été particulièrement éprouvé : trois capitaines, d'autres officiers et de nombreux soldats ont été tués pendant la bataille.

On distingue le canon du côté de Patay. Vite, nous y filons, suivis par de l'artillerie. Au moment de nous mettre en marche un coup de fusil éclate dans nos rangs : on entend de suite un cri lugubre qui se répète pendant près d'une minute et puis nous voyons un de nos sergents qui tourne en faisant un grand rond, se tenant les reins de ses deux mains et qui tombe mort. Ce pauvre sergent, toute la journée hier, avait bataillé et fait le coup de feu sans rien attraper au milieu des balles prussiennes et il meurt aujourd'hui frappé par le chassepot d'un mobile qui, ayant son arme encore chargée, avait maladroitement donné un choc sur l'aiguille, et l'engin meurtrier avait atteint notre infortuné camarade.

Nous sommes consternés par ce triste accident. Et moi, j'ai tellement peur que pareil malheur n'arrive à nouveau qu'immédiatement j'ordonne à tous mes hommes de désarmer et je surveille attentivement l'opération.

On se bat au loin devant nous sans que nous voyions l'ennemi : nous sommes en effet cachés par une haute colline. Nous allons sans doute, tout à l'heure, charger, car il y a environ 30.000 hommes dans le ravin qui nous abrite. Si les Prussiens nous découvrent, quelle pluie d'obus on va recevoir !

5 heures 1,2. — Notre corps d'armée ne se bat plus à présent et le canon tonne toujours, mais dans la direction d'Arthenay, vers lequel nous marchons. En route, on apprend que les Prussiens ont déjà subi une défaite en cet endroit, hier 2 décembre, et que nos troupes ont tué beaucoup d'Allemands à Therminié, sans qu'aucune position ait été perdue ni d'un côté, ni d'un autre. C'est bien invraisemblable. Par tout ce que nous comprenons, il semble qu'on opère une habile retraite pour aller rejoindre l'armée de Paris. Quel bonheur, mon Dieu, si cela était vrai ! Avec quel courage je marcherais toute la nuit, malgré mon si grand besoin de manger et de me reposer ! Mais je suis pris d'une crainte bien vive. Si l'on doit se battre pour arriver jusqu'à la capitale, quel succès pouvons-nous espérer avec des chefs si ineptes et si peu braves, comme ils l'ont prouvé hier, ne pensant qu'à se grouper autour de l'aumônier, à se confesser, à demander l'absolution, au lieu de se tenir fermes près de leurs hommes et chercher à les entraîner par leur exemple plein de vaillance ?

Peu à peu nous approchons du canon et aurons encore le temps de prendre part à la bataille, car il reste deux heures de jour.

4 heures du soir. — Ma compagnie est envoyée en tirailleurs à deux ou trois cents mètres des lignes prussiennes. Mais aussitôt l'artillerie ennemie envoie de nombreux obus qui, heureusement, ne nous atteignent pas et éclatent bien loin. Toutefois notre brave capitaine juge que notre manifestation guerrière est suffisante et il fait battre en retraite tout en nous égaillant. C'est à qui courra le plus vite pour suivre notre capitaine qui semble avoir des ailes et qui, dans son empressement à montrer sa vélocité, ne s'aperçoit pas qu'il nous lance dans une batterie française placée devant nous et dont on va empêcher le tir.

Heureusement je vois la bévue : j'arrête mes hommes et leur fais prendre à gauche pour tourner la batterie.

5 heures. — Tout est fini. Nous marchons encore pendant plus d'une heure. J'en suis exténué ! Chaque fois qu'on fait une halte je me laisse tomber sur le dos, appuyé sur mon sac pour me reposer.

6 heures 1 2. — Enfin nous arrivons au petit bourg de Bricy après avoir porté le fusil sur l'épaule avec tout notre fourbi pendant douze heures sans manger. Je n'en puis plus, mais plus du tout. Chaque sergent est chargé de chercher un campement pour ses hommes. J'avise une énorme grange dans une vaste ferme et j'y installe avec empressement ma demi-section. Bien vite mes mobiles se casent moëlleusement dans la paille et se préparent à dormir sans penser à manger. Qu'ils me font pitié à regarder !...

AU BOURG DE BRICY

Au moment où j'avais bien installé à mon usage une confortable litière pour y passer une heureuse nuit, un capitaine d'état-major ouvre la porte de notre grange et demande le sergent. Je me présente et il m'avertit que, le général de division ayant élu domicile dans cette ferme, il me nomme chef du poste pour sa garde... Je réponds que je n'ai pas reçu d'ordre de mes chefs à ce sujet.

Il revient quelques minutes après avec mon commandant qui me fait sortir et me montre les six points où, toutes les heures, je devrai aller poster moi-même des sentinelles armées avec l'ordre de faire feu sur tous ceux qui voudront s'approcher.

Voilà bien ma veine ! Comme je vais me reposer avec cette corvée ! Ce sont mes pauvres bougres de moblots qui jurent ! Quelle pétaudière ! Pour les calmer, je leur donne ma parole qu'ils seront fusillés demain, dès la première heure, s'ils ne m'obéissent pas sans le moindre murmure. Ils se rendent alors, sans dire un mot, en tremblant, aux divers postes que je leur assigne. Mais qu'ils doivent en avoir assez du métier ! Moi je me couche pour une heure, quand même.

4 décembre.
Dimanche. Quelle épouvantable nuit ! Ici on meurt de faim ; on est éveillé à toutes les heures pour relever les sentinelles. A chaque fois il faut jurer et tempêter pour réveiller les hommes qui ne veulent pas se lever. Moi qui avais tant besoin de repos, je n'ai pu dormir un instant.

A 6 heures, nous sommes déjà dans la cour rangés en ordre de bataille et en armes. J'ai le bonheur de trouver un reste de soupe au lait, un peu de café, un peu de vin et je me réconforte suffisamment avec tout cela. Les

Prussiens sont à deux kilomètres de nous. Notre bataillon est rangé dans la route du bourg, tout prêt à se battre.

On dit que les Allemands ont été vaincus hier !... J'ai peine à le croire... Enfin !

7 heures 1 2 du matin. -- Le canon tonne tout proche. Les obus tombent sur le village où nous sommes encore au repos. C'est un vacarme infernal !... On est cerné de tous côtés par l'artillerie ennemie, nous sommes perdus, nous allons tous y rester, quel carnage ! Tout le monde comprend notre triste position, nos chefs en changent de couleur. Bon Dieu ! que d'obus, que d'obus ! Bientôt le village ne va plus être qu'un amas de ruines, tout flambe et on est au milieu de tout cela. A ma droite, une de nos compagnies reçoit un obus en plein qui lui tue plusieurs hommes. Et l'on reste toujours en la même place. Je crois en vérité que personne ne s'occupe de nous et qu'on nous a sacrifiés pour occuper le tir des Prussiens.

Dans sa peur froussarde, mon capitaine vient de s'apercevoir qu'il est atteint d'un violent mal de genou qui l'empêche de marcher. Il est contraint par ce regrettable (?) accident de nous quitter et il monte dans une voiture d'ambulance qui le dirige à Orléans.

Enfin chacune de nos compagnies se met en marche, les unes à droite, les autres à gauche, pour fuir le feu ennemi. La mienne s'abrite derrière une haie, sans sous-lieutenant, sans lieutenant, sans capitaine, sous mon seul commandement. Nous apercevons très distinctement une batterie prussienne qui tire sur nos soldats en fuite... Si par hasard elle nous découvre nous sommes fichus !... Justement, la voilà qui nous accable de projectiles meurtriers. On est obligé de se coucher par terre. Un mobile que je secoue par le bras pour le ramener vers moi tombe frappé d'un éclat. Il faut pourtant regagner le gros de notre bataillon. Mais pour faire marcher mes hommes, je suis obligé de les menacer de mon fusil : au milieu de cet épouvantable carnage ils sont tous immobilisés par la peur. Chaque sergent de notre compagnie commande ses hommes et essaie de les sauver comme il peut. Nous nous dirigeons un par un, au pas de gymnastique, vers la route d'Orléans pour y reconstituer nos groupes. Puis nous prenons le chemin de Bouley où l'on se forme en colonnes pour aller à l'ennemi. Mais c'est impossible, les obus nous déciment. Ah ! cette fois, nous sommes bien vaincus ! Notre bataillon bat en retraite. Un capitaine de ligne, à qui j'ai le plaisir d'offrir une goutte du vin de mon bidon, m'affirme que l'on est en pleine déroute. Quel affreux malheur ! La si belle armée de la Loire, la voilà défaite, décimée, impuissante !

5 heures du soir. — Nous arrivons, avec un accompagnement continuel de coups de canon, pourtant en bon ordre, jusqu'au faubourg d'Orléans, à Orme. Après un temps de repos on opère un demi-tour pour entrer dans la ville, mais tout à coup on commande de faire volte-face et de remarcher vers l'ennemi. A cet instant, des chevaux tout seuls, puis des cavaliers africains arrivent au grand galop au milieu de nos rangs en jetant des cris incompréhensibles et en faisant des gestes désespérés... On crie : « sauve qui peut ! » et immédiatement 10.000 hommes tournent le dos à la route et s'enfuient à la débandade, sans seulement savoir ni où, ni pourquoi.

A ORLÉANS

Quelle honteuse et déplorable situation ! J'ai fui avec toute ma compagnie pendant dix minutes, incapable de me diriger. Au milieu de tous ces soldats qui courent en tous sens je perds ma compagnie. A tout instant je manque d'être renversé, piétiné par la foule des fuyards ; les uns jettent leurs sacs, les autres leurs fusils qui gênent

leurs mouvements. C'est un spectacle lamentable, démoralisant. Si les Prussiens s'avisent d'envoyer des obus,
nous périrons tous, car nous sommes bien en vue, sur
une haute colline plantée de vignes dont les échaliers
nous font tant de fois tomber.

Enfin la raison me revient, je me retourne pour savoir
ce qui se passe derrière moi. Je ne vois aucun Prussien ;
je m'arrête pour grouper quelques-uns de mes hommes
et, bien piteux, je rejoins mon bataillon qui, tout dé-
membré, se reforme petit à petit tout en haut du coteau.
Mon commandant, désolé, la figure défaite, conduit nos
débris à Orléans.

Nous sommes bien perdus !... Le canon nous poursuit
toujours ; il n'est que temps de passer de l'autre côté de
la Loire si l'on ne veut pas être écrasé dans un dernier et
sanglant carnage.

Jamais je n'oublierai le si triste défilé qui passe devant
mes yeux à cet endroit ! Les soldats rentrent en ville de
tous côtés, fantassins mêlés aux artilleurs, cavaliers sans
monture : les Arabes à cheval cheminent lentement avec
du sang à leurs burnous. Un superbe commandant de
spahis, tout pâle, tête nue, sur son magnifique pur sang,
s'avance tristement, le front fendu d'un coup de sabre,
et de son affreuse blessure le sang coule sur sa tunique
bleue. J'ai envie de pleurer.

5 heures. — Il est déjà nuit lorsque notre bataillon se
met en marche pour opérer sa retraite. Arrivés au pont
de la Loire, on arrête et on nous ordonne d'aller dans les
tranchées pour protéger les derrières de l'armée. En
nous y rendant, je cherche un peu de pain que je ne
puis trouver. Nous gagnons le faubourg Bannier où,
tout près, on entend nos mitrailleuses qui crépitent et qui
crachent leurs balles meurtrières dans les rangs ennemis. Les projectiles des Prussiens arrivent jusqu'à nous.
Le sous-lieutenant Camille qui causait avec moi reçoit

une balle dans la cuisse. J'en entends le bruit... floc !...
au moment où elle traverse son ample manteau avant
de pénétrer dans la chair. J'espère la blessure peu grave.
Deux hommes le soutiennent et l'emmènent à l'hôpital.
Comme cela m'attriste ! Je ne puis articuler aucun son,
je le laisse s'éloigner, incapable de lui dire un adieu : j'ai
la langue paralysée.

9 heures du soir. — Nous avons monté notre heure de
garde dans les tranchées d'où l'on n'aperçoit aucun
Prussien et nous revenons à l'intérieur de la ville, sur
une promenade. Là, on nous fait former les faisceaux,
nous disant que la ville d'Orléans étant bien fortifiée
nous y resterons pour en défendre l'entrée. Les pièces
marines tirent tout le temps des coups formidables sur
l'ennemi pour l'empêcher d'approcher.

Je ne puis plus me porter : j'ai eu quinze heures le sac
sur le dos et je me vois condamné à dormir sur mes jambes. Avec cela, il gèle à pierre fendre. Je ne pourrai certainement pas rester debout toute la nuit. Dans la compagnie, il n'y a pas un chef pour commander, pour
nous réconforter, nous indiquer ce qu'il faut faire à présent. Nos hommes se couchent sur la terre dans leurs
couvertures : alors, mon sergent-major, un autre sergent et moi nous nous dirigeons vers une boutique
encore entr'ouverte où on nous offre la goutte en demandant des nouvelles sur les événements de la journée.
Nous racontons ce que nous avons fait.

Les Orléanais prétendent que la ville peut se défendre
pendant quinze jours. Nous nous réjouissons à la pensée
d'avoir à rester ici tout ce temps, occupés aux tranchées
un jour sur deux. Nous pouvons donc agir en pleine
sécurité au moins cette nuit. Justement, il y a tout près
une maison abandonnée par son propriétaire, où nous
trouverons, affirme-t-on, un asile très commode. Avant
de nous y diriger, nous courons à notre compagnie qui

stationne à côté pour bien spécifier l'endroit où l'on nous trouverait si la moindre alerte survenait.

Cette précaution prise, nous frappons à ladite habitation qui, sans hésitation, s'ouvre devant nous trois. Nous sommes introduits dans une pièce bien éclairée, où un grand feu de bois pétille gaiement et autour duquel cinq personnes sont assises silencieusement. Là, nous dévorons avidement du pain et du fromage en buvant un peu de bière. Puis, sous l'action de la chaleur bienfaisante, mes compagnons et moi, harassés, les yeux lourds de sommeil, nous nous endormons profondément sur nos chaises. Nos hôtes, pris sans doute de pitié, nous invitent à monter dans une chambre au premier étage, dans laquelle sont installés deux lits où nous pourrons reposer plus complètement. Engourdis, inconscients, abrutis, nous suivons nos guides, sans aucune méfiance, ayant reçu d'eux la promesse formelle qu'au moindre mouvement, au moindre appel du clairon, au plus petit coup frappé à la porte d'entrée, comme il était convenu que nos hommes devaient le faire, nous serions de suite réveillés. Nos esprits pouvaient donc rester tranquilles.

Nous avions pris la précaution de laisser notre bougie toute allumée. Mais elle s'était usée et lorsque je me réveillai, par je ne sais quelle cause, je ne vis que les ténèbres profondes autour de moi. A ce moment je veux savoir l'heure : impossible de trouver une allumette pour m'éclairer. Très inquiet, mille idées troublantes dans l'esprit, je secoue mon sergent-major couché dans le même lit que moi. Il me répond de mauvaise humeur que je le laisse dormir, puisqu'on n'avait pas frappé à la porte.

J'attends un long temps, des heures peut-être, sans me rendormir, tellement mon esprit était tourmenté. Enfin la première lueur de jour pointe par une fenêtre et vite je réveille mes deux compagnons. Nous descendons ensemble l'escalier, traversons le vestibule sans rencontrer personne. Nous ouvrons la porte principale d'entrée et nous sommes dehors.

Mais là, oh ! horreur ! Mes cheveux se dressent sur ma tête ! A gauche, au bout de notre petite rue étroite, dans la demi-obscurité du jour naissant, nous apercevons l'armée allemande qui défile triomphalement, fifres en tête, comme à une parade, dans la voie principale d'Orléans !

Mes jambes se dérobent sous moi, je crois que je vais tomber. Il faut être jeune, avoir le cœur bien solide pour résister à une émotion pareille, aussi terrible. Un peu de sang-froid nous revient. Muets de torpeur, nous longeons les maisons, tournant le dos aux Prussiens, craignant, à chaque pas, de les voir s'élancer pour nous empoigner ou d'entendre les balles de leurs fusils siffler à nos oreilles, cherchant à nous atteindre.

Tout en cheminant, tremblants de tous nos membres, nous comprenons que, dans cette nuit, l'armée française voyant au-devant d'elle des masses profondes de Prussiens, a dû évacuer sans délai Orléans et, dans une retraite précipitée, traverser la Loire pour s'éloigner au plus vite, à la faveur de l'obscurité, et éviter un écrasement irréparable.

Mais nous, comment se fait-il que pas un de nos mobiles, pas une des personnes qui se trouvaient dans la même maison n'ait eu à cœur de nous prévenir d'un départ si subit, si inattendu? On nous a lâchement abandonnés, condamnés à la situation la plus déplorable, la plus périlleuse, la plus désespérante ! Qu'allons-nous devenir à présent ? De quel côté diriger nos pas ? C'est à devenir fou !

Au bout de la petite rue où nous avions passé la nuit on commence à sortir de la ville. Quelques maisons et boutiques sont ouvertes et nous y entrons pour tâcher de recueillir des renseignements utiles. On nous fait le récit de la fuite éperdue de l'armée française vers l'autre côté de la Loire, l'affolement stupide des généraux qui détruisent, derrière eux, le pont qu'ils viennent de traverser, sans seulement donner à toutes leurs troupes le temps de passer, les livrant ainsi à l'ennemi.

5 décembre.
Lundi.

Le jour est plus clair. Nous jetons nos sacs vides et nos képis et continuons notre marche. A chaque coin de rue nouvelle nous apercevons et évitons les Prussiens. Dans une petite mercerie j'achète une casquette à la hâte, plus loin je glisse une culotte de toile par dessus mon pantalon de mobile, et enfin je mets ma petite veste brune, que je portais en dessous, sur ma tunique. De cette façon, je suis suffisamment déguisé et j'espère que, cachés par ma personne, mes amis qui sont bien enveloppés dans leurs couvertures, pourront sans accident traverser avec moi les lignes ennemies. D'ailleurs, nous jurons de ne plus séparer nos sorts ni dans la vie, ni dans la mort.

Grand Dieu ! A ce moment, quelle émotion ! Au sortir de la ville d'Orléans nous passons dans un petit chemin à quelques mètres d'une batterie prussienne, toute rangée et gardée par deux factionnaires dont nous ne sommes séparés que par une petite haie. Le froid, heureusement, est si vif que les deux gardiens sont enfouis jusque par dessus la tête dans leur capote et ne voient pas à deux pas devant eux !... Nous passons et avançons à travers les vignes desséchées, nous cachant aux moindres bruits entendus. Quel chemin suivre, pour sortir de cette zone occupée par les Prussiens ? A chaque instant on voit la silhouette d'un uhlan sur son grand cheval : vite, on se jette ensemble contre terre jusqu'à la complète disparition du redoutable teuton.

DANS LES PLAINES DE LA BEAUCE

1 heure du soir. — Nous nous reposons un instant dans un petit bois et mangeons silencieusement un morceau de pain et de fromage. Quelle désolation dans toute cette campagne que nous traversons ! On n'y rencontre plus d'habitants. Les charrues sont abandonnées au milieu des champs. Çà et là on voit encore les cadavres, hommes ou chevaux, des batailles de la veille. Ici, des casques, des bidons : là, des fusils brisés, des sabres tordus, et pendant des kilomètres ! Comme de tous côtés on a dû se battre, se tuer !... Cela me fait frémir !

Nous nous remettons en route. Il va falloir passer entre deux campements ennemis que, grâce aux vastes horizons de ces plaines immenses et plates de la Beauce, nous découvrons, assez éloignés, à droite et à gauche. Comme le cœur me bat ! Pour me donner un air plus insouciant, je mets ma pipe à la bouche et nous avançons résolument vers la route que l'on voit en avant et que nous avons l'intention de traverser.

3 heures. — Quel bonheur ! Tout a bien été : grâce à nos détours et à notre toupet. Mais j'ai eu bien peur ! nous avons longé les tombes élevées à leurs morts par les Prussiens. Ces tombes sont gardées par des cavaliers qui nous ont aperçus de loin mais sans s'inquiéter de notre marche. On chemine pendant près d'une heure sans rencontrer un seul Allemand... Je crois que nous sommes sauvés. Quel soulagement, quelle joie de penser que peut-être nous éviterons la douleur d'être faits prisonniers ! Depuis ce matin, nous avons parcouru près de sept lieues et marchons toujours dans des champs bouleversés, remplis de débris de voitures, de caissons d'artillerie, d'armes où, hier toute la journée, des combats acharnés se sont livrés. Quel horrible spectacle !

5 heures du soir. — Nous dirigeons nos pas vers une ferme pour demander de l'eau à boire... On refuse de nous laisser entrer mais on consent à nous passer une cruche pleine par dessus le mur de clôture. Les fermiers sont terrorisés par les Prussiens. Ils nous renseignent sur la route que nous devons suivre en assurant qu'à 4 kilomètres se trouve un camp français établi à Bâcon. C'est avec joie que nous allons vers le chemin indiqué. Il y a là un peu de glace dans un fossé, nous en suçons des morceaux pour tromper notre faim.

Tout à coup on aperçoit, vers notre droite, quelques cavaliers ennemis. Tout tremblants, nous nous jetons vite à terre et, pendant plus de 30 minutes, restons immobiles, couchés sur un sol glacé et par un froid à raidir les membres. Des uhlans s'arrêtent, se rangent en ligne devant nous, semblant attendre qu'un ordre leur arrive. Cette fois, mon espoir de tantôt me quitte : je crois que nous sommes perdus. Je souffre horriblement : à moitié gelé, les doigts de mes mains ne peuvent plus remuer... Heureusement l'escadron de cavaliers, uhlans ou autres, se remet en marche : ils ne nous avaient pas vus. Peu après, nous nous relevons et repartons, espérant bien en avoir fini avec toutes nos paniques. Le camp français est proche et la route doit être libre.

6 heures. — Oh ! désespoir ! Au coin du chemin, une dizaine de cuirassiers blancs surgissent : ils nous aperçoivent et courent sur nous, sabre au poing, au galop de leurs chevaux, en criant : Soldates, soldates ! nous répondons, tout transis : No, No !! C'est inutile...

Ils arrachent la couverture du sergent-major Peslier et voient l'uniforme de mobile. Nous sommes pris et entraînés au milieu de l'escorte, vers un bourg voisin.

Après avoir été présentés, en curiosité, à divers officiers prussiens qui occupent les fermes environnant le bourg, on nous conduit jusqu'à Épier, dans une petite

11

salle de maison abandonnée où se trouvent déjà quantité d'autres soldats français, et où l'on va passer la nuit.

Voilà donc ma campagne finie ! Après les fatigues des marches forcées, après les privations et toutes les misères de la vie des camps, les dangers courus et évités sur les champs de bataille il me faut, maintenant, endurer de nouvelles souffrances que n'adouciront aucune espérance, aucune joie, aucune satisfaction et que jamais je n'avais prévues.

DEUXIÈME PARTIE

———

EN CAPTIVITÉ

———

D'ORLÉANS A DANTZIG

En route pour la Prusse

AU BOURG D'EPIER

6 décembre.
Mardi. Prisonnier, me voilà prisonnier ! Dans cette malheureuse campagne de guerre, aucune douleur ne m'aura été épargnée. Comme je suis désolé ! J'ai peine à rassembler mes idées ; je ne puis croire que ma misérable situation actuelle soit définitive. Pourtant, je n'ose guère espérer une délivrance. Comment, par où me sauver ? Sera-ce jamais possible ?

On vient de nous distribuer un peu de pain et d'eau. C'est la première fois que je me vois obligé d'accepter quelque chose d'un Prussien. J'en éprouve un coup douloureux au cœur.

Je pense toujours à notre journée si accidentée d'hier où nous étions parvenus, mes deux amis et moi, à parcourir dix lieues sans nous faire prendre, et où nous étions animés de la plus grande confiance, tout près du camp de Bâcon. Quelle fatalité cruelle nous a donc fait tomber dans l'arrière-garde de l'escadron de cuirassiers prussiens que nous avions évités quelques instants avant ? Pris, au moment où je me croyais sauvé !... J'en pleure de rage !

Ah ! ces Allemands, comme ils sont tous gras, bien

portants, bien habillés, les boutons brillants, avec des chevaux aux poils reluisants de santé ! Comme ils semblent heureux, comme ils se nourrissent bien dans les maisons françaises abandonnées de leurs propriétaires. Ils ne manquent de rien. eux ! Ils ont l'air d'être en partie de plaisir. Ils boivent nos bons vins, ils fument d'excellents cigares, ils rient, ils chantent. Tandis que nous pauvres Français, sur notre propre sol, ne pouvons rien avoir, ni à manger, ni à boire ! Ils ont des chefs, eux, qui savent le métier militaire ; nous, nous n'avons que des nullités !...

C'est une nuit affreuse que je viens de passer. Depuis hier au soir je suis resté accroupi dans un coin de la chambre. J'avais bien des moments de sommeil, mais j'étais si gêné que je ne pouvais arriver à dormir. J'étais, à chaque instant, forcé de repousser un voisin qui prenait ma place ; j'étais étouffé au milieu de tant de monde. Et puis, j'ai bien faim, ce matin, et on ne pense pas à nous donner à manger.

Je me cache sous ma couverture pour écrire ces mots. Je tremble de voir les Prussiens me fouiller et me confisquer mes carnets d'impressions.

Au milieu de toutes mes peines, j'éprouve une colère indignée à cette heure ! A côté de moi il y a des brigands ignobles qui se disent Français, qui portent un uniforme français et qui se félicitent d'avoir été faits prisonniers. D'autres sont assis sur le haut d'une large armoire à linge, en arrachent les planches et les dévalisent comme d'infectes cambrioleurs. Et moi, avec mes galons, je ne dois rien dire, car ces monstres auraient vite fait de m'écharper.

On nous distribue un peu de pain de son. Ce pain est si dur que, pour le partager, on est obligé de le scier. Cependant, nous sommes heureux de le manger. Nous partons.

A L'EGLISE D'ARTHENAY

Nous avons été escortés par quelques cavaliers prussiens jusqu'à Patay : les uns nous distribuaient des morceaux de pain, les autres des coups de sabre. Dans le bourg ils réquisitionnent deux voitures et nous poussent dedans. Puis, tapant à tour de bras sur les pauvres chevaux qu'ils ont attelés, ils nous font courir à une allure vertigineuse au risque de nous précipiter dans les fossés.

Quelle dévastation dans tout ce pays ! Les zouaves se sont, paraît-il, battus comme des lions ici. Toutes les maisons servaient de forteresses, de tous côtés on voit les traces de la lutte.

Enfin, on arrive à Arthenay. On nous fait entrer dans l'église où sont déjà installés près de 1.200 prisonniers français de toutes armes. Il n'y a plus de places pour nous. On ne distribue pas de pain et tous nous mourons de faim. On prétend que nous devons nous rendre en Prusse où on nous emploiera à la construction de fortifications. Jolie perspective !

Je suis étendu sur le pavé de l'église, sous le vent de la porte. Je vais m'envelopper dans ma couverture et essayer de sommeiller puisque je ne dois pas compter manger. A tous moments, il arrive de nouveaux prisonniers qui veulent se caser ici à toute force. On est empilé les uns sur les autres. Demain on distribuera, croit-on, un biscuit et une pomme de terre pour chacun, puis nous partirons pour Étampes, et, de là, pour la Prusse... à moins qu'on ne claque avant.

7 décembre.   Encore une nuit épouvantable !
Mercredi.   A tout moment ceux qui ont un besoin pressant de sortir montent sur les mains, les pieds, les têtes des pauvres soldats couchés autour de la porte.

On ne peut dormir une demi-heure entière sans être réveillé par un voisin qui crie de douleur, ou par votre propre souffrance lorsqu'on marche sur l'un de vos membres. Je viens de retrouver, au milieu de notre cohue, quelques amis du même régiment de mobile de la Mayenne : Charles Dubois, Henri Dubois, Lhomer, Lecomte et Salmon.

Ce matin, j'ai dévoré un foie de vieux cheval avec un peu de pain trouvé sur la terre et une pomme de terre. J'étais parvenu à faire du feu sur une tombe avec une croix de bois prise dans le cimetière situé aux portes de l'église. J'ai goûté ce succulent déjeuner assis sur un tombeau en pierre, auprès de trois cadavres qu'on n'a pas encore eu le temps d'enfouir. Nous partons à nouveau, toujours pour la Prusse.

A BOISSEAU

Nous passons par Toury, et après une étape éreintante de dix lieues, arrivons à Boisseau. L'officier allemand qui commande l'escorte parle français. Il charge les sous-officiers prisonniers de mettre l'ordre dans les rangs et de faire une distribution de viande et de biscuits. C'est un Bavarois très instruit... Il s'approche de moi et me demande ce que je faisais avant la guerre. Je lui réponds que j'étais étudiant en droit. Il a paru étonné et en même temps enchanté. Il m'a immédiatement fait apporter un gigot de mouton, un morceau de bœuf et deux énormes pains, et en plus de la paille pour aller me coucher dans une grange voisine. Comme mes amis ont été heureux de me voir revenir avec de si copieuses et inespérées provisions ! Nous faisons bien vite notre cuisine dans la cour de la ferme, sous la neige qui tombe à gros flocons ! Je fais un abondant et excellent dîner. Nous avons pris, pour nous servir, un zouave qui fait très bien la cuisine et qui est enchanté de fricoter et de profiter de nos bons repas.

Un de mes amis, le sergent Bailleul, qui avait quitté Orléans avec le major et moi, s'étant un peu éloigné pour chasser quelques-uns de nos soldats qui dévalisaient une grange, est ramené par deux Prussiens au-devant de notre officier d'escorte. Celui-ci, croyant avoir affaire à un maraudeur, ordonne de le fusiller. Heureusement j'étais là. Je cours de suite expliquer le cas de mon ami à l'officier bavarois qui gracie mon pauvre collègue tout tremblant.

Je vais me coucher, car j'ai bien besoin de dormir après avoir tant marché et tant mangé.

8 décembre.
Jeudi. La nuit a été assez bonne. Il paraît que deux hommes qui étaient tombés d'inanition dans la marche d'hier sont morts. On peut faire de la soupe que nous avons bien juste le temps de manger. On ordonne de partir : Nous autres, sous-officiers, mettons les soldats prisonniers sur trois rangs, le plus promptement possible. Mais cela ne va pas au gré de notre officier d'escorte qui, sur son cheval, témoigne de son mécontentement et de sa nervosité en tirant en l'air de nombreux et bruyants coups de pistolet, qui font trembler de peur tout notre malheureux troupeau humain. Enfin nous partons....

DANS L'EGLISE D'ETAMPES

Nous traversons Angerville, Mennerville et arrivons à Etampes. Nous avons fait sept lieues aujourd'hui, sept lieues bien fatigantes sous la neige et sur le verglas. Aussi je suis exténué. Nous sommes groupés dans la cathédrale. Nos sergents font ranger les hommes à l'entrée intérieure de l'église pour tâcher de faire régulièrement les distributions de vivres qu'on nous envoie. Mais les malheureux souffrent tellement de la faim qu'ils ne se connaissent plus, ils se jettent sur nous, arrachent les pains et déchirent nos vêtements. Deux bonnes sœurs de charité qui étaient venues pour nous aider sont renversées, piétinées, écrasées. C'est horrible à voir cette scène de sauvagerie féroce. Le curé monte en chaire pour sermoner les hommes, les supplier d'être calmes : rien ne les arrête, ce sont des bêtes fauves ! Aussi je renonce à ma besogne et me retire près de la sacristie, où les simples soldats n'ont pas le droit de stationner. Quand on voit ce tumulte, les coups qu'on se donne, quand on entend tous ces cris, ces injures qu'on lance pour arracher un morceau de pain, on est pris de terreur. C'est de la révolte, et si tout ne rentre pas bientôt dans l'ordre, les Prussiens vont faire partir leurs fusils à aiguille, et faire un affreux carnage... et tout cela dans une église !

Quelques femmes de la ville viennent par la porte de la sacristie apporter du pain et de la soupe. J'en fais la distribution aux soldats qui se trouvent le plus près de moi, pendant que mes camarades en reçoivent de leur côté pour nous autres. Le curé fait donner de la paille nous permettant d'espérer une bonne nuit prochaine.

Je charge un petit gamin de m'acheter plusieurs livres de chocolat. Après avoir causé un bon moment avec des gens du pays qui parviennent jusqu'à nous et qui ne peuvent s'empêcher de pleurer en nous voyant prisonniers, si nombreux et dans un tel état de dénuement, je me couche sur ma bonne litière bien saine.

9 décembre.
Vendredi. J'ai passablement dormi, seulement je me réveille avec un très grand mal aux pieds. Depuis une semaine je n'ai pu quitter mes souliers, ce qui me cause une douloureuse inflammation. Il est prudent, en ce moment, de ne pas les enle-

ver, car je serais dans l'impossibilité de les remettre. Le curé monte une seconde fois en chaire pour annoncer que les blessés dans la bousculade d'hier sont morts, ainsi que les deux petites sœurs de charité. Il nous souhaite courage et résignation. Les soldats prussiens viennent nous chercher pour partir. On traverse Mesnil-le-Racoin, Boissy-le-Cutté et enfin la Ferté-Alais.

A LA FERTÉ-ALAIS

Là, nous entrons dans un champ et recevons un peu de paille, un mouton pour cent et de l'eau. Il faut s'installer le mieux possible, car on doit bivouaquer cette nuit ici, à la belle étoile. Ils veulent donc nous faire geler, nos bourreaux ! Il fait un froid d'au moins 9 degrés au-dessous de zéro.

Nous mangeons un peu et allumons de grands feux avec quelques morceaux de bois qu'on nous donne et on se couche une dizaine autour de notre foyer, les pieds vers lui. Je ne sais quelle position prendre. Mes épaules, meurtries par les cuirs de mon sac militaire, si longtemps porté pendant ma campagne, sont à présent gonflées et me causent de violentes douleurs et puis, j'ai bien froid par cette nuit de décembre, sous un ciel étoilé, indice d'une température glaciale et avec cela le cœur si triste de me savoir prisonnier de guerre, moi qui me berçais du rêve d'aller à Paris et d'y faire une entrée triomphale ! Enfin, je me couche sur la terre durcie et, enveloppé dans ma couverture, je vais tâcher de dormir.

10 décembre.
Samedi. Quelle nuit, grand Dieu ! Vers 2 heures après minuit, une vive douleur aux pieds me réveille en sursaut. Le feu avait pris dans mes souliers et me brûlait un pied. Heureuse-

ment je me suis retiré vivement et ai pu prévenir les camarades, sans quoi nos couvertures s'enflammaient et nous grillions tous comme des simples saucisses. Déjà notre paille était en partie brûlée. Il était temps !....

Après avoir pris les précautions nécessaires pour éviter le retour d'un pareil accident on s'est à nouveau allongé sur le dos. Je n'ai pu redormir et ai songé tout le temps à notre triste situation de prisonniers et aussi à la malheureuse France, si déshonorée, si abattue. Quand se relèvera-t-elle d'une défaite si complète et si humiliante ? L'indiscipline de ses soldats, la mauvaise organisation de son armée, puis la lâcheté et l'insuffisance de ses généraux de cour sont causes de tous ses malheurs. Comme les Prussiens doivent se moquer de nous ! Toute la nuit, ici, pour se réchauffer ils ont bu la goutte en riant et en chantant allègrement leur fameuse chanson de la *Garde du Rhin*.

Au matin je me prépare une pleine gamelle de riz à l'eau avec du chocolat pour le sucrer...

Nous partons. Au bout d'une demi-heure on gagne la gare de la ville et on nous installe dans les magasins de marchandises. On ne distribue aucun aliment ce matin, ce sera pour plus tard, les Prussiens n'ont pas faim, eux. S'ils ne nous font pas mourir de besoin, nous périrons certainement de froid et aussi de chagrin et d'ennui. Autour de nous, des malades nombreux se plaignent sans qu'on s'inquiète de leur porter secours. Il en meurt chaque jour quelques-uns, c'est d'une tristesse profonde. Les misères et les privations de la vie des camps n'étaient rien auprès des souffrances morales et physiques qui me torturent aujourd'hui.

Dans les magasins où ils sont entassés les prisonniers doivent faire tous leurs besoins : aussi nous sommes empoisonnés d'odeurs répugnantes et malsaines. Parqués comme des pourceaux, nous n'avons pas une goutte d'eau pour nous laver, aucun moyen de se nettoyer. En vérité, la mort serait préférable à pareille situation.

1 heure après midi. — Les habitants de la ville viennent nous apporter à manger. Les sous-officiers partagent les prisonniers en escouades et distribuent à chacune du pain, de la soupe et de la viande. De cette façon tout le monde a sa part. Nous avons l'autorisation de rester aux portes en dehors pour faire la police. J'en profite pour prier de complaisantes personnes de m'acheter du vin et du cognac. Un monsieur du pays se charge de mettre à la poste une lettre que j'écris à ma mère pour l'informer de ma captivité et du lieu où je me trouve.

Lorsque notre corvée est terminée, nous mangeons à notre tour, puis on se couche sur la paille trouvée étendue ici et qui a servi à tel usage que nous ignorons. Je raccommode d'abord ma culotte qui prenait l'air avec un trop grand sans gêne. Tout à l'heure, comme je n'ai plus mon képi de mobile, perdu lors de ma fuite, je me suis acheté pour la somme de 6 fr. 50 une magnifique calotte rouge, toute neuve, à un sergent de zouaves voisin.

11 décembre.
Dimanche.

A 5 h. 1/2, on distribue deux cuillerées de bouillon sans pain et, à 6 heures, nous partons, passant par Ballancourt, Fontenay-le-Vicomte, Monnery et Corbeil. Là, nous traversons la Seine sur une passerelle en bois construite près d'un grand pont qu'on a fait sauter. En marchant au-dessus du fleuve mon cœur bat d'une vive émotion : j'étais si près de Paris vers lequel tant de mes pensées si souvent s'en vont !

Il m'est arrivé un malheur qui me cause un profond chagrin. Je cherche dans les poches de ma tunique ma bonne vieille pipe de bruyère et je ne la retrouve plus. Elle que j'aimais tant à fumer quand je voulais me plonger dans d'intimes rêveries, cherchant une consolation, un oubli ! Elle qui, sans doute encore, m'aurait procuré quelques doux instants, je ne l'ai plus ! Pauvre vieille pipe, amie, qui me rappelait de chers souvenirs, elle n'a pas voulu me suivre en Prusse, trop fiérote parisienne. J'en prenais certes un soin bien particulier ; mais elle aura glissé malencontreusement de ma poche pour se perdre dans ma dernière litière de paille. C'est une perte qui m'est très sensible.

1 heure après midi. — On entend le canon qui tonne contre Paris et, après une courte halte, nous reprenons notre route, nous rapprochant encore de la capitale.

Je commence, à force de marcher, à avoir bien faim ; ne va-t-on point nous donner à manger ? Je frémis en pensant que, lorsqu'on va faire une distribution, nos pauvres affamés vont encore, peut-être, se jeter férocement sur les morceaux de pain qu'on va leur présenter, se battre, se déchirer, se blesser. Allons, second malheur, ma guêtre se découd, le sous-de-pied est détaché et mon soulier ne tient plus. Il me faut quand même aller. Nous traversons Tigery, le pont du chemin de fer à Combs-en-Ville, puis Brie, où l'on fait une halte de 10 minutes.

4 heures du soir. — Nous avons encore trois lieues à parcourir, ce qui fera quatorze lieues dans notre journée, et pas un morceau de pain pour manger. A côté de nous, nos gardiens prussiens ont reçu des vivres et ils font leur repas de bon appétit.... les bourreaux !

Tout le long de la route, de malheureux prisonniers, exténués, affaiblis, tombent sans pouvoir se relever. Nos Allemands d'escorte les brutalisent jusqu'à ce qu'ils se remettent sur pied ou bien, s'ils ne donnent plus signe de vie, ils poussent leurs corps dans les fossés. Cela me donne le frisson : si pareil accident allait m'arriver !

Je ne manque pas de courage ; si je pouvais avoir quelque nourriture, je serais sûr de me soutenir longtemps.

Heureusement je bois, avec beaucoup d'économie, des petites gouttes de cognac. Mais, sitôt que j'en bois, il faut en donner aux camarades qui, eux aussi, n'en peuvent plus, de sorte que ma provision va vite s'épuiser, à mon grand regret.

Nous arrivons à Chévei et puis à Tournon après avoir fait notre dernière étape sur le verglas. La nuit commence à venir et les Prussiens craignant que nous disparaissions dans la forêt que l'on traverse, nous brutalisent pour nous faire marcher plus rapidement. Je ne sais comment, à mon tour, je ne suis pas tombé pour ne plus me relever. Enfin, c'est ici que nous allons coucher.

A TOURNON

Je suis tellement harassé que je me traîne courbé en deux et tombe sur les genoux toutes les cinq minutes pour me reposer, pendant qu'on nous pousse jusqu'à l'église où l'on va rester. Je trouve un peu de paille et je m'étends dessus sans songer à manger, n'ayant plus la force de me tenir debout. Par bonheur, quelques marchands de la ville passent au milieu de nous vendant du pain, du fromage de Brie et du vin. Je fais une ample provision de tout ce que je puis acheter, car, Dieu merci, l'argent ne me manque pas. Je soupe de grand appétit et m'allonge de mon mieux pour dormir.

12 décembre.
Lundi. A peine reposés par un mauvais sommeil sur une litière qui avait déjà servi à tous les prisonniers qui, avant nous, passèrent par Tournon, nous partons dès 8 heures du matin. J'ai déjeuné à la hâte avec du fromage et j'ai bu un demi-litre de vin.

A LAGNY

Nous marchons pendant quatre heures sur le verglas. C'est une étape terrible que celle d'aujourd'hui. Les Prussiens de notre escorte cheminent sur les deux côtés de la route où la gelée n'a pas pris, nous laissant le milieu trop glissant. On tombe souvent, on se bouscule, on s'éreinte ! Nous traversons Pont-Cassé, Collégien et entrons dans le département de Seine-et-Marne. Là, on entend distinctement le canon des forts de Paris. Nous allons ainsi jusqu'à 4 heures du soir et arrivons à Lagny. Toute la population mélangée de nombreux soldats allemands nous regarde avec curiosité. Moi surtout, j'attire l'attention avec ma calotte rouge qui me donne encore un air plus sévère et plus revêche. Les grossiers soldats prussiens semblent s'intéresser beaucoup trop à moi et m'offrent, avec leur sourire stupide, des cigares allemands que je refuse avec indignation en leur tournant le dos, ce dont ils paraissent stupéfaits. A côté de moi, d'ignobles lignards français mendient avec bassesse ces mêmes cigares qu'ils acceptent avec des remerciements honteux. Sont-ce là vraiment des soldats de France !

On nous conduit à la gare au milieu d'un chemin rempli de boue. On y reste pendant deux heures en attendant notre embarquement en chemin de fer. Au bout de ce temps, on nous fait retourner sur nos pas et entrer définitivement dans l'église. Jamais je n'aurais pensé devoir, un jour, faire de si longues stations dans les lieux saints.

Cette fois-ci j'ai la malechance, ainsi que mes amis, de marcher à la queue de la colonne et, une fois parvenus dans l'église, nous trouvons toutes les bonnes places occupées, toute la paille prise. Nous sommes obligés de chercher chacun une chaise et de nous installer sur nos sièges le mieux possible pour dormir, car on ne s'occupe pas de nous au sujet de la nourriture. Demain, on doit prendre le chemin de fer.

13 décembre.
Mardi.

Je me réveille de mon léger sommeil avec des douleurs dans les épaules et les côtés : j'étais fort mal installé sur ma chaise et ai beaucoup souffert. De plus, j'ai attrapé un rhume de cerveau avec mal de gorge très violent. Nous n'avons toujours rien à manger. Les distributions qui nous étaient destinées ont été arrachées et pillées par les prisonniers les plus près de la porte d'entrée. Je me décide à me rendre moi-même à cet endroit et, au bout d'une heure d'attente, je puis acheter un pain pour 1 franc, du fromage pour 50 centimes et un litre de vin. Je partage mes provisions avec mes amis voisins.

C'est aujourd'hui que notre convoi doit prendre la voie ferrée afin d'arriver plus vite en Prusse. Espérons que je n'y resterai pas longtemps. J'ai le cœur gros d'indignation en voyant tout ce qui se passe autour de moi depuis que je suis prisonnier. J'ai peine à contenir ma colère et le rouge de la honte me monte au front quand je considère combien peu des soldats de notre armée ont de dignité. Les Allemands s'amusent à nous humilier à chaque pas que l'on fait. J'ai vu des Prussiens jeter du pain au milieu de nos rangs pour se donner la satisfaction et le plaisir de voir les soldats qui se disent de la grande nation française se précipiter voracement, se battre et se déchirer pour en arracher des morceaux.

De même on lance un quartier de viande dans une ménagerie et tous les animaux s'entre-dévorent pour arriver les premiers vers l'appât. Et nos ignobles soldats, sitôt qu'on leur en fournit l'occasion, renouvellent cette petite scène récréative. Pour un seul cigare cinquante d'entre eux se ruent afin de le posséder, à la joie bruyante des soldats et officiers prussiens.

C'est mon honneur de pouvoir l'écrire ici : à chaque fois qu'un si odieux spectacle s'est présenté devant mes yeux, j'ai lancé toute mon indignation, toute ma juste colère à la face de ces répugnants personnages auxquels je me refuse de donner le nom de Français. Et je me suis toujours efforcé de réparer ou du moins d'atténuer les mauvais effets que devaient produire une pareille conduite en prouvant, par mon exemple, qu'il y avait tout de même de nobles cœurs dans l'armée de France. Jamais jusqu'à présent je n'ai reçu quoi que ce soit de la main maudite d'un Prussien. Pourtant beaucoup m'ont offert ce dont je manquais le plus, alors que j'avais grand faim et que j'avais grand soif. Mais jusqu'ici, pendant notre pénible voyage, j'ai supporté les plus dures privations plutôt que de m'humilier en acceptant la moindre offrande d'une main prussienne.

Hier, au moment d'entrer dans l'église, un vieux bourgeois de la ville, en cheveux blancs, placé au-devant d'un groupe d'officiers allemands qui baragouinaient le français à notre passage, m'offre un cigare en me disant : un cigare français, sergent ? Je l'accepte avec empressement et d'un air souriant puis, me tournant vers les officiers prussiens, je crie d'un ton hautain : Je vous remercie, Monsieur ; de la part d'un Français je le reçois avec plaisir.

N'est-ce donc pas une indignité ? Ces cochons d'Allemands ont l'audace d'offrir des cigares qu'ils ont volés dans nos bureaux de tabac et des soldats de notre armée acceptent bassement ce qu'on leur présente ainsi. J'ai peine à retenir mes larmes quand je vois toutes ces scènes humiliantes et antipatriotiques. Dans de semblables moments j'oublie ma situation personnelle si déplorable soit-elle et je fais des vœux pour que la guerre dure longtemps encore s'il le faut pourvu qu'on arrive à chasser de France, à coups de bottes, toute cette engeance prussienne qui souille le sol de notre patrie... dût ma captivité se prolonger des mois et des mois.

Mon rhume de cerveau me gêne bien, car je n'ai pas de mouchoir de poche à ma disposition. Le seul que je possède est en service depuis deux semaines !!!

Midi. — Dans l'église j'ai l'occasion d'acheter dix beaux cigares pour 50 centimes. On dit que nous nous rendrons en Bavière. Une fois arrivés à notre destination je pense à me faire envoyer une bonne somme d'argent par ma mère. De la sorte, je pourrai revenir plus tôt à Paris à mes frais.

1 heure après midi. — Nous sortons de l'église et parcourons les mêmes rues qu'hier pour gagner la gare. En chemin j'entends des habitants de la ville qui, en me voyant avec une barbe déjà longue, légèrement blanchie ainsi que mes cheveux par la poussière de la route, s'exclament avec pitié : Oh ! le pauvre vieux sergent !... Quel malheur d'être prisonnier à cet âge-là ! Je suis si triste que cela ne me donne même pas envie de rire.

2 heures. — On nous entasse dans des wagons à charbon de terre où nous devons rester debout. Ces ignobles Prussiens font passer à plaisir leurs prisonniers devant les nombreux canons français qu'ils ont recueillis dans nos places fortes et qu'ils emmènent orgueilleusement dans leur pays. Mais je souris en voyant ces trophées : je sais bien qu'ils n'ont eu aucune gloire à les conquérir... C'est la trahison qui seule les leur a livrés.

Notre train se met en mouvement à 2 heures 1/2 : mais à peine a-t-il roulé pendant cinq minutes qu'il s'arrête pendant 2 heures entières. Enfin, au bout de ce temps, notre convoi reprend sa marche.

EN CHEMIN DE FER

Nous sommes 40 prisonniers dans chaque wagon découvert. Je n'ai pour m'asseoir à demi que ma gamelle. Nous suivons la ligne de Meaux à Château-Thierry, où l'on descend. Pendant ce trajet de neuf heures, je suis resté accroupi sans pouvoir allonger mes jambes. Je ne puis plus me traîner, tellement mes membres sont ankylosés. Nous allons coucher sur des planches nues, sous un hangar.

14 décembre.
Mercredi. J'ai à peine le temps d'écrire sur mon carnet. Nous n'avons pas commencé à dormir que déjà sonne le clairon prussien aux sons si lugubres. Ah ! il ne faut pas perdre de temps pour remonter à sa place dans son wagon, ou bien on vous pousse à coups de crosse de fusil. Comme il a plu cette nuit, nous avons de l'eau jusqu'aux chevilles et sommes condamnés à rester dans ce bain de pieds jusqu'à 9 heures ce soir. Si l'on en revient un jour, nous aurons pour sûr une bonne série de rhumatismes à soigner dans notre vieillesse qui nous feront penser à cette terrible guerre de 1870.

7 heures du matin. — Le train s'ébranle. Nous voyons passer à tout moment des wagons chargés de canons énormes qui filent vers Paris. Ces sauvages de Prussiens veulent donc bombarder la capitale ?

Nous nous arrêtons pendant deux heures à Dormans, puis à Épernay, où il m'est permis d'acheter un petit pain, un peu de pâté, du vin rouge et en même temps une bouteille de champagne de deux francs que je boirai, avec les amis bien entendu, pour tâcher de me remettre -car, depuis ce matin, je me sens tout malade, je ne puis plus rien avaler. La nostalgie commence à me tourmenter : et plus j'avance vers l'exil, plus je vois notre pauvre France dévastée, humiliée, vaincue par ces ignobles Teutons et plus aussi je sens mon cœur défaillir... Comment ferai-je pour supporter cette dure captivité vers laquelle nous roulons ? Quand je puis me cacher un peu du regard de mes voisins je me mets à pleurer.

Il a plu toute la journée. Fort heureusement une bonne femme du pays m'a donné de gros sabots dans lesquels j'ai bien vite mis mes pieds pour ne plus sentir l'humidité. Je crois que nous allons continuer notre route toute la nuit. Ce n'est pas cela qui va me remettre.

9 heures 1/2 du soir. — On nous fait descendre à Bar-le-Duc pour manger une soupe au riz et à l'eau. Nous couchons dans un réduit où des paillasses ont été disposées pour le passage des troupes allemandes. Nous en profitons et savons les apprécier. Malheureusement je suis pris de coliques qui m'obligent à sortir fréquemment et m'empêchent de me reposer.

15 décembre.
Jeudi.

Nous partons à 7 heures du matin et chacun reprend sa place dans les wagons à charbon. Un sous-officier prussien qui aperçoit mes galons de sergent me fait monter, avec deux de mes camarades, dans un wagon de 2e classe réservé pour les gradés. Nous y sommes un peu entassés mais bien mieux quand même. J'ai une diarrhée très incommode. A chaque arrêt je suis obligé de descendre et ai toujours peur de trouver ma place prise. C'est la nourriture débilitante et malsaine que l'on mange depuis dix jours qui est cause de mon malaise.

Nous tâchons de faire parler et de comprendre à demi nos deux gardiens. Ils racontent que Napoléon sera toujours empereur des Français. Est-ce que ce serait possible, grand Dieu !

Nous passons à Nancy où je parviens à avaler un peu

de pain et de fromage. Les Prussiens disent qu'après la capitulation de Paris la guerre sera terminée : ils ajoutent que ce ne sera pas long... Ça, ils le verront bien !

EN GARE DE NANCY

Pendant le temps que nous restons à Nancy, une brave femme est venue me donner un mouchoir grand comme la main et aussi un beau morceau de veau chaud, avec sauce, qu'elle avait préparé pour son propre repas et qu'elle se dit bien heureuse de m'offrir. En outre, une autre personne me descend, à l'aide d'une ficelle, par dessus les murs du quai, une bouteille de bordeaux enveloppée dans une serviette. Je partage ces provisions avec les sept compagnons de mon compartiment et je me restaure un peu l'estomac.

C'est ainsi que, partout où nous passons, les habitants viennent nous secourir, remplis de pitié pour nos malheurs.

Le clairon a sonné.... Le train part.

EN CHEMIN DE FER

A Lunéville, j'achète quelques gâteaux que je mange en buvant un peu de vin. Le repas fait à Nancy m'a remis l'estomac presque d'aplomb. Si nous pouvions arriver ce soir à destination, le restant de mon malaise disparaîtrait certainement. On laisse entendre que c'est bien en Bavière que nous serons internés.

Je traîne toujours mon gros rhume avec moi : s'il ne tourne pas en bronchite, cela prouvera que j'ai le coffre solide. Il faut vraiment qu'il en soit ainsi pour résister à toutes les privations et à toutes les fatigues dont nous souffrons. Autour de moi le spectacle est désolant : Nos pauvres prisonniers tombent malades, et chaque jour il en meurt. Tous nous sommes dans un état de saleté épouvantable. Depuis notre embarquement en chemin de fer nous n'avons ni eau, ni linge ; quantité de nos troupiers sont couverts de poux et je tremble de voir arriver cette vermine jusqu'à moi. Pourvu que tout cela s'améliore une fois notre but atteint ! J'ai pu écrire ces lignes malgré la nuit, grâce à quelques bougies qui nous ont été données et qui éclairent notre compartiment.

EN GARE DE SARREBURG

A Sarreburg on nous distribue du pain, du lard et un peu de bien mauvais cognac avec cinq cigares chacun, tout cela venant d'un comité de dames charitables. Le chef de gare nous apprend que l'armée de la Loire, après la condamnation à mort, pour cause de trahison, de d'Aurelles de Paladines, son ancien commandant en chef, marche avec un nouveau général vers de glorieux exploits. Son récit réconforte nos cœurs.

On raconte aussi que Gambetta va prendre le commandement d'une armée : cela veut dire, sans doute, qu'il surveillera lui-même les opérations militaires et s'assurera que ses ordres sont exactement exécutés. Je ne veux pas croire qu'il expose sa vie dans les batailles, lui qui a su si bien organiser nos armées : il est trop utile à la France, son existence est trop précieuse et tous les Français doivent désirer qu'elle leur soit longtemps encore conservée.

Je vais fermer les yeux et dormir un peu, si je puis, car on est bien mal à l'aise pour reposer.

EN CHEMIN DE FER

16 décembre.
Vendredi.
Nous nous arrêtons à Hagueneau pour y passer la nuit. Malgré toutes les incommodités, j'ai réellement dormi et même rêvé.

7 heures 1/2 du matin. — Le train part. Je crois que nous allons arriver à destination aujourd'hui même. L'officier prussien qui commande le convoi a fait descendre l'un des factionnaires qui nous gardait de sorte que, grâce à ce départ, je me trouve dans le coin du compartiment, près la portière, où je puis regarder le pays sans être gêné.

A LA GARE DE VISSEMBOURG

11 heures 1/2. — Nous sommes à Vissembourg, limite de la frontière française. Il faut dire adieu à la France, à sa chère patrie qu'il est bien douloureux de quitter escortés, comme nous le sommes, par des bourreaux prussiens. C'est ici la dernière gare où je vais voir encore des figures françaises ! où je vais recevoir du pain français ! Après, ce ne seront que des visages détestés, des casques à pointe, le pain noir allemand ! Combien mon cœur est serré ! Quitter la France, s'enfoncer dans la Prusse, dans le pays de nos mortels ennemis, c'est un nouveau calvaire !

A LANDAU

Notre train s'arrête à Landau, bien jolie ville, entourée d'une magnifique campagne. Il y a dans la gare une grande affluence de monde et quelques Français, prisonniers sur parole, qui circulent librement. On apporte de la soupe et du bœuf. Après ce repas, je me dirige vers le buffet, où je bois un énorme bock de délicieuse bière pour dix centimes, et là je me trouve assis près d'un jeune Bavarois qui habitait Paris avant la guerre et qui y demeurait, avec sa maîtresse, rue des Beaux-Arts. Je lui ai beaucoup causé : il déplore la guerre actuelle et aime les Français. Nous avons vidé plusieurs chopes ensemble. Je lui ai remis une lettre à l'adresse de ma mère.

Il me mène dans un petit établissement, près la gare (toujours sous la surveillance des soldats prussiens), où j'ai pris un café qui m'a été servi par des demoiselles bavaroises habillées comme des Parisiennes. Ces Bavarois de Landau détestent les Prussiens qui les oppriment. Ils ont été forcés de les suivre, à leur corps défendant, dans la campagne contre la France. Ils n'ont ni le tempérament, ni les idées, ni les haines du peuple prussien. Ils aiment le peuple français et se désolent de ses malheurs. Aussi, j'ai pris plaisir à causer et à trinquer ici avec l'un de ces Bavarois qui, dès le premier abord, m'avait avoué son amour pour Paris, la haine de sa race pour la brutale soldatesque teutonne et ses craintes patriotiques pour l'avenir de son pays à la suite des victoires inattendues de la Prusse.

On dit assez généralement ici que nous nous dirigeons sur Dantzig, dans le nord de l'Allemagne, près de la Russie, et on ajoute, ce qui est peu rassurant, que nous aurons peine à résister au froid qui sévit d'habitude dans cette contrée.

Je viens d'acheter un petit dictionnaire allemand-français qui pourra m'être utile pour apprendre un peu la langue du pays.

Nous allons encore rester trois ou quatre jours en chemin de fer : c'est là une perspective peu consolante. Comme il faudra du temps pour refaire ce même trajet

lorsque nous reviendrons en France à la fin de notre
captivité !

Nous partons de Landau au moment de la nuit.

8 heures du soir. — On traverse le Rhin à Mannheim
sur un pont magnifique. Le coup d'œil, s'il faisait
jour, devrait être splendide. Mais il fait sombre, et je
ne m'y intéresse pas. Je me renfonce dans mon coin pour
dormir.

EN CHEMIN DE FER

17 décembre.
Samedi.
A 5 heures 1/2 du matin nous
passons au milieu de la ville de
Francfort-sur-le-Mein ; une heure après l'on est à Hanau.
Plus je m'éloigne de France, hélas ! et plus ma tristesse
augmente. Quel voyage de malheur ! Je suis tout courbaturé à force d'être assis à la même place sans pouvoir
remuer. Par ici le vin est très cher et on est obligé de
dépenser beaucoup d'argent pour s'en procurer. Je puis
heureusement en acheter encore, avec quelque charcu-
terie, sans quoi je mourrai de faim... comme aussi de
fatigue et d'ennui.

D'être continuellement assis, sans faire un seul pas et
d'être sans cesse secoué dans le wagon, j'éprouve des
crampes d'estomac qui me font énormément souffrir.

1 heure après midi. — A Fulda on nous donne un peu
de nourriture. Je puis descendre pour prendre un bock
et une tasse de café dans la gare.

Minuit. — Nous sommes à Erfurth où on distribue de
la soupe, puis nous roulons à nouveau. J'estime que,
grâce à mes galons de sergent, j'ai bien de la chance
de passer ainsi mes nuits en wagon de seconde classe,
tandis que les simples pioupious sont entassés, sans
compter, dans des compartiments bien incommodes.

18 décembre. Nous devons arriver à Berlin
Dimanche. aujourd'hui. A force de ne plus
marcher, mes mollets sont enflés et douloureux. Je ne
sais pas si je pourrai me servir de mes jambes quand l'on
devra quitter nos banquettes de voyage.

Midi. — Nous passons par la ville fortifiée de Wittem-
bourg. Dans ce pays, les populations sont tout à fait
prussiennes et, à chaque station dans les gares, il y a
une population nombreuse et hostile qui nous regarde et
nous injurie. Quand je m'aperçois qu'on me toise un peu
trop effrontément, je me charge de faire baisser les
yeux des malotrus par trop teutons en les dardant de
mes regards les plus furibonds. Ma calotte rouge rejetée
en arrière, mon foulard, rouge aussi, autour du cou...,
toute cette si vive couleur qui encadre ma figure noire
de poussière de charbon me donne l'aspect terrible d'un
turco et les fait reculer. Ils ont bientôt porté leur attention d'un autre côté.

A BERLIN

5 heures du soir. — Nous entrons dans la capitale de la
Prusse dont on traverse plusieurs quartiers sur une ligne
spéciale de chemin de fer. En passant ainsi dans les rues
de Berlin, on croirait voyager dans le paisible chemin de
fer américain de Paris. Malheureusement, il fait déjà
nuit : nous longeons des rues qui me semblent larges,
bordées de belles maisons régulières et solidement construites. J'aperçois des cafés bien peu semblables aux
nôtres : ils ne diffèrent pas des autres maisons bour-
geoises et on y entre par le sous-sol. Les quartiers ne
sont pas éclairés aussi somptueusement qu'à Paris. Une
nombreuse populace nous hue à notre passage : c'est
bien de la générosité pour des vainqueurs ! On est vrai-

ment heureux de ne pas comprendre leur dur baragouin allemand et les insultes qu'ils nous adressent, si grossières qu'elles puissent être, ne nous émeuvent pas sensiblement.

Le chemin de fer à voie spéciale traverse deux ponts sur lesquels on a un panorama agréable. Parfois il est possible, en passant près des maisons, de plonger ses regards dans l'intérieur des habitations qu'on distingue aisément grâce à l'obscurité du dehors et à la vive lumière des appartements... J'aperçois ainsi une assez vaste salle bien éclairée, avec un bon feu dans la cheminée, une table servie où sont assis un homme et une femme. Comme ils ont l'air heureux ! et comme leur bonheur, en un pareil moment, dans de si tragiques circonstances pour moi, me cause une pénible émotion ! Il me fait venir à l'esprit des souvenirs bien doux, mais si lointains et d'un tel contraste avec l'heure présente, que je me couvre les yeux pour pleurer en silence.

Depuis hier, minuit, personne ne s'inquiète de nous au point de vue alimentaire. Ils ne se ruinent pas pour leurs prisonniers les humanitaires prussiens !...

Après un assez long stationnement sous une des gares de Berlin, on se décide à nous faire descendre de wagon pour nous servir sous un immense magasin un repas composé de soupe aux pois secs et de jambon avec du pain bis. Ensuite, je rentre dans mon compartiment et m'installe pour dormir.

19 décembre.
Lundi.

A minuit, on nous trimbale vers une autre gare de la ville, puis, à 3 heures du matin, notre train repart.

EN CHEMIN DE FER

Nous traversons l'Oser et, au petit jour, arrivons à Landsberg où le convoi s'arrête. J'y prends un café au lait, sans sucre, et je m'achète un peu de pain.

Brrr !!! On voit bien que nous avons changé de ligne et de direction à Berlin et que nous filons vers le Nord. Il y a de la neige dans tout le pays et il fait un froid bien vif qui va aller en augmentant au fur et à mesure que nous devrons approcher de Dantzig. J'ai repris un nouveau rhume de cerveau ; combien il va m'être utile mon petit mouchoir grand comme la main que j'ai reçu à Nancy !

Nous passons à Kreuze. A Schneidemühl on reçoit du bœuf et du riz.

Diable ! Il fait de plus en plus froid. L'air est tellement glacé qu'il n'est pas possible de garder les portières ouvertes. Je m'enveloppe soigneusement dans ma couverture et tâche de m'endormir, renfoncé dans mon coin protecteur.

20 décembre.
Mardi.

Voici une semaine que nous roulons en chemin de fer. Aujourd'hui, paraît-il, notre voyage va se terminer. Je me demande avec effroi comment on va nous installer dans ce vilain pays. J'ai eu bien froid aux pieds cette nuit, aussi mon rhume en a profité pour croître et embellir.

Toute la terre est couverte de neige, la température est glaciale.

6 heures du matin. — Enfin ! voici Dantzig.

A DANTZIG

On nous fait tous descendre de wagon. Puis on marche à droite, à gauche, allant en avant, revenant sur nos pas, et tout cela avec de la neige jusqu'aux mollets. J'ai bien de la peine à suivre avec mes gros sabots que je ne veux pas quitter et dont j'aurai sans doute besoin plus tard. La peur d'être séparé de mes amis me donne le courage nécessaire pour suivre la colonne.

Après avoir piétiné dans quelques rues, sur une place, puis devant une caserne pleine de prisonniers français, on nous fait monter sur les remparts, passer une porte, un pont-levis, sur une grande route, ensuite dans de vilaines petites rues glissantes où je manque de tomber à chaque pas et enfin entrer dans de grandes baraques construites en briques et en bois. Là, nous prenons chacun notre place sur un plan en planches, incliné et un peu élevé au-dessus du sol avec deux couvertures par homme et une paillasse remplie de paille dure.

On nous donne à manger, juste de quoi ne pas mourir de faim. Défense absolue de sortir. C'est la prison, la vraie prison sombre, lugubre, mourante !

A travers les fenêtres, rien à voir : les remparts bouchent l'horizon à dix pas. Nous sommes entourés de fortifications sur lesquelles sont braqués des canons. Voilà où je suis condamné à vivre, entouré de soldats de toutes les armes, sales, déguenillés, bêtes, grossiers, voleurs, la lie ! Que je suis malheureux ! Deux de mes amis et moi avons nos paillasses près les unes des autres.

On vient de distribuer un pain dur et noir pour quatre jours.

Heureusement, à la faveur de mes galons de sous-officiers, je puis descendre au bas de nos baraques où est installée une cantine dans laquelle il me sera permis sans doute de prendre mes repas. Ce soir, j'ai déjà pu y manger un peu de viande chaude assez mal apprêtée, mais qui m'a bien restauré tout de même.

Mon rhume me fait toujours bien souffrir : je ne puis dire deux mots sans tousser.

7 heures du soir. — Je m'allonge sur mon nouveau grabat où je suis sûr de bien dormir après avoir passé tant de nuits simplement assis sur une banquette dure de wagon.

AU FORT DE BICHOFSBERG A DANTZIG

21 décembre.
Mercredi. Comme je le prévoyais, j'ai passé une bonne nuit. Mais qu'il fait froid ici ! J'ai les mains gelées : il y a 18 degrés au-dessous de zéro et nous en aurons, prétend-on, 30 au moins. De voir la neige qui partout couvre la terre je me sens encore plus attristé, plus isolé, perdu.

Avec une vie aussi monotone que celle que nous allons mener ici, je n'aurai pas grand'chose à écrire sur mon carnet.

J'envoie une lettre à ma mère pour lui donner mon adresse à ma nouvelle destination et la prier de m'y faire parvenir ce qu'elle me doit sur mes rentes annuelles.

Nous demeurons définitivement installés au fort de Bichofsberg, dans une des douze baraques construites sur le point le plus élevé de l'endroit à l'usage des prisonniers.

AUX BARAQUES DE BICHOFSBERG

22 décembre.
Jeudi. Quelle vilaine nuit je viens de passer dans mon nouveau domicile ! Mes deux rhumes m'ont occupé tout le temps. Le froid est de plus en plus vif.

Comme je m'ennuie ! Toute la journée je reste couché sur ma paillasse, sans avoir à lire le moindre livre français. A l'heure des repas seulement je descends à la cantine. J'ai acheté un jeu de cartes pour pouvoir y faire quelques parties de piquet avec les amis de la mobile. cela servira du moins à nous abrutir davantage.

Ici, nous ne recevons aucune nouvelle de France : aucun journal n'arrive dans nos baraques. On dirait que l'on est abandonné de tous sur une terre inconnue du monde civilisé. Et je n'ai plus ma bonne petite pipe pour fumer et essayer de m'étourdir un peu. Il est vrai qu'avec mes rhumes cela me serait bien difficile.

Ce soir, pour le dîner à la cantine, nous avons retenu une part d'oie. Nous sommes donc assurés d'au moins un bon repas. Bientôt, peut-être, je ne pourrai plus en dire autant, car mes ressources pécuniaires s'épuisent et si ma mère ne met pas toute sa diligence à m'envoyer de l'argent je n'aurai plus que la popote commune pour me sustenter. Comment ferai-je pour m'habituer à pareille nourriture ? Voici en effet le menu que, chaque jour. nous présentent nos généreux geôliers : le matin, à 6 heures, il faut se lever rapidement pour aller à mille mètres chercher dans sa gamelle un peu de café (quel café, grand Dieu!) sans sucre et qui gèle infailliblement pendant le trajet de la cuisine à notre baraque. A midi, un morceau de porc gras avec tantôt des pommes de terre, tantôt des navets et tantôt du riz à l'eau : à 6 heures, le soir, on sert de la colle, c'est-à-dire une bouillie faite de farine délayée dans de l'eau avec un peu de graisse. Comme boisson, de l'eau à discrétion.

Tant que je puis vivre à la cantine, je trouve à ma disposition du fromage, du bœuf et je bois de la bière : cela peut suffire... seulement, cela coûte !

23 décembre.
Vendredi.   J'ai un peu mieux dormi. Mon rhume commence à mûrir et j'espère qu'il disparaîtra, d'ici quelques jours. sans accident. Que les journées me paraissent longues avec l'esprit seulement occupé d'interminables rêveries. toujours les

mêmes. Mes préoccupations intimes sont de plus en plus vives et me plongent dans la plus noire mélancolie.

24 décembre.
Samedi.
C'est aujourd'hui le réveillon ! Que de souvenirs cette date va encore me rappeler ! Je n'ai pas le courage de les écrire : d'ailleurs, je sens la paresse me gagner d'une façon inquiétante. l'intelligence s'engourdit dans un milieu aussi peu choisi où l'on n'entend que les causeries stupides et grossières de voisins abrutis !

Le bruit vient ici que les Français battent les armées prussiennes... Que nous resterons ici encore bien deux mois. Qu'importe. si notre misère est rachetée par la consolante idée d'une victoire définitive de la France! Pourtant. deux mois encore à souffrir de ce terrible froid. ce sera bien dur ! Pour tâcher de me réchauffer, je prends jusqu'à trois tasses de café bien chaud par jour.

Aujourd'hui. grand régal à la cantine : je mange du canard et bois un café avec un peu de cognac passé en fraude. car il est défendu de nous en vendre.

Les Prussiens font une distribution de bottes d'un cuir bien faible. on dirait de l'éponge. Je les garde pour le jour où il me sera permis de sortir en ville. Jusque-là. je laisse mes pieds dans mes sabots.

Nous faisons toujours de nombreuses parties de piquet. même sur nos paillasses. le soir. avant de nous endormir.

25 décembre.
Dimanche.
C'est Noël ! Un Noël si loin de sa patrie. si loin de Paris. avec de la neige à perte de vue. et un froid qui vous fait grelotter de tous les membres ! Ah ! mes gais Noël d'autrefois !... J'y pense et je pleure !

Depuis que je suis à Dantzig. mes nuits se passent presque toutes sans sommeil : je les trouve interminables. D'être ainsi couché la journée presque entière sans mouvement, dans l'atmosphère malsaine des baraques, on ne se sent pas l'envie de dormir quand arrive l'heure de se coucher.

Et puis, malgré toutes mes précautions, la dégoûtante vermine a fini par venir jusqu'à moi. J'étais peut-être le seul à être préservé : maintenant me voilà contaminé. Comment vais-je me débarrasser de ces vilaines bêtes ?

Pour fêter Noël, je souffre d'affreuses coliques. Elles sont probablement occasionnées par la nourriture d'ici à laquelle je ne suis pas encore habitué.

Oh ! Oh ! On nous fait cadeau à chacun d'une chemise ! En échange, quel linge sale nous allons pouvoir laver.

Ce soir je vais me rendre au grand concert organisé dans une baraque occupée par des prisonniers installés ici bien avant notre arrivée. Là, sept ou huit musiciens de musiques militaires qui ont pu apporter leurs instruments avec eux ont formé un semblant d'orchestre comme on en rencontre dans les bals des environs de Paris. Après chaque morceau d'ensemble un amateur chante ou déclame ce qu'il sait, sans accompagnement. Les prisonniers de cette baraque viennent de l'armée de Metz et ont conservé, par un don spécial, je trouve, toute leur gaieté de troubades sans souci. Tous les airs qu'ils exécutent sont très enlevants et leurs chansons très comiques.

Moi, en fumant un cigare, le premier depuis longtemps, j'écoute, mais je ne puis même pas sourire. Toute cette musique me rend triste, m'énerve. Rien ne me fait plus plaisir à présent, c'est fini ! Mon caractère si enjoué, si rieur, si boute-en-train est devenu sombre, peu endurant, désagréable. Je me retire au bout de quelques instants. La bonne humeur des autres me cause de l'ennui.

Avant de me coucher, j'apprends que les Prussiens ont annoncé l'apparition du choléra à Paris. Je sais bien que les journaux allemands sont pleins de fausses nouvelles ; cela ne m'empêche pas d'être inquiet, malgré moi j'ai peur.

26 décembre.
Lundi.

Il faut que je me résigne décidément à passer mes nuits blanches. A peine suis-je endormi que je me réveille. Mes rhumes sont stationnaires. Heureusement pour mon nez, j'ai acheté un grand mouchoir et donné mon autre avec ma chemise de flanelle à laver. Il y a autour de moi des hommes qui, pour un ou deux sous, se chargent de toutes les besognes.

Hier au soir et ce matin, je me suis frictionné le corps avec du pétrole. C'est mal odorant, mais très efficace pour la destruction de la vermine.

Des envois de France pour les malheureux prisonniers arrivent parfois. Aujourd'hui, on nous délivre à chacun, dans notre groupe, une paire de bas, un gilet de flanelle et un mouchoir de poche. Cela vient bien à propos : si on pensait à me faire parvenir un caleçon, je pourrais me changer des pieds à la tête et il me semble que je serais plus léger.

Dans mes parties de cartes à la cantine, j'ai été continuellement veinard : j'ai gagné douze cigares. Pour calmer mes coliques, je me commande un verre de vin chaud : c'est cher, mais bienfaisant. Puis je me couche.

27 décembre.
Mardi.

Il paraît que les Prussiens sont battus de tous côtés en France et nous autres prisonniers, craignons qu'ils se vengent lâchement sur nous. Le bruit court qu'il y a des mines pleines de poudre sous nos baraques pour pouvoir les faire sauter au moment voulu. Faut-il le croire et s'en inquiéter ?

Il y a beaucoup de malades ici : les bronchites et la dysenterie font des ravages. Et moi qui ai toujours mes douleurs de ventre, je ne suis pas rassuré. Que ce serait triste d'avoir pu résister jusqu'à ce jour et de tomber maintenant ! Je fais tous les efforts possibles pour que le peu de courage qui me reste ne m'abandonne pas.

Ces messieurs teutons sont moins arrogants quant à présent : leur morgue semble un peu mâtée. Au lieu de nous jeter à la face, à chaque rencontre, un stupide *Paris, capout !* (Paris, perdu !), ils passent près de nous, silencieux.

Depuis trois jours, à la cantine, on ne mange, à déjeuner comme à dîner, que des côtelettes de porc trempées dans du jaune d'œuf et de la mie de pain. C'est une nourriture qui ne me va guère. Après être restés assis pour nos repas, près d'un poêle bien chaud, nous remontons, pour nous asseoir encore, dans notre baraque. Le manque d'exercice engourdit les jambes.

Nous pensons, dans notre petit cercle, que la guerre sera bientôt terminée, car on prétend que Trochu est sorti de Paris, a repris Lagny aux Prussiens et les poursuit vigoureusement. Quel bonheur si cette campagne finissait à notre avantage ! Comme on oublierait tous les maux qu'on aurait eus à souffrir !

Après le dîner, nos musiciens prisonniers font un peu de musique dans la cantine. Je monte me coucher.

28 décembre.
Mercredi.

J'ai un petit peu dormi cette nuit. Mes rhumes vont mieux. Ce matin nous sommes retenus sur nos paillasses parce que, vers onze heures, les Prussiens veulent faire un appel des prisonniers. Le temps est moins froid aujourd'hui.

Nous sommes bien tristes, mes amis et moi : des dépêches sont arrivées ici annonçant que le bombardement de Paris a commencé. Je ne puis me décider à le croire. Rien de nouveau à marquer sur mon carnet.

29 décembre.
Jeudi.

Comme les nouvelles se suivent et ne se ressemblent pas! Aussi, toutes sont peu dignes de créance. Tout à l'heure, dans notre baraque, le bruit circulait que Versailles était bloqué par 500.000 Français qui devaient faire prisonniers Guillaume et Bismarck. Puis une heure après, c'est Paris qui a capitulé.

De ces deux nouvelles si différentes, je n'accepte que la première qui est plus en rapport avec mes idées, car j'ai toujours mis dans ma mauvaise tête de Français que c'est nous qui sortirions finalement vainqueurs de la lutte actuelle.

Je crois que mon rhume de cerveau ainsi que mes coliques ne veulent plus me quitter. Ce sont des camarades que je lâcherais pourtant volontiers.

J'écris une seconde lettre à ma mère pour lui exprimer à nouveau mon pressant besoin d'argent. Je dîne et monte m'étendre sur ma paillasse de bonne heure, mais que faire ?

30 décembre.
Vendredi.

Aujourd'hui le gouverneur de Dantzig doit venir nous passer en revue. Qu'est-ce qu'il veut celui-là ? Nous n'avons que nos vieilles loques à lui présenter avec nos mains sales. S'il me regarde par hasard il verra que mon pantalon est prêt à tomber en ruines. M'en donnera-t-il un autre ?

On nous fait poser jusqu'à midi dans la baraque pour notre fameuse revue et, à cette heure, on annonce que le gouverneur ayant quitté le fort ne daignera pas venir jusqu'à nous. Alors je vais déjeuner tristement pour mes 30 sous d'une côtelette, toujours de porc, cuite dans la poêle avec quelques pommes de terre.

Le typhus est parmi nous. C'est une bien terrible maladie et qui nous effraie. Les malades qui en sont atteints ne guérissent pas souvent. On ne se décide qu'à la dernière extrémité à les envoyer à l'hôpital : aussi quand, trop tard, ils y arrivent ils meurent, d'autres succombent avant même qu'on les ait sortis de nos baraques. C'est un lugubre spectacle !

Ce soir les nouvelles de la guerre sont meilleures. Mais quelle est leur source ? On dit que l'armée de la Loire est autour de Paris : mon armée, avec laquelle, jadis, j'avais rêvé de faire une entrée triomphale dans la capitale. Maintenant, ce sera sans moi qu'elle y arrivera.

On raconte aussi que 300.000 hommes de l'armée de Lyon (que d'armées, bon Dieu !) vont faire route vers l'Alsace pour en chasser les Prussiens. On ajoute que 10.000 officiers français, emmenés en captivité après Metz, sont parvenus à s'évader.

Les prisonniers ici sont occupés à fabriquer des bombes pour l'artillerie prussienne. Quel infortune ! être obligé de faire des engins qui serviront à tuer nos compatriotes ! Je vais tâcher de dormir pour ne plus avoir cette désolante pensée présente à l'esprit.

31 décembre.
Samedi.

Pour la dernière de l'année, ma nuit s'est assez bien passée. J'ai rêvé qu'on nous avait embarqués et emmenés dans un pays encore plus éloigné.

Ce matin, au déjeuner, j'ai eu une assez vive discussion avec un sergent-major interné ici depuis Metz. Il n'a pas confiance en Gambetta et prétend que tous nos malheurs viennent de lui. Il allait jusqu'à prendre la défense de l'empereur et de Bazaine. J'étais indigné et ne me suis pas gêné pour lui faire entendre les plus dures paroles contre ses deux idoles. Heureusement j'ai été soutenu dans ma riposte par tous les sergents qui étaient assis à notre table. N'est-ce pas une honte pour des soldats français d'entendre un sous-officier fait prisonnier à la suite de la trahison de Bazaine venir faire l'apologie d'un pareil lâche ! Qu'était-ce donc que cette armée impériale qui, au milieu de tous ses généraux, n'en avait pas trouvé un seul pour empêcher un traître avéré d'achever son œuvre néfaste et antipatriotique ? Tous, aussi veules les uns que les autres, s'étaient rendus avec des milliers et des milliers de soldats, avaient livré leurs drapeaux et des centaines de canons sans tenter un effort utile et possible pour culbuter l'ennemi et sauver leurs troupes et leur honneur ! Et, à notre table, un sous-officier français osait approuver leur infâme conduite ! C'était trop !

5 heures du soir. — Le sergent-major prussien, au bureau duquel je puis m'attabler pour écrire, me demande quel est mon... métier dans le civil. Je lui réponds naturellement que je suis étudiant en droit. Il paraît enchanté. Il est lui-même, me confie-t-il, de bonne famille et appartient à la landwher. Il me propose, si cela me plaît, de me faire sortir en ville. J'accepte avec empressement, car je serai très heureux de visiter Dantzig. C'est entendu pour un jour prochain.

Avant de me coucher je dis adieu à cette année maudite de 1870, année néfaste dont le souvenir exécrable me restera toujours au cœur, aussi longtemps que se prolongera ma vie.

Non, jamais je n'oublierai que moi qui, légalement, devais être exempt à tout jamais du service militaire j'ai été, par l'effet rétroactif de la loi sur la mobile, condamné à vivre, dans l'espace de 6 mois, les péripéties guerrières les plus variées, les plus mouvementées, les plus infortunées qu'il soit possible et telles que, dans aucun temps, le plus vieux troupier de métier, blanchi sous les harnais, au bout d'une longue carrière, n'aura eu l'occasion d'en traverser de semblables.

Adieu donc, 1870 ! maudite dans l'histoire, maudite à jamais dans tous les cœurs français.

AUX BARAQUES DE BICHOFSBERG

Premier jour de l'année 1871

1ᵉʳ janvier 1871.
Dimanche. A mon réveil, je salue la nouvelle année 1871. Que nous réserve-t-elle ? Sera-t-elle heureuse avec des victoires ou malheureuse avec des défaites encore ?

Ah ! qui m'aurait dit un jour que, pour fêter le premier jour de l'an de ma vingt-cinquième année, je me serais trouvé sur la terre étrangère, sur les bords de la Vistule, interné dans une baraque en bois huchée sur la cime déserte d'un fort prussien, avec 20 degrés de froid ! Ce sont là des surprises de la vie qui, il faut l'avouer, n'ont rien de banal, mais sont bien tristes.

Combien de jours, en cette année 1871, resterons-nous encore dans notre captivité ? Pour mon compte, je crois que la lutte ne peut plus se prolonger longtemps.

Je dois sortir aujourd'hui. Le sergent-major prussien qui commande ma compagnie est venu me chercher à ma baraque, d'où j'étais absent, demandant partout où était... l'avocat. Personne ne l'a compris et nul n'est venu me prévenir à la cantine où je me trouvais. Il faut maintenant que j'attende qu'il veuille bien revenir.

A la rigueur cette permission qu'on me promet pourrait bien m'être refusée, car tous les sergents, mes compatriotes, qui vivent dans la même baraque, m'ont suivi, se promettant de demander, eux aussi, à sortir. Tous veulent se donner pour des étudiants afin de profiter de la même faveur que moi. Des abus, partout des abus ! De sorte qu'on pourrait bien nous répondre par un refus général.

Pour mes étrennes et pour me tenir lieu de souvenir de ma captivité, j'ai prié un sergent-major de notre mobile de m'acheter une belle pipe allemande. Ils ont bien de la chance nos sergents-majors : ils ont tous la permission de vivre en ville, d'y prendre pension, de s'y promener depuis le réveil jusqu'à 9 heures le soir.

Je dîne de la cuisse d'un canard qu'on avait servi à notre table de sergents, à la cantine.

Ce que je craignais est arrivé : le sergent-major prussien n'est pas revenu me demander pour sortir. Sans doute il ne pense déjà plus à sa promesse. J'attendrai une autre occasion.

Je désire pourtant bien qu'un peu de distraction vienne changer la monotonie désespérante de mon existence actuelle ! La vie qu'on mène ici doit conduire au plus profond crétinisme.

Le matin, à son réveil, on se lève et, une fois habillé, on s'asseoit sur son lit de camp jusqu'à onze heures, s'occupant à causer un peu, à bâiller beaucoup : puis on se rend à sa gargote sombre et sale pour déjeuner. On revient après se crétiniser sur sa paillasse, recausant un peu et rebâillant beaucoup, jusqu'à cinq heures le soir, heure du dîner. Là les consommateurs sont si nombreux qu'on ne trouve plus de place, plus de sièges, et qu'on mange la plupart du temps debout. Enfin, après son repas, on retourne mélancoliquement dans sa baraque, on se déshabille et on se couche en attendant que le sommeil veuille bien venir. Le lendemain, on recommence la même série de crétinisation. Si cette brute d'existence ne finit pas bientôt, je tomberai dans un idiotisme indécrottable, c'est sûr !

Il fait très froid aujourd'hui. Les sentinelles prussiennes qui montent la garde autour du fort gèlent debout. Je ne les plains pas du tout.... Malheureusement, nous souffrons en même temps qu'eux.

2 janvier.
Lundi. Les nouvelles qui nous parviennent aujourd'hui sont très bonnes. On dit que Frédéric-Charles a été tué, mais aussi notre général Bourbaki. L'armée prussienne est en déroute et Paris à peu près débloqué : les approvisionnements vont y rentrer. C'est pour moi une joie indéfinissable. Je comptais sortir, mais lorsque je me suis présenté au bureau du sergent-major de la landwher, il était parti pour la ville. J'ai de la déveine.

Nous supportons ce matin une température d'au moins 22 degrés au-dessous de zéro. Nous ne sommes tout de même pas vêtus pour affronter de si terribles froids. Aussi mes deux rhumes ne se décident pas à me quitter.

J'ai éprouvé, il y a un instant, une forte commotion : en voulant payer mon déjeuner, je m'aperçois que mon porte-monnaie n'est plus dans ma poche. Je me rends compte de suite des navrantes conséquences d'une pareille perte : sans argent, je suis condamné à la popote prussienne ! J'en ai déjà mal au cœur. Je suis au désespoir. Vite je me dirige, tout tremblant, vers ma baraque, je regarde dans mon lit et, au milieu de ma paillasse, je trouve mon porte-monnaie qui était tombé de mon gilet en m'habillant. Je ne puis dépeindre ma satisfaction.

J'ai fait la connaissance d'un caporal polonais appartenant à l'armée française et qui parle couramment l'allemand. Il se fait fort de me procurer un landsmann prussien qui m'accompagnera pour sortir en ville.

Dans la nuit, un ignoble lignard, plutôt que de se lever pour aller hors de notre baraque par ce froid redoutable, pris de coliques, a, sans aucune retenue, tout lâché dans son lit !... Aussitôt l'ordure sentie et découverte, ses voisins ont placé son auteur sur sa couverture pour le faire sauter en l'air pendant dix minutes. La leçon était dure, mais nécessaire et méritée.

Deux sergents français vont être fusillés au centre du

fort pour avoir frappé un soldat prussien. La discipline ici est bien sévère.

Ce n'est point encore aujourd'hui que je sortirai. Je me résigne à me rendre simplement à la cantine pour dîner. Avant de rentrer dans ma baraque, je suis allé au bureau du major prussien. Là, j'ai entendu une aubade que les musiciens français offraient à leurs gardiens. Il y avait une grande affluence d'Allemands. Un ancien homme-caoutchouc d'un cirque de Nancy exécutait ses acrobaties : un physicien escamotait divers objets, puis faisait des tours de cartes : tout cela avec force musique, à la grande joie des Prussiens, qui applaudissaient avec frénésie.

J'ai assisté, sans oser me retirer, à cette soirée récréative qui m'a causé un véritable chagrin. N'est-il pas déplorable, en effet, de voir des Français prisonniers si peu capables de conserver leur dignité, servant ainsi de pantins et de clowns pour la satisfaction de leurs geôliers ! Mais j'ai déjà eu assez de pareils spectacles devant les yeux pour ne plus m'en étonner. Je ronge ma rage sans que cela paraisse, autrement ce serait bien dangereux dans ma position.

3 janvier.
Mardi. Le sergent-major prussien doit demander pour moi la permission de sortir à l'officier de service. Mon rhume de poitrine a augmenté, ce qui ne m'étonne pas. Tous les matins il entre au moins vingt malades à l'hôpital. Il faut vraiment s'armer d'énergie pour ne pas se laisser abattre dans un milieu si dénué des plus simples notions d'hygiène.

1 heure après midi. — Je vais sortir à l'instant avec deux amis de la mobile et mon caporal polonais, tous les quatre accompagnés d'un gardien prussien. Avant notre départ, j'apprends, d'après une dépêche, que les Prussiens ont pris trois forts autour de Paris. C'est trop désolant, je ne veux pas y croire, je ne veux même pas y penser.

4 janvier.
Mercredi.   Hier au soir nous sommes revenus de notre promenade à 11 heures seulement. Nous avons visité la ville qui n'est certes pas belle, mais ne manque pas de pittoresque. Les maisons ont toutes des pignons très élevés et très pointus. Elles sont alignées assez irrégulièrement, avec des terrasses en pierre par devant.

Les rues sont étroites, tortueuses, sans trottoir. La neige s'entasse à droite et à gauche sans qu'on la balaie. Des traîneaux à un cheval zigzaguent de tous côtés. La Vistule qui traverse la ville est toute glacée. Un ou deux petits navires marchands restent là encerclés dans les glaçons. Les magasins ont peu d'apparence avec de vilaines devantures. Les cafés et les brasseries ressemblent toutes à des caveaux comme celui de ma rue Christine à Paris, mais plus sombres et sans décorations.

Après avoir dîné dans une *restauration*, nous sommes entrés dans un caboulot de troisième classe où trois femmes très laides chantent très mal. Après nous avons repris le chemin de notre fort.

Il fait un froid terrible dans les rues de la ville. L'air glacial souffle de toutes parts et vous gèle le nez et les oreilles.

Toute la soirée nous avons été accompagnés par notre soldat prussien qui a bu comme un ivrogne, toujours à notre santé et toujours avec notre argent, de la bière alternant avec ce qu'ils appellent du schnaps, ou mauvaise eau-de-vie.

La ville est une vieille cité qui me semble bien pauvre, bien triste. Les distractions doivent y être rares. Pourtant ma soirée s'est vite passée. Notre vie de prisonnier serait presque tolérable si toutes nos journées s'écoulaient semblables à celle d'aujourd'hui.

Nous avons recueilli quelques nouvelles ; mais, il faut se contenter de n'entendre que ce qu'on veut bien nous dire et, certes, les Allemands ne se résigneront jamais à annoncer ce qui pourrait être agréable à nos oreilles. Au milieu de tout ce qu'on raconte, j'ai la conviction que des évènements très graves se déroulent en ce moment en France qui pourraient amener une prochaine cessation des hostilités. Tout le monde doit être fatigué et demander une prompte solution, quelle qu'elle soit.

Je crois que je vais encore sortir après midi. Je ne m'amuserai pas beaucoup en ville, mais je tiens à profiter de la permission qu'on veut bien m'accorder parce que, si j'avais l'air d'en faire peu de cas, on ne m'en donnerait plus d'autres et aussi parce que, pour moi, l'essentiel est de ne pas rester à moisir dans l'air surchauffé et malsain de notre baraque et de pouvoir me dégourdir les membres en me promenant.

Je suis parvenu à détruire la vermine qui me rongeait. Seulement, j'ai dû tant me frictionner au pétrole que je suis couvert de petits boutons d'irritation. Il me faudrait une série de deux ou trois bons bains pour mettre tout en bon état. Mais quand est-ce que je pourrai me donner cette satisfaction ? Il faudra, sans doute, attendre le retour en France qui peut être bien éloigné.

Cette nuit, douze prisonniers sont morts à l'hôpital.

Dans notre baraque un pauvre lignard, qui probablement se sentait pris de frissons, s'est levé de sa couchette, s'est traîné jusque près du poêle et s'est éteint d'inanition : on vient d'enlever son cadavre.

J'ai terminé la tâche que je m'étais imposée de retracer à l'encre tout ce que j'avais écrit au crayon sur mes carnets. Désormais je ne crains plus que l'outrage du temps vienne effacer ces lignes que plus tard je relirai, peut-être, avec plaisir.

Le landsmann prussien qui devait nous accompagner dans notre seconde sortie ne se présente pas vite. Je reste à l'attendre en bâillant près de notre calorifère tout rouge.

Le sergent-major de la landwher me prévient que demain je pourrai sortir dès midi.

Il est 5 heures du soir et voilà notre soldat qui arrive pour nous mener en ville. Je pars avec mon ami Salmon, de Craon, et le caporal polonais. Cela n'empêchera pas ma sortie de demain.

5 janvier.
Jeudi. Hier au soir je suis rentré au fort à 9 heures. Je n'ai rien remarqué de nouveau dans la ville. Les cafés et les rues sont toujours tristes et mal éclairés. Nous avons pris notre dîner dans un grand établissement. Ici, tous les plats sont servis avec des pommes de terre et on ne donne pas de pain. Dans les cafés on ne trouve ni liqueurs, ni apéritifs : toujours de la bière ou une espèce d'eau-de-vie arômatisée que je trouve détestable.

A la fin de la soirée nous sommes allés dans un petit estaminet où on peut à peine placer dix personnes. Là on entend un pianiste, un violoniste et deux chanteuses qui s'égosillent toute la soirée, sans public la plupart du temps pour les écouter. C'est la manie des Dantzigois : ils fourrent partout des pianos et des chanteuses souvent bien laides.

Voici les nouvelles que nous avons recueillies : Bazaine est prisonnier, interné à Dantzig même, après avoir voulu s'évader. En outre, l'Autriche exigerait la mise en liberté de toute l'armée capturée à Metz, sous prétexte que cette armée aurait été vendue et non vaincue. Ce serait un coup pour les Prussiens, car s'ils doivent rendre tout ce qu'ils ont reçu par trahison, il ne leur restera rien !

Comme il était convenu, je vais tout à l'heure sortir à nouveau. Malheureusement en ville on dépense de l'argent et ma bourse sera bientôt épuisée. Il faut espérer que ma mère va me faire parvenir ce que je lui ai demandé, sans quoi je serai condamné à rester mes journées comme mes nuits, étendu sur ma paillasse, avec la colle prussienne comme nourriture et de l'eau malsaine comme boisson.

Certes les jours s'écoulent plus facilement lorsqu'on peut sortir comme je le fais depuis trois fois. En prévision de ma fréquentation plus régulière en ville, je me mets à étudier la langue allemande à l'aide d'une grammaire que j'ai pu me procurer. Je baragouine déjà même quelques mots grâce au souvenir de certaines notions qui me sont restées de mes leçons de langues vivantes au lycée.

6 janvier.
Vendredi. Nous sommes revenus à Bichofsberg hier au soir à l'heure réglementaire. Pour nous accompagner on nous avait donné un autre soldat prussien qui, comme le premier, s'est fait régaler toute la journée. Nous nous sommes arrêtés dans les établissements qui paraissaient les plus confortables. Partout nous avons été servis par des Prussiennes. Ces femmes sont cause d'une dispute que j'ai eue avec un camarade qui prétend qu'il y en a de gentilles, tandis que moi, l'habitué des fins minois parisiens, je soutiens que ces Allemandes sont laides et sans expression.

En somme, je me suis ennuyé dans ma promenade et suis moins désireux d'en faire de nouvelles. Il devait y avoir un incendie dans quelque coin de la ville, car nous avons vu une voiture traînée par quatre chevaux et chargée de pompiers passer comme un éclair auprès de nous. Derrière venaient des gros tonneaux remplis d'eau chaude.

Ici les traîneaux ne sont pas éclairés lorsque vient la nuit : seule, une sonnette avertit les passants.

C'est aujourd'hui la fête des rois et on pense à la fêter dans nos baraques. Il y aura grand concert ce soir : j'en profiterai pour aller me coucher, quoique les nuits me semblent bien longues avec mon peu de sommeil.

7 janvier.
Samedi.
A notre réveil on nous ordonne d'aller tous à la visite du médecin. Sont-ils fous ou bien ont-ils juré de se débarrasser de nous le plus tôt possible ? Par une température sibérienne, voilà que nos bourreaux se sont mis dans la tête de nous vacciner. Mal vêtus comme on l'est, exposés à un froid anormal, sitôt que la fièvre du vaccin fera son apparition les malades auront vite fait de succomber. Aussi, ce matin, décidé à éviter tout accident, je me rends jusqu'à la porte de la salle au vaccin et, sans y entrer, j'opère une retraite habile et réintègre ma baraque. J'ai bien assez de souffrir de mon rhume et de sa fièvre et ne veux point m'exposer à augmenter mes malaises par un vaccin prussien.

Voyez-vous cela, moi qui à Paris ai toujours refusé de me faire vacciner, je serais forcé de subir cette opération sur une terre étrangère et de m'inoculer un vaccin aussi malfaisant que teuton ! Ah mais non, par exemple, jamais !

J'ai un peu mal à la gorge en ce moment et suis par conséquent obligé de me priver de fumer : il ne me reste qu'à m'abrutir auprès du poêle du bureau en sommolant la tête appuyée sur mon coude. S'il est vrai que l'ennui engendre toutes sortes de maladies, je suis assuré d'en attraper une, bientôt. Je me sens parfois le cerveau tout chose et je me demande avec inquiétude si une vie

pareille, se prolongeant un peu trop, ne mènerait pas à
la folie.

Quel supplice qu'un ennui si profond ! Depuis une
heure de l'après-midi jusqu'à cinq heures et demie, moment
du dîner, je ne sais quoi faire. Nous n'avons aucun livre
à notre disposition, à la longue on ne trouve plus rien à
se dire ; on a le temps de se faire du mauvais sang. Moi,
je suis le plus souvent plongé dans mes idées intimes. Je
m'y abîme tellement que je rêve, et bientôt, ce qui n'est
qu'un songe me semble une réalité. Alors mon esprit
vagabonde le plus souvent à Paris où je revois toute ma
vie d'étudiant passer insouciante, joyeuse, si heureuse.
Mais, après, quand le réveil se fait, comme je comprends
encore mieux toute l'étendue de mon infortune ! Si loin
de mon pays ! Privé de ma liberté ! Gardé à vue par des
soldats maudits, aux casques à pointe !...

A dîner, j'ai encore une dispute, cette fois-ci avec un
sous-officier prussien qui parle un peu le français. Il se
vantait de ce que ses compatriotes mettaient tous les
environs de Paris à feu. Je lui ai répondu en colère que
les peuples sauvages mettaient, eux aussi, le feu chez
leur ennemi, mais que ce n'était qu'un signe de manque
de civilisation et jamais une preuve de bravoure ni de
force. Cela n'est pas difficile de brûler un pays, c'est toujours inhumain.

Je me suis en allé en courroux contre tous ces Prussiens qui me dégoûtent avec leurs nouvelles infailliblement désolantes et qui me fendent le cœur. Je ne veux
plus les entendre.

8 janvier.
Dimanche.

J'ai passé ma nuit les yeux grands
ouverts, énervé sans doute par ma
dispute de la soirée et aussi très occupé par mon rhume
de cerveau et mon mal de gorge.

Les dépêches du jour disent que, depuis quatre jours,

on se bat avec acharnement sous les murs de Paris. Qu'une bonne fois, au moins, nous ayons le dessus, les Prussiens seront vite démoralisés et faciles à chasser. Si par hasard la famine force la capitale à se rendre, la guerre ne sera pas terminée pour cela, elle continuera en province et alors notre captivité n'est pas près de finir.

C'est un triste dimanche des rois que je passe aujourd'hui. Dans ma baraque, près de mon lit, un sergent de mon régiment de mobile est couché, retenu sur son grabat par un violent mal de gorge. Il ne peut plus bouger et va être forcé d'entrer à l'hôpital. Pourvu que mon mal ne m'y conduise pas également !

Comme ils sont religieux ces soldats prussiens ! Au milieu de nous, ils se découvrent pour faire chaque matin et chaque soir leur prière.

Je me rends au dîner et me couche ensuite.

9 janvier.
Lundi. Ce matin je me suis réveillé de bonne heure après une assez bonne nuit. Mon mal de gorge est stationnaire.

50 prisonniers français viennent d'être renvoyés d'ici pour être échangés contre autant de prussiens. Ceux-là, dès leur retour en France, pourront à nouveau combattre les Allemands. Nous les estimons bien heureux et souhaitons que pareille chance nous arrive.

Demain, les soldats qui nous gardent doivent partir pour la France. Ils font bien triste mine. Il paraîtrait que les affaires ne tournent pas très bien pour eux. Quel bonheur, si c'était vrai !

Je m'inquiète toujours de savoir si Paris va se décider à faire une sortie en masse pour percer la ceinture qui l'étreint.

Chaque jour je guette l'arrivée du vaguemestre prussien, espérant voir venir une lettre avec de l'argent pour moi. Je serais désolé si rien ne m'arrivait avant notre départ car alors, sans argent, je serais forcé de suivre les autres et de me rendre là où on voudrait m'envoyer.

Avant de monter sur ma paillasse pour m'y coucher, j'ai eu le plaisir de faire une partie d'échecs avec un autre prisonnier français. Je voudrais bien que cette distraction me fût souvent permise.

10 janvier. On dit, d'un côté, que les Prussiens
Mardi. sont en pleine déroute, et d'un autre, qu'ils ont pris trois forts devant Paris. Laquelle de ces deux nouvelles croire ? C'est principalement dans les cabinets d'aisance que nous recueillons les nouvelles de France. Là les prisonniers se groupent, stationnent, se causent, disent leurs impressions. Et quelques-uns, pour se donner une certaine importance, inventent les évènements qu'ils racontent et qui sont vite colportés dans toutes nos baraques.

J'ai fait deux nouvelles parties d'échecs. Je varie mes distractions en continuant par des parties de piquet à trois.

Je me suis abonné aujourd'hui à une bibliothèque française de la ville. Je vais ainsi pouvoir lire un peu, pourvu toutefois que mon esprit veuille bien sortir de sa torpeur, de son abêtissement et se donner la peine de comprendre les lignes que mes yeux parcourront. Il faudra certainement un grand effort pour cela.

Nous allons avoir ici un journal spécial : *l'Echo de Bichofsberg*, dirigé par un fourrier de zouaves qui depuis deux ou trois jours me tracasse pour que je lui fournisse quelques articles. J'ai refusé très nettement, d'abord parce que je n'ai jamais aimé à faire lire ce que parfois je m'amuse à écrire ; ensuite, parce que je suis persuadé que ce journal n'a aucune chance de réussir.

Les cours d'allemand que je me donne à moi-même m'occupent un peu l'après-midi. Je crois qu'à présent je pourrai me faire comprendre au moins pour demander les choses usuelles.

5 heures 1/2 du soir. — Je vais dîner à la cantine, manger mon inévitable côtelette de je ne sais quoi avec mon pain noir et un peu de beurre, le tout arrosé d'un bock de bière. Ensuite j'irai me coucher sur ma paillasse dont la paille commence à s'user, à s'émietter, à s'amincir au point que mon dos et mes fesses sont meurtris au bout de la nuit.

Les Prussiens annoncent orgueilleusement qu'ils ont déjà pu lancer un obus sur le Luxembourg à Paris. Mais que ne disent-ils pas? Malgré tout, ces nouvelles me font du mal et, quoi que je fasse pour avoir l'air de n'y pas croire, au fond j'en suis très attristé.

11 janvier.
Mercredi.

Ma nuit a été assez agitée. L'idée du bombardement de Paris m'a trotté tout le temps dans la tête avec toutes ses sinistres conséquences. Parmi les prisonniers il y a un caporal de ligne qui est parisien et qui a laissé toute sa famille dans la capitale. Jusqu'ici il se disait rassuré sur le compte de ses parents mais, depuis cette nouvelle d'hier au soir, il commence à ressentir de l'inquiétude. Nous causons assez souvent tous deux, et nos conversations vont parfois jusqu'aux intimes confidences. Il me parle de ses amis de Paris, de ses occupations habituelles, de ses espérances, et moi, je lui apprends que je possédais encore actuellement un petit logement rue Dauphine où il ferait bien bon de se chauffer confortablement à cette heure en place de grelotter sur la terre étrangère.

Que ne suis-je une simple petite marmote pour dormir tous ces longs mois d'hiver et ne me réveiller qu'avec le soleil du printemps en France, sans penser, sans souffrir!

Mon mal de gorge persiste et mon rhume de cerveau souffre surtout de ma pénurie de mouchoirs.

Voilà mon deuxième carnet d'impressions épuisé. Demain je commencerai mon troisième et dernier, j'ai tout lieu de le penser.

Je viens de m'acheter du bien mauvais réglisse prussien pour en sucer un peu la nuit et empêcher ma gorge d'être trop sèche. Mais je crois que je ne pourrai la guérir : je ne puis m'habituer à cette température glaciale, à l'humidité continuelle des pieds ni à l'air vicié que nous respirons dans notre sale baraque dont on n'ose pas ouvrir les fenêtres avec la crainte du froid et de la neige. Le roman que m'a procuré la bibliothèque de la ville c'est Belrose, dont je dévore les pages.

6 heures du soir. — Je m'achemine, à l'heure habituelle du dîner, vers la cantine, puis je profiterai de l'éclairage du bureau occupé par le sergent-major prussien pour étudier ma grammaire allemande. Enfin, j'irai me coucher.

12 janvier.
Jeudi.

J'entame en ce jour mon troisième carnet, que je suis persuadé n'avoir pas le temps de finir. Car il n'est pas possible que la guerre continue longtemps encore.

Ce matin on a envoyé tous les prisonniers à la visite du médecin pour examiner l'état des vaccins inoculés il y a quelques jours. Naturellement, j'ai évité cette corvée comme je l'avais déjà fait précédemment.

Toute la matinée il a tombé de la neige. Dans notre fameux salon de conversation, je veux dire dans les cabinets d'aisance, bien des nouvelles diverses circulent. D'abord le roi Guillaume demanderait la paix à la condition que les frais de guerre seraient supportés moitié par la France et moitié par la Prusse : il ne tiendrait plus à entrer, avec son armée, à Paris. On disait ensuite que Bourbaki et Garibaldi étaient battus, puis que Bourbaki était entré à Nancy. Ce serait là une grande victoire, puisque le but de ce général avait toujours été d'occuper cette ville pour couper les communications des Prussiens. Voilà peut-être l'explication de la demande de paix par Guillaume.

S'il en est ainsi, j'espère bien que le gouvernement français saura se faire donner une imposante indemnité pour payer tous les frais de guerre et les ruines que les sauvages teutons ont semées sur tous les points de la France. Si les Prussiens veulent la paix, qu'ils payent !

13 janvier.
Vendredi. Je n'ai fait qu'un somme cette nuit. Aujourd'hui vendredi, 13, date néfaste. Les nouvelles pour nous ne sont pas bonnes. Il paraît que toute la ville de Dantzig est pavoisée. Qu'est-ce que cela veut dire ? Est-ce pour célébrer une nouvelle grande victoire prussienne ou bien est-ce en l'honneur de la capitulation de Paris ?

En déjeunant un sergent me dit qu'il a reçu une lettre de sa famille où on lui écrit qu'en France on est bien fatigué du gouvernement républicain. Comment, lui ai-je répliqué, ce sont des Français qui prétendent en avoir assez de la République ! L'Empire, par son inertie et son incapacité rend la guerre inévitable avant d'y être préparé : ses généraux se laissent battre, trahissent, s'enfuient et au moment où la République relève le drapeau, prêche et organise la défense, sauve l'honneur, des Français déclarent qu'ils en ont assez et redemandent l'Empire ! Ce serait à décourager si cela pouvait être, en vérité. Mon sergent se tait et cache sa lettre.

Ma gorge va beaucoup mieux et j'ai pu allumer ma pipe allemande. Mais cela m'a paru si détestable que je ne l'ai pas fumée jusqu'au bout.

Je ne vois toujours point arriver de lettre de ma mère. Je suis inquiet parce que j'ai besoin d'argent et que pour rentrer en France à mes frais, pour voyager selon mon désir, il me faut une forte somme. Ma mère est si timorée qu'elle est capable de croire que son argent ne peut m'arriver jusqu'ici.

5 heures du soir. — Mon Dieu, qu'ils me font mal avec toutes leurs nouvelles, ces maudits Prussiens! Ils prétendent avoir fait, dans la journée d'hier, 30.000 prisonniers et aujourd'hui 10.000! Je suis sûr qu'ils exagèrent de plus de moitié leur victoire. Ils ajoutent que Paris brûle! Ce n'est pas possible! Nos bourreaux se plaisent à nous torturer avec leurs racontars désespérants. Et ils réussissent souvent, les misérables!

Afin de savoir la vérité je vais faire mon possible pour aller dîner en ville. Cela va m'occasionner une dépense bien grande dans l'état de mon pauvre budget, mais tant pis! Quand je n'aurai plus d'argent je me nourirai à la pot-bouille prussienne ; j'en tomberai malade : eh bien, alors, j'irai mourir à l'hôpital et tout sera fini. J'ai trop souffert et je souffre trop chaque jour pour ne pas perdre courage.

Je me dirige vers le bureau du major prussien et demande ma permission. Là, un sergent-fourrier allemand m'annonce, avec son plus grimaçant sourire, que l'armée de la Loire, forte de 200.000 hommes, est tout entière prisonnière. Ils sont fous! Se figurent-elles, toutes ces brutes teutonnes, que nous allons nous tourmenter pour de pareilles absurdités? Une demi-heure plus tard le nombre des prisonniers faits n'était plus de 200.000, mais seulement de 40.000. Ce serait encore trop! Pauvre France!

A cinq heures je m'apprête à sortir.

14 janvier.
Samedi.
Hier au soir je suis sorti. Et moi qui en désirais, j'ai éprouvé des émotions aussi nombreuses et variées que possible. D'abord, mes amis et moi, nous sommes allés dans un établissement de bain. Les cabines y sont très confortables. La

baignoire, au niveau du plancher, est en porcelaine, de forme arrondie, si bien qu'en mettant les pieds dedans j'ai glissé et suis tombé sur le dos jusqu'au fond, faisant gicler l'eau par dessus ma tête. Le prix du bain est de huit groschen (20 sous).

En nous rendant pour dîner dans une brasserie qu'on nous avait recommandée, je n'ai vu dans la ville aucun drapeau, en signe de joie. Un Prussien civil m'a affirmé que l'armée de la Loire était réellement détruite : malgré son nombre de 200.000 combattants elle n'avait pu se défendre contre les forces de 400.000 Prussiens. Et je réfléchis que pour grouper une pareille armée les Allemands ont dû retirer des nombreuses troupes d'investissement autour de Paris. S'affaiblissant de ce côté ils auront voulu, par leur bombardement intense, occuper et tromper l'attention de Trochu qui, je l'espère, n'aura pas été dupe du stratagème et aura organisé une sortie en masse. Voilà l'espérance que je fais entrer dans mon esprit pour me donner un peu de cœur.

Après notre dîner nous entrons dans un café-concert, mais, sans y prendre garde, nous y restons jusqu'à, paraît-il, une heure indue. Aussi, un sergent prussien, plein de zèle, nous regarde durement et sort en prononçant quelques mots allemands incompréhensibles pour nos oreilles. Il allait tout simplement quérir une patrouille pour nous faire empoigner. Heureusement, des jeunes gens de la ville qui ont tout compris viennent vers nous, d'une façon très aimable. avec l'intention de nous tirer de notre mauvaise situation du moment; car, une arrestation dans pareille circonstance, équivaut à au moins douze jours de forteresse. Ils nous font donc sortir en cachette par une porte de service, retiennent un traîneau qui passe et nous cachent dans un petit établissement qu'ils connaissent pour ne jamais être fréquenté par des soldats. Nous rions tous en chœur en pensant à la déconvenue de la patrouille des casques à pointe qui se sera présentée là-bas sans plus rien trouver à cueillir. Ici, la soldatesque prussienne n'est pas aimée de la société civile. Nous le constatons avec plaisir ce soir.

Nous sommes restés dans la société de nos jeunes libérateurs toute la nuit... Ils parlaient un peu français et moi un peu allemand. aussi, nos langues déliées et le verbe facile grâce à d'assez nombreuses libations. on se comprenait parfaitement.

Ce matin seulement, au grand jour, je suis rentré au fort.

Après ces diverses sorties je connais bien la ville de Dantzig. La vie journalière ne doit pas y être bien attrayante. Les cafés, vraiment trop peu confortables, ne sont pas plus spacieux que les salons de nos appartements parisiens. Aucun luxe, les murs tristes et nus. Dans les *restaurations* où nous nous rendons on donne des serviettes qui ont déjà. pendant toute la semaine. essuyé les mains et les lèvres d'autres consommateurs. C'est l'usage, on ne peut rien dire contre cela. J'avais besoin d'une blague à tabac : pour me la procurer j'ai fait plus de vingt magasins et je n'en ai eu que deux pour choisir: il en est de même pour tous autres articles.

Dois-je croire. comme on le dit en ville. que les obus prussiens tombent rue du Bac ? Ils veulent donc tout faire tomber en ruines. les barbares Teutons !

Le petit caporal polonais qui m'accompagnait hier et qui. avec moi, n'est rentré que ce matin est puni aujourd'hui pour avoir découché. Alors. je vais avoir aussi mon tour. Pourtant. je viens de rencontrer le major prussien et il ne m'a parlé de rien; cela doit me rassurer.

7 heures du soir. — Nous recevons depuis quelques jours un journal français : *le Drapeau.* Aujourd'hui il a les colonnes remplies de bien bonnes nouvelles : les

Prussiens sont battus partout. Quel bonheur, mon
Dieu ! Cela va me faire passer une bonne nuit. Je me
sentais fatigué de ma fugue d'hier, mais la lecture du
journal m'a reposé, réconforté.

Je suis persuadé que sur ma paillasse, pourtant si
dure, je vais mieux dormir que la dernière nuit où j'étais
couché dans le lit d'un des jeunes gens qui nous avaient
sauvés de l'arrestation dont nous étions menacés. Ils ont
une drôle de literie, les habitants de Dantzig : elle est
composée, en dessous, d'une paillasse sur laquelle se
trouve une couette recouverte d'un édredon. On se
coule entre les deux. Des oreillers, mais pas de draps :
cela me changeait trop, je n'ai pu fermer l'œil.

15 janvier.   J'en étais sûr, j'ai bien dormi.
Dimanche.   Malheureusement, ce matin, on me
lit une dépêche prussienne qui confirme la défaite de
Chanzy et de l'armée de la Loire. Pauvre armée ! Elle a
perdu 18.000 hommes. Entrée dans la ville du Mans,
elle en a été chassée par les Prussiens et se dirige vers
Laval. Comme ma mère va trembler ! Elle doit déjà voir
l'ennemi la dévaliser et la dépouiller de tout son argent.
Que va-t-elle combiner pour sauver sa fortune ?

Je suis bien loin ici pour juger sainement et sûrement
les événements. Toutefois, plus je réfléchis et plus je
trouve que Chanzy a trop hésité à attaquer les Prussiens.
Il ne devait pas rester si longtemps sans rien faire. L'offensive réussit toujours mieux que la défensive. Il y a
huit jours l'ennemi n'avait pas encore eu le temps de
recevoir tous ces renforts qui lui ont permis de porter
son armée à 400.000 hommes. Pendant ce temps, qu'a
fait Chanzy ? Il a reculé, toujours reculé, jusqu'au point
où il s'est trouvé acculé au Mans. Les Prussiens qui se
préparaient chaque jour davantage, quand ils ont jugé le
moment propice, sont tombés sur l'armée française qui,

naturellement mal disposée, mal impressionnée par une retraite continuelle, a été facilement battue.

Et je pense alors que, si j'étais resté dans les rangs de l'armée de la Loire, j'aurais eu cette douleur immense de revenir à mon point de départ, dans mon propre pays, toujours fuyant devant l'ennemi, et de voir celui-ci bientôt fouler ma terre natale, la dévaster, y semer l'incendie et la ruine.... Quel atroce spectacle : les Prussiens entrant à Laval, dans ma maison, chez ma mère, et moi, les armes à la main, impuissant pour rien empêcher ! Ne vaut-il pas mieux, en vérité, être prisonnier !

Il paraît que le bombardement de Paris continue d'une façon effrayante. Alors, tout va finir : Paris capitulant, les armées allemandes seront libres et iront écraser nos forces en province. La paix ne sera pas éloignée et on commencera aussitôt l'échange et le rapatriement des prisonniers. Mais cette opération se fera sans doute bien lentement.

6 heures du soir. — Mon mal de gorge est complètement passé, seuls persistent mes rhumes de cerveau et de poitrine. Voudraient-ils donc que je les remmène en France ?

Aujourd'hui il dégèle ici. Les Prussiens s'en montrent étonnés, eux qui, à cette époque, supportent des 30 et 32 degrés de froid.

Je ne sais pourquoi les dimanches sont les jours les plus tristes pour moi. Pourtant ces journées-là se passent exactement semblables aux autres. C'est probablement en souvenir des dimanches d'autrefois qui étaient des jours de fête où, avec moi, tous les amis se réunissaient dans la joie.

Je pense souvent, dans mon oisiveté, à ma 6ᵉ compagnie des mobiles, et je me demande ce qu'elle est devenue, sans capitaine, sans lieutenant, sans sous-lieutenant, sans sergent-major, sans premier sergent, sans second sergent. On aura dû l'incorporer dans les autres compagnies du bataillon, car elle était bien difficile à reconstituer.

Il est l'heure du dîner et, en ouvrant mon porte-monnaie, je m'aperçois que je n'ai plus que 50 francs. Ça va bientôt être la dèche, la famine.

Je lis sur mon grabat le roman de *Christine*, par Enault, où deux jeunes amants qui devraient goûter le vrai bonheur se trouvent dans la plus profonde douleur parce qu'ils se figurent, l'un comme l'autre, qu'ils ne sont pas aimés. Ce livre m'intéresse beaucoup et fait naître en mon esprit mille pensées que je ne dois pas écrire ici et qui me font un peu souffrir.

16 janvier.
Lundi. Je me suis réveillé ce matin le cœur rempli d'une tristesse navrante. Pourquoi cela ? Je n'en sais rien. Cette date du 16 janvier est un anniversaire pour moi. De ce jour j'entre dans ma 26e année. Malgré toute mon imagination je n'aurais jamais supposé que cette heure-là sonnerait pour moi dans un pays aussi éloigné du mien et dans des circonstances aussi pénibles. Est-ce la cause de ma si grande mélancolie ? Cela, peut-être, comme bien d'autres choses aussi. On est triste ici par habitude, parce que tout ce qui vous entoure, tout ce que vous voyez, tout ce que vous pensez est d'une tristesse noire.

Avec mon rhume de cerveau qui m'est si attaché, je salis beaucoup de mouchoirs. Heureusement j'ai à ma disposition un bon lignard qui me les lave au fur et à mesure. Pour l'en récompenser je lui cède ma part à la pot-bouille prussienne : avec cela il se fait des joues tandis que moi je me nourris du cochon inépuisable de la cantine.

Hier il dégelait, mais aujourd'hui le froid est si vif que

je ne sais comment me réchauffer. Je me cache sous mes couvertures pour fumer une pipe en lisant.

C'est aujourd'hui que nos gardiens partent pour la France. Ils ne sont pas enchantés de ce voyage. Pas mal se déclarent malades, d'autres se promettent d'en faire autant dès leur arrivée au corps. Ils sont de la landwher, mariés, ont des enfants et ils ne quittent pas gaîment leurs foyers. Ils avouent que 20.000 des leurs ont déjà trouvé la mort sur les champs de bataille. Parmi eux, plusieurs Polonais ne cachent pas leur pensée : jamais ils ne tireront un coup de fusil contre des Français.

Bientôt je vais aller dîner puis je me rendrai au bureau du major prussien. Ensuite j'irai tâcher de dormir et d'oublier dans le sommeil les interminables ennuis de la captivité.

17 janvier.
Mardi. Nous avons ce matin 23 degrés au-dessous de zéro. Je ne me figurais pas ce que c'était qu'un pareil froid ! J'ai mal dans toute la poitrine et souffre vraiment de cette température excessive. Beaucoup des nôtres tombent malades et meurent à l'hôpital.

On nous dit que Belfort est débloqué et que l'armée du Nord continue glorieusement sa marche. Malheureusement notre armée de la Loire n'est pas dans une situation aussi brillante puisque la voilà refoulée jusque dans la Mayenne. Mon pays avec toutes ses rivières, ses chemins, ses haies et ses bois, est facile à protéger contre l'invasion. Les grandes batailles seront plus rares et, en troupes disséminées, il sera facile de harceler l'ennemi et de lui faire subir de grandes pertes. Seulement il faut organiser la défense, prendre le fusil en mains, aller se poster dans les champs, faire acte de patriotes, et non point se réfugier dans les églises pour se confesser et prier. Pauvres Mayennais, les voilà directement aux prises avec les Prussiens : eux aussi vont avoir à souffrir de ce dangereux contact. Ils doivent commencer à dire que c'est la faute à Gambetta avec sa satanée République. Est-ce que jamais les Prussiens auraient osé paraître avec leurs casques à pointe sur les bords paisibles de la Mayenne sous un autre régime tutélaire ? Voyez où le gouvernement républicain nous conduit !... Mon pauvre pays, si embrumé par les ténèbres d'antan ! Quel réveil, pour son apathie coutumière, que de troubles dans toutes les mares où les pauvres grenouilles avaient une telle confiance dans leur soliveau !

5 heures du soir. — Il paraît que dans le journal d'aujourd'hui on lit un article très sérieux où il est question d'une paix incessante. Ce serait là une joie bien vive pour moi. Mais je crains que les prétentions allemandes soient inacceptables et retardent encore longtemps notre retour en France.

En attendant, l'ennui que j'éprouve grandit sans cesse. En cette saison d'hiver les nuits viennent bientôt et les idées noires aussi. Alors je fredonne machinalement les airs les plus lugubres, les plus en rapport avec mon état d'esprit, jusqu'à ce que me vienne l'envie de pleurer, complètement absorbé, endormi dans les profondeurs enténébrées de mes pensées, jusqu'à ce que je ne sache plus si je veille ou si je vis. Cet abrutissement profond dure longtemps et quelquefois m'engourdit au point que, lorsque je reviens à moi, je ne sais vraiment pas où je suis.

7 heures. — Ce soir les musiciens français donnent une aubade à notre nouvelle garde prussienne. C'est là une prévenance que je trouve outrageante. Avec leurs airs de musique ils vont tout simplement mendier quelques verres de bière qu'on ne pourra manquer de leur offrir en remerciement. Voilà où en sont tombés les débris de cette armée de Metz qui était la première armée de

France. Si les chefs valaient les soldats que nous avons sous les yeux, on ne peut s'étonner de leur écrasement si complet.

Maintenant, nous sommes gardés par des hommes de 35 à 50 ans. Parmi eux se trouve un caporal de 48 ans. Son fils se bat dans l'armée prussienne autour de Rouen. Le pauvre vieux pleure à chaque instant. Malgré toute ma haine pour sa race, sa peine m'émeut.

Je viens de parier un bon déjeuner à faire à Paris avec le caporal Lévy, parisien de naissance, que, lors de notre dernière exposition universelle, c'est la musique autrichienne qui a remporté le premier prix au concours et non, comme il le prétend, la musique prussienne.

18 janvier.
Mercredi. Je ne sais pourquoi, ce matin, on a pris les noms des Alsaciens et Lorrains prisonniers ici. On en a fait de même pour les mobiles qui ont des biens, des propriétés dans leur pays. J'ai donc été inscrit comme beaucoup d'autres. Que veut dire cette formalité ?

Mon rhume de poitrine va en augmentant. Je commence à comprendre que, puisque je l'ai apporté de France, je devrai m'en retourner avec lui.

La nouvelle du jour dit que le général Bourbaki est sur le point d'entrer dans la Prusse-Rhénane. Cela va gêner sensiblement les Prussiens. On ajoutait que Frédéric-Charles était revenu du Mans à Orléans. Et, avec le génie militaire qui me distingue, je comprenais que Trochu ayant fait la sortie annoncée de Paris pour couper les communications de l'ennemi, par l'ouest, tandis que Bourbaki les couperait par le nord, le général prussien était obligé de retourner sur ses pas pour tenter d'empêcher la réussite de ce plan. Je vois tout cela dans mon imagination et je rêve, avec un plaisir inaccoutumé, de combats glorieux pour nos armes et de défaites écrasantes pour les armées ennemies.

11 heures du matin. — Il est l'heure de déjeuner : je vais aller manger mon cochon traditionnel avec quelques pommes de terre.

Aujourd'hui. nouveau dégel avec pluie. C'est un temps bien malsain pour tous les pauvres malades.

Ce soir je me rends au dîner sans intention de manger. Je n'ai pas d'appétit. Je vais tout de même à la cantine parce que c'est pour moi la seule occasion de changer d'air. Je reste bien assez renfermé dans l'atmosphère impure de notre baraque.

19 janvier.
Jeudi.

J'ai passé une bien mauvaise nuit. Tout le temps j'ai eu mal à la tête et j'ai toussé. Ce matin l'officier prussien vient nous annoncer que les sergents prisonniers pourraient sortir librement en ville de 8 heures à midi. Voilà une gracieuseté dont je ne profiterai guère : je ne me lève pas avant 9 heures et je n'aurai pas beaucoup le temps d'aller me promener dans ces conditions.

Aujourd'hui le dégel commence à faire fondre la neige et à la délayer en boue épaisse dans laquelle nous pataugeons fort désagréablement.

4 heures du soir. — Les nouvelles arrivent bonnes de France : Bourbaki a battu les Prussiens à Belfort. tellement qu'ils demandent la paix. Quel bonheur !

Des paquets d'effets divers sont venus pour les prisonniers : je vais tâcher d'obtenir une paire de bas parce que. bientôt, ceux que j'ai seront usés et je marcherai pieds nus dans mes sabots. L'humidité glacée que nous supportons en ce moment est encore plus malfaisante que les temps froids et secs. On n'entend autour de soi que tousser. cracher. se moucher. éternuer et je prends une bonne part dans ce concert peu harmonieux mais très bruyant.

Je vais commencer dès aujourd'hui à ne plus rien

manger le soir : un potage me suffira, je n'ai plus d'appétit. A dîner je me suis fait servir une tasse de lait bien
chaud. Et puis j'ai été me coucher sur ma paillasse qui
commence à sentir bien mauvais et à tomber en poussière.

20 janvier.
Vendredi. Ma nuit s'est passée encore plus
mauvaise que la précédente. J'ai une
fièvre très forte qui m'occasionne des douleurs dans les
jambes et dans tout le haut du corps. A force de tousser,
je commence à cracher du sang. J'ai bien peur de devenir malade pour tout de bon.

Il tombe tellement de neige, ce matin, qu'on ne se voit
pas à dix pas : on enfonce dedans jusqu'à la cheville.
Nous n'allons plus pouvoir mettre le nez dehors. Les
nouvelles sont comme le temps : désolantes. Bourbaki,
après une lutte de trois jours, bat en retraite. Aussi, hier
soir, il y avait des drapeaux de joie en ville. C'est étrange
ici : à chaque fois que nous apprenons une nouvelle
heureuse, le lendemain elle est contredite et c'est un
désastre qui nous arrive. Plutôt que de subir de conti-
nuelles défaites ne vaudrait-il pas mieux signer la paix?
Nous autres prisonniers, si éloignés dans ces pays perdus, la désirons de tout notre cœur. Nous avons assez
souffert et n'en pouvons plus.

J'écris une troisième fois à ma mère pour la presser.
Je sais bien que les lettres mettent très longtemps pour
arriver jusqu'ici. Mais ma patience est bien près de me
quitter.

21 janvier.
Samedi. Nuit exécrable. Les parois des
narines et de ma gorge sont déchirées
et, sitôt que je tousse ou que je me mouche, j'éprouve des
douleurs intolérables.

Cinq camarades de chambrée sont entrés ce matin à
l'hôpital atteints de petite vérole.

15

Toute la journée la neige a continué à tomber. Nous ne pouvons plus sortir.

22 janvier.
Dimanche.
J'ai mieux dormi cette nuit, avec un peu moins de fièvre. La neige ne cesse pas. On peut vraiment se fier aux nouvelles que nos Prussiens nous donnent. Un de nos vieux gardiens actuels, premier soldat, nous raconte avec un grand sérieux que, depuis six semaines, Toulon est tombé en leur pouvoir. Quel idiot !

Les cartes individuelles de sortie qui nous avaient été promises ne sont pas encore prêtes. L'administration prussienne est aussi lente que celle de chez nous.

3 heures du soir. — Je viens de lire la *Gazette de Berlin* qui est remplie de mensonges. Elle ne parle que de défaites du côté des Français avec des nombres fantastiques de tués ; dans les rangs prussiens les soldats ne tombent jamais, ils restent toujours indemnes. Elle relate une sortie des Parisiens, le 19, qui n'a pas eu de succès. Du moment qu'elle a la modestie de ne pas s'attribuer, à ce sujet, une enivrante victoire, on peut présumer, presque à coup sûr, qu'il y a eu un insuccès du côté allemand.

Je vais essayer de dîner un peu ce soir puis j'irai dans la baraque au concert. On y lit le fameux journal rédigé sous la haute direction du sergent de zouaves. Il est impossible de rêver quelque chose de plus sot que cette feuille. Mes amis et moi nous en moquons très ostensiblement.

Après je rentre au logis.

23 janvier.
Lundi.
Mauvaise nuit très agitée de par mon rhume de cerveau : ce n'est plus un coryza, c'est de la gourme comme chez les chevaux, ma parole. Où cela me mènera-t-il ? Mon Dieu, mon Dieu,

qu'on me mette donc vite en terre avec beaucoup de neige par dessus et tout sera fini. L'ennui que j'éprouve ici devient une telle souffrance morale qu'en vérité je perds tout courage et envisage la mort comme une fin désirable.

Pour tâcher de détourner mon esprit de mes idées si sombres je me mets à écrire un article contre le *Journal de Bichofsberg*. Je le ferai peut-être lire par un copain, je verrai.

24 janvier.
Mardi.
J'ai passé une nuit moins mauvaise quoique je me sois réveillé avec un violent mal de tête. Mais deux tasses de café sont parvenues à le dissiper. J'ai donné mon pantalon de mobile à un tailleur prisonnier pour qu'il le retourne. J'aurai de la sorte une belle culotte pour revenir en France.

Je me désole toujours parce que je ne reçois pas de lettre. Ils n'en est pas encore venu une seule du pays. Un de nos gardiens a reçu une missive de son frère qui se bat dans l'armée prussienne devant Paris d'où il lui écrit que trois quartiers de la ville sont brûlés et détruits. Ce serait terrible ! Mais est-ce vrai ?

Pas d'autres nouvelles de France. Pauvre chère patrie, quand est-ce donc que je te reverrai? Ce bonheur, puis-je seulement espérer qu'il me sera, un jour, donné ? Je ne sais plus !

25 janvier.
Mercredi.
J'ai reçu une boîte en bois que je destine à me servir de malle pour y resserrer tous les divers objets que je possède et que je pourrai ramener en France.

Aujourd'hui il fait très froid mais avec un beau soleil.

5 heures du soir. - On nous annonce que Bismarck a sommé Jules Favre de capituler. Celui-ci a répondu qu'il acceptait pourvu qu'on permît à l'armée de sortir avec armes et bagages. On ignore la réponse de la Prusse. Mais la capitulation de Paris ne sera certainement pas la fin de la guerre et, par conséquent, pas encore notre délivrance.

De nouveaux effets ont encore été envoyés de France pour les prisonniers. Mais nous sommes si nombreux à les partager que je n'ose rien espérer. Et puis, ici, nous avons beaucoup d'Asaciens et de Lorrains qui parlent allemand et qui se chargent de beaucoup demander pour leur compte et de beaucoup obtenir. Nous autres, simples Français, devons nous contenter de nos minces tuniques de drap usé et grelotter à volonté... et surtout sans rien dire.

Ah ! j'ai plus de chance que je pensais puisque je viens d'obtenir une chemise de grosse laine.

J'ai lu tout à l'heure le journal *le Drapeau* et j'ai le cœur navré. Quelle désolation ! Elles vont tout détruire dans Paris ces brutes teutonnes !

26 janvier.
Jeudi.
Ce matin la neige reparaît et il fait très froid. La seule nouvelle de France est que Longwy a capitulé.

L'article que j'avais écrit en réponse à celui si idiot du *Journal de Bichofsberg* devait être lu ce soir, mais le concert de ce jour est remis à dimanche prochain. Cela me contrarie un peu, car ma critique manquera d'à propos.

Je n'ai plus que 40 francs et pas de lettre de ma mère. Je suis réellement tourmenté.

9 heures du soir. — D'après les nouvelles qui sont apportées indirectement, les affaires des Prussiens sont moins brillantes qu'ils le disent. Bourbaki et Garibaldi leur font, paraît-il, beaucoup de mal. Là dessus je vais essayer de dormir.

27 janvier.   Au moment où je ronflais insou-
Vendredi.   cieux ce matin, de bonne heure, les
Prussiens sont venus me réveiller pour aller à la visite du
docteur et recevoir le vaccin avec les camarades de ma
baraque. Ils récidivent, les imbéciles. Croient-ils donc que
je vais consentir à me laisser inoculer une seule goutte de
leur sang maudit dans mes veines de Français ? C'est de
la folie : j'aimerais mieux recevoir un coup de baïonnette
dans le derrière. Aussi, je m'esquive avec autant de succès que les fois précédentes.

J'ai pu obtenir une nouvelle paire de bottes à la distribution. Cela m'en fait deux paires et je vais pouvoir en
donner une à un malheureux troubade qui n'a plus que
de mauvais souliers aux pieds. J'espère que mes chaussures neuves dureront assez longtemps, autant au moins
que notre captivité.

Nous attendons chaque jour la nouvelle de la capitulation de Paris. Elle ne peut tarder, bien sûr.

Il tombe encore de la neige et il fait toujours froid, ce
qui me force à rester des longues heures renfermé dans
la baraque et m'occasionne de fréquents maux de tête.

5 heures du soir. — Mes douleurs d'estomac reprennent
et me condamnent à ne plus fumer. Je vais faire mon
mauvais dîner, puis je jouerai aux échecs et irai me
coucher.

28 janvier.   Hier au soir, en attendant le
Samedi.   sommeil, je lisais un journal qui nous
donnait de bien bonnes nouvelles de France. Ceux qui
descendent en ville nous rapportent, assez souvent, des
journaux qu'ils cueillent de côté et d'autre. Je lisais donc
que les Prussiens avaient éprouvé une sanglante défaite
près de Dijon, que Paris avait encore beaucoup de vivres,
qu'on avait pu doubler les rations, etc.... C'était de la
joie pour toute ma nuit. Et puis ce matin, le cœur encore

tiède d'allégresse, à peine réveillé, un coup terrible m'assomme! On annonce la capitulation de la capitale française. *Pariss, capout!... Pariss, capout!...* Je n'entends que ce cri sauvage sortir de la bouche de nos gardiens en jubilation. Cela me crève le cœur. Mais je ne veux pas croire encore.

Cette nuit, influencé par la lecture des bonnes nouvelles du soir, j'avais rêvé que les Prussiens, effrayés de leurs défaites multipliées, à bout, demandaient la paix : elle se signait, j'étais libre ! Je souriais encore à mon doux rêve lorsque les vociférations de *Pariss, capout!* sont venues tout changer et me jeter dans la plus désolante consternation.

Comme renseignement, j'ai demandé si je pouvais écrire à Paris. Il m'a été répondu que je devais encore attendre quelques jours. Cette réponse m'a fait croire que les Prussiens prenaient sans doute leur espoir, leur désir pour la réalité et que la capitulation était prématurée.

Aujourd'hui le ciel prussien s'est mis à l'unisson de la joie extraordinaire de tous les cœurs teutons. Il fait un temps superbe avec température presque douce. Je me sens encore plus attristé d'être prisonnier par un si beau soleil.

Mon rhume de poitrine diminue un tantinet ; quant à celui de cerveau, il est incorrigible. J'ai mieux dormi et ma gorge elle-même semble guérie. Je vais donc pouvoir à nouveau allumer le long fourneau en porcelaine de ma pipe allemande.

5 heures du soir. — D'après une nouvelle dépêche. Jules Favre serait à Versailles pour traiter de la capitulation de Paris et aussi de la paix. Malgré tout le bonheur que me procurerait cette paix, je ne la désire pas si elle doit être honteuse. Comme Gambetta, je suis pour la guerre à outrance. Les Prussiens n'en peuvent plus ;

encore quelques mois de lutte et ils crieront merci ! La
paix ne doit venir qu'après leur défaite. Quand on a fait
tous les sacrifices que la nation française a consentis on
ne doit pas céder. Malgré tout mon désir de retourner
en France, j'aime mieux voir la guerre continuer et ma
captivité aussi plutôt que d'apprendre une paix qui ne
serait qu'humiliante. Si les hostilités doivent cesser
dans de pareilles conditions, elles reprendront à nouveau dans 4 ou 5 ans et alors je me verrai encore incorporé dans l'armée, à je ne sais quel titre, et il me faudra
souffrir une fois de plus les pénibles épreuves d'une
seconde campagne. Cette perspective n'est pas faite pour
me charmer.

29 janvier. Je viens de sortir une heure en
Dimanche. ville avec la carte d'un camarade. Je
voulais, à toute force, avoir des nouvelles. J'ai aperçu
beaucoup de drapeaux arborés aux maisons de Dantzig.
On prépare des illuminations pour ce soir. J'ai entendu
dire que tous les forts de Paris ont capitulé, que l'armée
qui défendait la capitale est prisonnière et que la garde
nationale est chargée de maintenir l'ordre. Un armistice
de 24 jours est signé pendant qu'on préparera le traité de
paix. Tout est donc fini. Dans quelques semaines nous
pourrons êtres libres. Je suis entêté dans mes idées et
reste persuadé que c'est Bismarck qui demande la paix
pour que, après tous ses succès inespérés, un échec probable ne puisse un jour l'atteindre. Du 20 au 28 janvier
nous n'avons pas reçu de nouvelles sérieuses, vraies, de
la marche des armées françaises qui pendant cette
période ont dû infliger des pertes graves aux troupes
allemandes.

Je m'informe toujours si je puis envoyer des lettres à
Paris. On ne peut me renseigner.

Le temps continue à être beau avec froid sec. Au

soleil, il fait tiède. On nous promet nos cartes individuelles de sortie pour demain après midi. J'en profiterai peut-être quoique, avec ma bourse presque à sec, je ne puisse pas faire grand'chose en ville. J'aurais pourtant bien besoin d'acheter une chemise de flanelle pour changer celle que, depuis si longtemps, j'ai sur le corps. Quand recevrai-je mon argent pour me permettre cette acquisition ?

A tout hasard je mets à la poste des lettres pour Paris. Arriveront-elles à leur adresse ? Et si elles arrivent, dans combien de temps m'y répondra-t-on ? Je voudrais tant savoir comment tout s'est passé chez moi là-bas, dans mon petit appartement de la rue Dauphine où tant de mes plus intimes pensées s'envolent à chaque heure sans que jamais j'en écrive un mot sur mes carnets malgré toute l'envie que j'en ai, mais fidèle à la promesse faite en les commençant.

8 heures du soir. — Les Allemands, en signe d'allégresse, tirent le canon dans la ville et jusque dans le fort où nous habitons. Oh ! ces coups de canon, comme ils frappent douloureusement mon cœur ! Depuis le temps que je n'en avais pas entendu le son ! Sur le champ de bataille il me semble qu'il ne tonnait pas de la même façon ! Aujourd'hui il célèbre la défaite définitive des Français, la capitulation de Paris, la honte de la France !... Quel affreux malheur ! Nous si orgueilleux, si fiers de nos gloires passées, de nos victoires si nombreuses, sur tant de champs de bataille, dans tous les pays, nous voilà vaincus, humiliés, et cela sur notre propre sol !

30 janvier.
Lundi.

Comme ces maudits Prussiens aiment à nous bafouer et à abuser de l'esprit simplet et affaibli de nos pauvres compatriotes. Ils viennent raconter dans les baraques que Gambetta s'est enfui avec les millions du trésor français et ils

trouvent des oreilles attentives et des esprits assez dénués
de la moindre intelligence pour les croire. Combien je me
mets en colère en voyant de pareils nigauds avaler si
complaisamment ces grosses bourdes. Je leur crie qu'ils
sont vraiment dignes d'être Prussiens pour ajouter foi à
de si ineptes propos. C'étaient justement des Alsaciens
qui, par le fait de la probable et prochaine annexion, vont
se trouver englobés dans la nation allemande. Ils me regardaient avec des yeux tout chose. Ils sont vraiment peu
intéressants ces Alsaciens et Lorrains ici. Ils servent tous
d'interprètes aux soldats prussiens qui nous commandent
et, pour obtenir des faveurs, des permissions, des verres
de bière, ils espionnent les autres prisonniers, les dénon-
cent pour les moindres méfaits et leur attirent de nombreuses punitions. Leur conduite est indigne.

Aujourd'hui le temps est superbe mais avec un froid
très rigoureux.

Je viens de lire le journal *le Drapeau* et je n'ai trouvé
aucun renseignement sur les événements qui se sont passés du 20 au 28 courant. Est-ce Bismarck qui a demandé
la capitulation et la paix ou est-ce Jules Favre qui les a
offertes ? Je pense que je ne saurai bien l'histoire de cette
époque qu'en France, à ma rentrée.

Mais, quoi que j'apprenne un jour, je sais assez que les
Français n'ont pas le droit de lever bien haut la tête et
qu'ils sont profondément humiliés. Et il en sera ainsi
jusqu'à la revanche qu'il faudra bien que nous prenions.

Pariss, capout ! Pariss, capout !!... On n'entend que ce
cri stupide dans la bouche de nos généreux vainqueurs.
Qu'ils attendent pendant 5 ou 6 ans durant lesquels la
France va se refaire et nous irons, à notre tour, répéter
chez eux ce glorieux refrain : *Berlinn, capout ! Berlinn,
capout !!...* Qu'on me donne, à ce moment désiré, des
prisonniers à garder et je me charge de leur rendre généreusement toutes les cruautés dont ils m'auront torturé

en l'année 1870. Assez de colère comme cela avant de se coucher.

31 janvier.
Mardi.
J'écris encore une fois à ma mère. Le bruit nous vient que les Prussiens demandent 200 millions à Paris pour prix de sa capitulation. Mais si la guerre continue en province et si, comme je m'entête à l'espérer, nous finissons par écraser nos ennemis, nous les reprendrons, ces millions. Et d'autres avec.

Bandits! Quand je partirai d'ici, librement, comme j'aurai de la joie à leur cracher toute ma haine et à leur donner rendez-vous dans cinq ans! Ils seront moins arrogants alors que nous aurons refait notre armée et qu'à sa tête seront nommés de jeunes généraux, braves et intelligents!

Nous lisons ici que le XVIe corps français n'a fait que battre en retraite depuis Le Mans jusqu'à Laval. C'est dans cette armée que notre régiment de mobiles était incorporé. Et si je n'avais pas été fait prisonnier auparavant, j'aurais dû toujours reculer, sans seulement essayer d'arrêter les hordes barbares qui venaient envahir mon propre pays, ma ville natale. Fuir, sans au moins se retourner pour infliger une dure leçon à tous ces Prussiens de malheur avant qu'ils aient mis un pied sur le sol mayennais! avant qu'ils l'aient foulé, brûlé, ruiné! Quelle honte ajoutée à tant d'autres!

8 heures du soir. — C'est aujourd'hui la fête du patron de notre cantine et nos musiciens, toujours mendiant quelque aubaine, lui viennent faire une sérénade. Nous dînons donc au son de la musique.

Lhomer et Lecomte, deux sergents-majors de ma mobile, parient cinq déjeuners: le premier, que la guerre durera malgré la capitulation de Paris, le second, qu'elle va cesser de suite. J'inscris cela dans mon carnet parce que je suis un des témoins invités à ce repas futur. Je saurai le rappeler.

J'ai lu de fâcheuses nouvelles : on parle d'une émeute parmi le peuple parisien. Est-ce croyable ? Ce serait horrible en un pareil moment.

1ᵉʳ février.
Mercredi. J'ai encore dû, hier au soir, me disputer avec quelques soldats et sous-officiers français qui demandaient le retour de Napoléon. Ces gens-là me causent le plus profond dégoût. Ils m'ont mis dans une telle colère que je n'ai pu dormir de la nuit.

Comme nouveau, je souffre à présent de violentes douleurs d'oreilles. Pour ne pas les appliquer contre mon soi-disant traversin dur comme du bois, je suis forcé de ne plus coucher sur le côté et, à la longue, mon dos est meurtri.

Jamais je n'ai eu si froid qu'aujourd'hui. Il paraît que, dans ce sale pays, le mois de février est le plus rigoureux de l'année. Pourtant, le soleil est plus chaud, les jours sont plus longs.

J'ai entre les mains un roman de Paul de Kock intitulé *Monsieur cher ami*.

5 heures du soir. — Je rencontre un soldat sortant de l'hôpital. Il paraît que chaque jour il meurt quatre ou cinq prisonniers français, presque tous de la petite vérole. L'ennui persistant que nous éprouvons et nos malsaines installations prédisposent à cette terrible maladie. Que je n'aille pas être contaminé, car je ne serais pas fier de rentrer en France avec la figure grêlée. A quoi donc aura servi tout le vaccin qu'ils ont tenu à nous inoculer ?

2 février.
Jeudi. Le temps continue à être excessivement froid. Depuis que nous sommes ici, je n'ai pas encore aperçu la terre : la neige n'a jamais

pu fondre, et c'est vraiment d'une monotonie désespérante de voir, de quelque côté qu'on se tourne, cette couleur blanche sous les yeux.

Comme nouvelle, les Prussiens nous annoncent que le général Bourbaki s'est fait sauter la cervelle. Pourquoi faire ? D'autres dépêches particulières nous apprennent que, depuis dix jours, de nombreux convois de blessés prussiens arrivent en Allemagne, et aussi que la garnison de Belfort vient de faire une vigoureuse sortie, suprenant les assiégeants et les décimant.

A la bonne heure ! Qu'on leur fasse donc le plus de mal possible. Qu'on en tue le plus qu'on pourra de ces Prussiens exécrés : c'est autant de moins que nous aurons à détruire lors de la revanche.

On ne sait plus quoi croire. Aujourd'hui le bruit courait que Paris n'avait pas capitulé. Mais mon opinion est faite : je crois à la capitulation.

Dimanche on tirait le canon pour fêter le sacre de Guillaume : il a monté en grade, et de roi qu'il était il est devenu empereur. Grand bien lui fasse ! Cela m'est bien égal. Mais alors, ce canon ne sonnait donc pas pour la capitulation de Paris ? Tout était faux. Ma pauvre tête va éclater ! Paris n'aurait demandé qu'un armistice.

5 heures du soir. — J'ai passé presque toute ma journée enfermé, occupé à lire mon roman de Paul de Kock. On oublie un peu en lisant. Ce soir aura lieu le grand concert des prisonniers, auquel je me rendrai nonchalamment.

3 février.
Vendredi.
Hier au soir, au concert, on a lu ma lettre qui critique les élucubrations du rédacteur en chef de l'*Echo de Bichofsberg*. Du coup, celui-ci ne veut plus écrire. C'est dommage !

Ce matin, après avoir écouté tout ce qui se dit et réfléchi sur tout ce que j'ai lu sur le sujet, je reste persuadé que la capitulation de Paris est un fait réellement accompli. Je compte donc bien que mes lettres arriveront à leur but.

5 heures du soir. — Je viens de m'acheter une chemise de flanelle bleue pour le prix de 2 fr. 50. Mon autre était en loques, il fallait la quitter.

Comme mon argent diminue beaucoup, je vais m'habituer à ne faire qu'un repas par jour.

La paix ne se signera probablement pas avant la fin du mois, s'il est exact qu'elle doive se signer. Alors les prisonniers ne seront échangés qu'en mars. Que de temps à passer encore ici !

4 février.   Aujourd'hui la température est adou-
Samedi.   cie de quelques degrés. Peu de nouvel-
les arrivent chez nous. Il paraît que Belfort et l'armée de Bourbaki ne sont pas compris dans l'armistice. Qu'est-ce que cela veut dire? Armistice pour les uns et pas pour les autres! Et le gouvernement français accepte cela ! Qui trompe-t-on?

En ce moment je m'occupe de composer une petite pièce de vers pour célébrer... ma captivité. Mais, si mon corps est prisonnier, mon esprit ne me semble pas, lui non plus, dans toute sa liberté, et j'ai bien de la peine à trouver des idées et des rimes.

6 heures du soir.   J'écris plusieurs lettres, ce soir, à diverses personnes. Mais ces lettres sont bien insigni-fiantes : nous ne pouvons y mettre tout ce que nous pensons, car on est obligé de déposer sur le bureau du major prussien nos missives non cachetées, où elles restent des heures entières et peuvent être parcourues par bien des yeux indiscrets.

Tous les soirs je fais ma partie d'échecs.

5 février.   Ce matin je me réveille dans de mau-
Dimanche.   vaises dispositions. Je suis très op-

pressé, j'ai des sifflements bruyants dans la poitrine et je tousse fréquemment. Je crois que je vais être obligé d'appliquer un vésicatoire et de rester étendu deux ou trois jours sur ma dure paillasse. Comme les journées vont me paraître longues !

Hier au soir, en lisant le journal *le Drapeau,* au chapitre des renseignements, j'ai vu le nom d'un Castan, sous-lieutenant au 3e grenadier de la garde impériale. Serait-ce par hasard Paul Castan que j'avais tant connu à Laval d'abord et à Paris ensuite où il était sergent dans ce régiment ? Je vais écrire de suite pour m'en assurer. Il me serait agréable d'avoir une correspondance avec un ami en captivité comme moi. Ce même journal parlait de la paix et me donnait l'espoir qu'avant la fin de l'autre mois nous serions libérés. J'y ai lu en outre que Bourbaki avait réellement voulu se suicider, et que son armée avait tenté de se réfugier en Suisse. Toujours des désastres ! Il est temps que la paix y mette fin.

Ici, nous avons toujours bien froid. J'ai reçu mon pantalon retourné. Il est, ma foi, superbe mais bien usé ; pourra-t-il résister à l'usage journalier jusqu'à ma rentrée en France ? Je voudrais tant, pour ce moment si heureux, ne pas paraître dans une tenue trop minable.

Des camarades ont reçu des lettres de Laval ; j'espère qu'une réponse de ma mère va bientôt me parvenir. Je vais tout à l'heure manquer d'argent, je n'ai plus que 22 francs.

5 heures du soir. — Les Prussiens nous crient que Garibaldi est *capout !* Je les fais enrager en leur répondant : *No ! No !...* Pour me consoler je fume une vraie cigarette française. Quel nanan ! Je vais tâcher de m'endormir avec son parfum dans la bouche.

6 février.
Lundi. Ces odieux Prussiens, ce matin, ont voulu me forcer à aller entendre la

messe. J'ai refusé de toutes mes forces malgré leurs menaces de la forteresse. Ils me promettent que ce sera pour lundi prochain.

Nous apprenons aujourd'hui la cause de la tentative de suicide de Bourbaki. Ce général a été indignement trompé par le sieur Bismarck. Ce dernier avait annoncé un armistice général à Gambetta qui en informa de suite Bourbaki pour lui permettre de rester dans les positions qu'il occupait. Mais, tout à coup, les Prussiens se lancent à la poursuite de son armée pour lui couper la retraite. Il avait été exclu, par une clause spéciale, des effets de l'armistice. Alors, surpris, désespéré, se croyant trahi par Gambetta lui-même, il perd la tête et se suicide. C'était un monstrueux tour à la Bismarck. Et un homme capable d'agir avec cette mauvaise foi toute teutonne, ce barbare qui devrait être mis au ban de toutes les nations civilisées, recevra, après la guerre, des honneurs extraordinaires.

Il tombe de la neige à larges flocons. Décidément nous ne verrons jamais la terre.

A force de me nourrir de gras de lard, de pommes de terre et d'arroser le tout d'une bière assez généreuse, j'engraisse comme les autres camarades. Une fois revenu en France il faudra que je me mette au régime du vin et du bon cognac pour me redonner un peu ma vigueur d'autrefois et reprendre mes anciennes formes.

5 heures du soir. — Comme je m'ennuie à rester ainsi des après-midi dans notre baraque noire, humide, sale ! Je répète toujours cette même chanson, mais elle est toujours vraie. Si je veux mettre un pied dehors pour respirer l'air, je me sens de suite tous les membres saisis par le froid. On ne voit que de la neige, toujours de la neige !

Ah ! que cette captivité est dure à supporter : il aurait mieux valu être tué en plein champ de bataille. Et on prétend que, même la paix signée, nous resterons ici encore pendant trois mois. Je n'ose y penser.

Peslier, mon sergent-major de la mobile, vient de recevoir une lettre de Laval. Elle lui apprend, hélas! la mort du sous-lieutenant Marchais, un de mes bons amis, riche, jeune, beau et bon garçon, tué dans un combat près du Mans. Quelle triste nouvelle ! Il était sergent comme moi à Laval et avait été nommé officier dans le 1er bataillon, occupant juste la place qu'à un moment on m'avait destinée, mais que je m'étais vue refuser à cause de mes opinions trop républicaines.

7 février.
Mardi.

Quel temps affreux ! La neige tombe toujours et, poussée par un vent violent, s'amasse au-devant des portes de notre baraque, nous empêchant toute sortie. On confirme la mort de Bourbaki. Voilà un général qui comprend ses devoirs de chef d'une singulière façon. Il entraîne tous ses soldats dans une déroute inexplicable, affolée et quand il comprend que, par sa faute, ils sont perdus il les abandonne et court chercher le repos pour lui dans le suicide.

Aucune lettre de Paris n'est encore arrivée près de nous. Je pense en recevoir une, le premier de tous. Elle pourra me donner le calme d'esprit dont j'ai grand besoin. Rien de nouveau par le courrier du soir.

8 février.
Mercredi.

Hier nous sommes restés dans la chambre que nous occupons d'ordinaire dans la cantine jusqu'à 10 heures. J'ai bu beaucoup de bière parce que j'ai beaucoup gagné au jeu de piquet. Aussi, ce matin, j'ai un peu mal aux cheveux. Il fait un froid de loup, 23 degrés au-dessous de zéro. C'est effrayant ! Nos cartes pour sortir sont enfin à notre disposition ; mais, comme elles ne pourront servir que le matin, je n'en profiterai guère.

Mon rhume de poitrine me donne encore beaucoup d'oppression : celui de cerveau diminue.

Depuis quelques jours je suis pris par l'idée de fermer mon carnet et de n'y plus rien écrire. Ma vie est si monotone, si ennuyée que je ne trouve rien d'intéressant à y marquer. Cela il est vrai a peu d'importance car, sans doute, nul ne lira mon journal. Pourtant, je voudrais, jusqu'au bout, être fidèle à la promesse que je me suis faite de relater mes impressions jour par jour et jusqu'à la fin de la campagne. Or, pour moi, cette campagne dure toujours et ne finira que lorsque je pourrai quitter librement et définitivement mon uniforme de mobile. C'est cette pensée qui me fait combattre la paresse qui, se je l'écoutais attentivement, me ferait abandonner la plume et fermer mon carnet.

Il me faut vraiment faire acte de volonté pour continuer à y inscrire chaque jour au moins quelques mots.

9 février.
Jeudi. J'ai passé une bonne nuit. Hier au soir j'ai lu dans le journal *le Drapeau* les souffrances de Paris depuis le siège. Cette lecture m'a fait bien de la peine et me cause beaucoup d'inquiétude.

Aujourd'hui nous jouissons de 27 degrés au-dessous de zéro. C'est à en bosser du dos. Un de nos compagnons. Dubois. Charles. est condamné à 3 jours de forteresse pour avoir égaré sa carte de sortie. Il va sûrement geler dans son caveau. Pendant qu'il fait si froid. les Prussiens ont la cruauté de conduire les prisonniers français au travail sur le haut des remparts du fort. Là on leur fait bêcher la terre, creuser des fossés, puis les malheureux travailleurs se reposent. se regardent. gèlent des pieds. des mains, du nez. C'est atroce, mais rien n'étonne de la part de nos sauvages bourreaux.

Les élections en France se terminent. paraît-il, aujourd'hui. Que va-t-il en sortir ? La paix ou la guerre ? J'espère que ce sera la paix. J'ai réellement assez de la captivité. Je n'en puis plus et désiré ardemment revoir mon pays.

J'attends sans cesse des lettres qui ne viennent pas. Ce soir, à la cantine, je vais dîner d'un bock puis je me rendrai au bureau prussien attendre l'heure de la distribution des lettres et journaux et j'irai me coucher.

10 février.
Vendredi.

Cette nuit a été mauvaise. Cela arrive assez souvent. J'ai un violent mal de tête et vais essayer de le faire passer en allant en ville. Hier un officier français, en se promenant, a eu le nez gelé, et devenu gros comme une pomme cuite : un soldat est rentré avec les oreilles dans un semblable état. Il faut prendre beaucoup de précautions pour éviter de pareils accidents. Moi, je me couvre toute la tête et me préserve même les yeux.

Le journal que nous lisons dit que la guerre va continuer. Je n'y ajoute aucune croyance. Le froid est descendu à 28 degrés. Si autrefois on m'avait parlé d'une pareille température j'aurais affirmé qu'un être humain était incapable de la supporter. Eh bien, moi, si frileux de ma nature, je la subis actuellement.

En ville, ce matin, je me suis hasardé à demander un bitter dans un café de 1er ordre. On m'a servi une consommation, couleur brune, dans un petit verre à liqueur, sans eau, bien entendu, car ici les Allemands boivent tout sans eau, comme ils mangent tout sans pain.

8 heures du soir. — Je n'ai encore aucune lettre ni de Laval, ni de Paris. Je commence à être très inquiet. On a trouvé deux cadavres de Prussiens et un de soldat français morts tous les trois de froid. Nous n'allons plus oser sortir de nos baraques.

Bien triste, je vais me coucher.

11 février. Le même froid sévit. Nous nous
Samedi. réchauffons en buvant du rhum que
des amis ont apporté de la ville. Le vent est à la guerre !
On dit que l'empereur Napoléon a obtenu une grande
majorité de voix, aux élections dans l'Ouest (oh honte !)
comme dans le Nord. Est-ce possible ! Je suis humilié
de penser que j'appartiens au premier d'un de ces deux
arriérés pays.

5 heures du soir. — J'ai bien mal à l'oreille droite et je
n'ai pas de coton à mettre dedans.

Un mobile de notre 66ᵉ régiment vient de mourir. Le
pauvre n'aura même pas d'enterrement car, lorsqu'un
prisonnier meurt ici, le corps est livré au scalpel des
médecins de l'endroit qui lui ouvrent le ventre pour étudier les viscères internes. Nous sommes réduits à la
triste situation des noyés ou des guillotinés qu'on dépèce
à la morgue.

Tout à l'heure l'officier prussien de garde est venu
m'appeler et nous avons causé ensemble pendant une
heure. Il m'a demandé, dans notre conversation toute
agréable, ce que je pensais de Gambetta. Naturellement
je lui en ai dit tout le bien que je pouvais. Il m'a approuvé,
ajoutant que Gambetta était un être très énergique, plein
d'initiative et que les gazettes avaient tort d'y voir un
traître. J'ai répondu que c'était le seul homme capable
de sauver la France en ce moment et qu'il l'aurait déjà
sauvée s'il avait été secondé intelligemment. L'officier
prussien s'est montré de mon avis, proclamant que, grâce
à Gambetta, l'honneur de la France était sauf.

J'étais très étonné d'entendre de pareilles paroles.
Cet officier est tout jeune, né dans le Hanovre et blessé
en France le 14 août 1870. Il affirme que Frossart, du
Failly et Bazaine sont trois traîtres.

Il admire la marche prudente de d'Aurelles de Paladine, ses capacités administratives, mais il pense que si

l'armée de la Loire, avant la capitulation de Metz et après sa victoire de Coulmiers, s'était avancée sur Paris, la capitale aurait été sûrement débloquée et ravitaillée. Et si, avoue-t-il, Bazaine avait tenu quelques jours de plus pendant que l'armée de la Loire aurait poussé sa marche en avant, les Prussiens se seraient trouvés dans une position très périlleuse. En France, dit-il, les généraux ne marchent jamais sans ordres : si un corps d'armée voisin est sur le point de succomber, écrasé sous le nombre des ennemis, ils le laissent sans secours parce qu'ils n'ont pas reçu l'ordre d'avancer. En Prusse, dès qu'on entend le canon, on accourt sans hésitation, on se porte secours et on gagne les batailles. Il trouve notre chassepot un bon fusil, seulement nous tirons trop vite et sans viser. Selon lui, c'est une arme supérieure comme portée : il préfère leur fusil à aiguille comme précision. J'ai écouté cette conversation avec beaucoup d'intérêt : elle n'a pris fin qu'au moment du coucher.

12 février.
Dimanche. Je suis sorti ce matin avec ma carte de sergent. Je n'ai pu trouver un seul verre de rhum pour me réchauffer. Tous les établissements sont fermés le dimanche pendant les offices. J'aurai soin de ne plus descendre en ville ces jours-là. Je trouve que les protestants ont des habitudes religieuses exagérées.

Nous avons toujours très froid et, obligés de traîner les rues, mes amis et moi nous nous ennuyons autant que dans notre baraque.

Il paraît que la neige est si abondante dans les environs que les courriers n'arrivent plus. Alors, pas de lettres à espérer. Et moi qui en attend avec si grande impatience !

9 heures du soir. — J'ai eu l'occasion de sortir une

seconde fois dans la journée, vers 3 heures. Les établissements publics étaient encore fermés : ils n'ont rouvert que sur les 5 heures et dans l'un d'eux nous avons bu plusieurs bocks. Nous étions servis par des femmes qui, je l'ai déjà remarqué, commencent à apprécier les petits sergents de France. Mais la police des mœurs est si mal organisée ici et les maladies vénériennes si communes que nous évitons, avec beaucoup de soin, toute fréquentation intime. Nous donnons des rendez-vous pour le lendemain, avec l'intention de ne pas y aller. Nous nous contentons de nous faire désirer ; c'est prudent.

13 février.
Lundi.
J'ai parfaitement dormi cette nuit. La température est un peu moins basse, ce matin. Les lettres vont peut-être nous parvenir et aussi mon argent.

On fait ici d'assez nombreuses distributions provenant de dons nationaux. Mais elles sont faites d'une façon si défectueuse que ceux qui ont le plus besoin n'obtiennent rien.

Je voudrais bien connaître le résultat exact des élections françaises pour savoir si ce sera la paix qui en sortira.

A force de démarches j'ai obtenu un caleçon. Je vais donc pouvoir retirer celui qui me sert depuis trois mois et le donner à laver. Ce n'est pas dommage ! Il y avait deux belles chemises de flanelle qui me tentaient. Mais ces messieurs les Prussiens les ont mises de côté, sans doute pour se les réserver, ils savent si bien tirer parti de tout, même de ce qui ne leur appartient pas.

Ce soir on nous dit que les provinces du Midi de la France ne veulent pas de la paix qui, au contraire, est désirée par les Parisiens. Cela va bien marcher s'ils ne peuvent pas s'entendre.

J'attends avec impatience le courrier de ce soir.

14 février.
Mardi.

Je suis désolé. Il y a des prisonniers qui ont reçu des lettres de Paris et moi pas. On dit que, dans un mois, nous serons rentrés en France. Faut-il me réjouir ? Faut-il douter ? Le bruit court que, dans le traité entre Jules Favre et Bismarck, la Hollande serait prise par la Prusse et la Belgique par la France. C'est une combinaison bien étonnante, mais cela occupe un peu l'esprit.

Mon désir de recevoir des lettres est si grand qu'en voyant toutes celles qui arrivent pour les autres prisonniers tandis que moi je n'ai rien je m'énerve au point d'en être malade. Cette situation-là est vraiment douloureuse. Quand on est si loin de son pays où on a laissé des êtres si chers dont on n'a plus de nouvelles depuis de longs mois, qui ont dû souffrir, qui, peut-être. n'existent plus ; et quand on croit, chaque soir, recevoir une lettre qui va vous tirer d'inquiétude et que chaque soir se passe sans qu'elle vous parvienne, l'esprit vraiment est à la torture. On ne peut se figurer la souffrance qu'on éprouve dans de pareils moments. Il faut y avoir passé pour comprendre.

Je me couche avec plus envie de pleurer que de dormir.

15 février.
Mercredi.

Quelle nuit affreuse ! J'ai eu la fièvre et n'ai pu sentir le sommeil que après 2 heures. Il fait encore très froid. Le pain qu'on nous sert à la cantine, pain presque noir, glace les dents quand on le broie.

8 heures du soir. — Je viens de recevoir un mandat de 100 francs de Laval. Me voilà rassuré sous le rapport argent. Mais je n'ai pas de lettre. Les dépêches du jour sont à la paix.

J'ai le cœur si triste que je ne m'en réjouis pas. Je me couche pour ne pas avoir à causer avec les camarades. Mes idées sont trop sombres, je suis trop abattu, incapable de suivre la moindre conversation.

16 février.   Hier soir, il neigeait. Ce matin il
Jeudi.   dégèle. Pour sortir des baraques, il
faut enfoncer dans la boue glacée jusqu'aux chevilles.

J'ai été en ville ce matin. Il tombait tellement d'eau et
de neige des toits des maisons qu'on ne pouvait entrer
dans les magasins. Nous avons été, les amis et moi, boire
un bock dans une *restauration*. Nous avons trouvé le
patron de l'établissement couché sur un canapé : et il
était 10 heures. Plus loin, ronflait sa femme et tout au
bout de la salle piaillait un marmot. Comme ils sont bien
installés ces gens-là ! La même pièce sert de restaurant,
de chambre à coucher, de cuisine.

Je reste toujours étonné d'avoir reçu hier un mandat
de 100 francs sans une lettre de ma mère. C'est bien à
temps que cet argent m'est arrivé, car je n'avais plus que
deux groschen, c'est-à-dire 5 sous en poche.

Je vais récrire à ma mère pour lui accuser réception
de son mandat et pour la prier de m'envoyer de nouvelles provisions pécuniaires car, pour mon retour en
France, si je dois voyager à mes frais, j'aurai besoin
d'une assez forte somme.

Je suis encore sorti du fort après-midi. Dans le caboulot où je suis entré j'ai rencontré beaucoup de gamins de
15 à 16 ans qui se soûlaient comme de vrais Prussiens.
Les femmes de ces établissements se lamentent en entendant parler du prochain départ des Français qu'elles
aiment tant, au lieu que les Allemands qui boivent, fument et jurent, les dégoûtent.

17 février.   Quel jour de fête pour moi ! Ce
Vendredi.   matin, à mon réveil, on m'apporte
quatre lettres dont trois de Paris d'où je désirais tant en
recevoir. Comme leur lecture me fait du bien ! j'en oublie
ma situation présente et j'éprouve un bonheur ineffable.
Je laisse de côté mon carnet où je ne veux pas inscrire

ce que je ressens tout au fond du cœur, et je passe la plus grande partie de ma journée à relire mes lettres, à penser, à me réjouir.

Je m'interromprai pour aller toucher mon argent. Je reviens toujours à mon étonnement de n'avoir reçu aucun mot de la part de ma mère. Quelle drôle d'administration que celle des postes allemandes : ainsi je reçois en bloc quatre lettres écrites à des dates différentes. Enfin je ne dois pas me plaindre, puisqu'aujourd'hui je les ai entre les mains.

J'invite tous les amis à partager ma joie et j'offre ce soir un petit tonneau de bière que je fais transporter dans une case où, seuls, nous avons la liberté de séjourner. Je me prépare un joli mal de tête pour demain, mais tant pis.

8 heures du soir. — Nous apprenons la capitulation de Belfort d'où les Prussiens ont fait sortir toute la garnison et les canons. On ne dit pas si c'est avec les honneurs de la guerre. Un sergent allemand prétend que les Français veulent continuer la guerre. Cela jette un peu de froid parmi nous, mais il ne durera pas, car nous commençons nos libations. Notre tonneau de bière coule dans nos verres.

18 février.
Samedi. Comme je le prévoyais, j'ai très mal à la tête ce matin. J'irai un peu en ville et cela se passera, j'espère. J'écris à Castan avec lequel je suis en correspondance régulière.

Le dégel continue et nous marchons dans la boue ainsi qu'aux plus beaux jours de notre campagne militaire. En ville on ne sait par où passer. Comme beaucoup d'établissements sont situés dans les caves des maisons, on doit descendre par des escaliers donnant sur la rue. Chacune des marches laisse l'eau du dégel glisser jusqu'en bas, de sorte que la salle où les consommateurs vont s'installer devient un véritable marécage. Le sol d'une écurie est plus sec.

Je réponds à mes lettres de Paris et naturellement cela me prend beaucoup de temps. J'ai tant de détails à donner sur ma vie passée et présente.

Enfin à 3 heures je suis prêt à descendre du fort. Le soir je vais au bal de l'Orphéum qui rappelle un petit peu les bals de Paris. Là j'ai bien failli avoir une dispute avec des officiers prussiens qui semblaient arrogants en passant près de nous. J'ai crié bien fort pour qu'ils m'entendent que je n'aurais jamais voulu être officier, qu'à trois reprises j'en avais refusé le grade parce que je trouvais ce métier abrutissant, vous condamnant à toujours obéir, à rester l'esclave très humble des chefs supérieurs. Je plaignais ceux qui en faisaient le métier ; c'est que probablement ils étaient incapables de trouver une autre position. Je m'adressais bien haut à mes amis et je ne sais si les officiers allemands ont compris mes paroles. Ils ont quitté la salle et nous ne les avons plus revus.

19 février.   Le dégel continue, l'eau coule à tor-
Dimanche.   rent du haut des fortifications de Bichofsberg pour s'engouffrer dans la partie basse.

Je vais rester paisiblement dans ma baraque pour me reposer de mes trois journées de noce en l'honneur de la joie éprouvée à la réception de mes lettres et de mon argent.

On dirait que les Prussiens craignent beaucoup la continuation de la guerre, car ils font des armements gigantesques. Tous les jours ici leurs soldats vont au tir.

7 heures du soir. — Des prisonniers viennent d'installer un théâtre avec quatre planches réunies pour plancher et quelques vieilles défroques pour déguiser les acteurs en femmes. Avec tout ce matériel ils vont jouer, ce soir, le *Courrier de Lyon*. Cela va être bien intéressant.

Je n'ai reçu aucune nouvelle de Laval ni de ma mère. Je n'y comprends rien. On nous parle vaguement de l'entrée possible des Prussiens dans Paris. Je tremble qu'à cette occasion des troubles se produisent de la part de la population, car les représailles seraient terribles. J'espère que l'état-major allemand renoncera à cette prétention dangereuse. J'ai bien sommeil ce soir et vais me coucher plus tôt que les autres jours.

20 février.
Lundi.

Ce matin, à 6 heures, on vient me réveiller sous prétexte que les Prussiens veulent que j'assiste, avec les autres sergents français, à la messe. Je m'habille de mauvaise humeur et, lorsque l'heure est arrivée de m'y rendre, mon kaporalschaft me prévient que je n'ai pas besoin de me déranger. Je suis furieux d'avoir été forcé de me lever si tôt, il n'est plus temps de se recoucher.

Je me décide à aller passer l'après-midi en ville. Je me rends au milieu d'une épaisse boue à l'établissement où je rencontre ordinairement des sous-officiers amis. Nous causons des faits de guerre que nous connaissons. Beaucoup d'entre eux sont des jeunes gens intelligents qui ont été pris à Metz et qui sont indignés de la conduite des Bazaine et autres. L'un raconte que le 7 août, pendant que le canon tonnait sans interruption et que les obus pleuvaient dans le camp français, les officiers étaient restés au café à jouer au billard et n'avaient pas daigné se présenter, de toute la journée, au milieu de leurs troupes.

Un autre jour, les Prussiens commençant à reculer, harcelés par les décharges des francs-tireurs invisibles, l'armée de Metz se met à les poursuivre pour leur infliger une sanglante défaite ; vigoureusement elle marche, poussant toujours en avant, toute la journée. Le soir elle s'arrête pour faire la soupe et, immédiatement après, on ordonne la retraite, sur l'ordre de l'ignoble traître

Bazaine, au moment même où l'ennemi ne savait plus de quel côté se diriger, prêt à se rendre.

Autre fait : le général X.... qui commandait les compagnies franches, vient, par surprise, de faire prisonnière une batterie prussienne. Il envoie vers le maréchal Bazaine demander des chevaux pour ramener les canons allemands au camp français. Bazaine répond qu'il a besoin de tous ses chevaux pour les pièces françaises, qu'il ne peut s'en dessaisir d'aucun, qu'on laisse les canons prussiens là où ils étaient.

Une autre fois le même général X... demande une compagnie ou deux de voltigeurs de la garde qui étaient au repos pour emmener 5 ou 6.000 soldats allemands qui se trouvaient cernés dans un petit village. Le maréchal répond que la garde doit rester en réserve et ne pas bouger. Ces faits sont honteux !

Lorsque des batteries prussiennes se montraient à portée du tir des forts, le traître Bazaine ordonnait aux artilleurs français de cesser le feu. C'est infâme !

Tous ces faits et bien d'autres encore montrent d'une manière évidente combien la trahison de Bazaine était voulue. Et j'espère bien qu'après la guerre le gouvernement de la République fera arrêter ce lâche maréchal, ce vendu, cet ambitieux de bas étage pour le faire juger, condamner et fusiller.

La pluie tombe, l'air est très humide et il fait bien malsain à vivre dans nos baraques qui pourrissent. Les malades et les morts font chaque jour des vides nouveaux. Ici, le printemps est la plus dangereuse saison. Espérons que nous serons partis avant.

Les Prussiens envoient beaucoup de troupes en France. Craignent-ils donc que la guerre recommence ? Ces préparatifs sont peut-être faits pour influencer le gouvernement français, pour l'effrayer et lui faire accepter plus facilement les dures conditions de la paix.

Le sergent-fourrier allemand, pendant que j'étais à écrire au bureau, s'est approché de moi et, sachant que j'avais reçu de l'argent, m'a invité à sortir demain avec lui. Je le connais comme un vil soiffard, il voudrait que je le régale. Je sais assez parler allemand pour lui faire comprendre combien peu son invitation me plaît, qu'il me laisse tranquille. Il se met en colère et veut me pousser à la porte. Heureusement le sergent-major du bureau intervient et parvient à calmer son collègue. Dans leurs colères, quand ils ont bu, ces sauvages sont terribles : ils ne se connaissent plus et vous enfonceraient leur baïonnette dans le ventre. Il faut que je me méfie.

Ce matin, en ville, un sous-officier des nôtres, bien informé, prétend qu'il a eu l'occasion de parler au major général prussien de la solde qui était payée par la France pour ses prisonniers, en compensation de celle que les Allemands versent pour leurs propres soldats en captivité en France. Ce major avait répondu qu'en effet nos officiers français recevaient dans chaque ville d'internement de l'argent qu'ils devraient nous distribuer, mais qu'ils le gardaient pour leurs propres besoins. C'est fort possible, car parfois j'ai vu des officiers de notre armée faire des distributions de bas, chaussettes, mouchoirs et autres menus effets aux prisonniers en disant que cela leur était plus utile que de l'argent. Seulement, leurs dons étaient bien minimes à côté des sommes qu'ils recevaient pour nous. Et ce sont des officiers français qui agissent ainsi ! Et ils étaient nombreux comme cela dans l'armée ! Mon cœur en bondit !

J'en ai vu qui applaudissaient bruyamment une chanson allemande où on insultait grossièrement l'armée française. Ils trouvaient que les couplets prussiens avaient raison de se moquer des soldats français qui, par leur indiscipline et leur peu de courage, étaient la cause de tous les malheurs de la France. Vraiment ! Si Messieurs les officiers étaient moins occupés, en temps de paix, à faire leurs parties de café et à courir les grisettes de leurs quartiers : s'ils savaient, par leur exemple et leurs enseignements, former mieux les caractères de leurs hommes, ils obtiendraient certainement d'eux plus de discipline et plus de bravoure. En tous les cas, nous la connaissons maintenant la raison de nos maux et de nos défaites. Messieurs les officiers, les inférieurs comme les supérieurs, la trouveraient facilement parmi eux, s'ils étaient de bonne foi, au lieu de la rejeter mensongèrement sur leurs soldats.

Je vais me coucher : j'espère que la nuit va me reposer, car je suis très énervé et me sens tout indisposé avec mon rhume de poitrine qui ne veut pas me quitter définitivement. Quel attachement, bon Dieu !

21 février.
Mardi. C'est le mardi-gras, aujourd'hui ! Triste mardi-gras : il neige, et puis je suis malade, bien malade. Je n'ai plus aucun appétit, il m'est impossible d'avaler une bouchée de ce cochon toujours pané ni de ce bœuf avec toujours ses pommes de terre cuites à l'eau qu'on nous sert chaque jour à la cantine.

Les idées de paix font peu de progrès : c'est la guerre qu'on prépare. Ici, la landwher et la landsturm sont armées activement. De plus, on prétend que les Prussiens ont fait une entrée solennelle dans Paris, nous infligeant ainsi la plus dure des humiliations. Je comprends que la République veuille répondre à cet affront par la guerre sans merci. Tant pis pour nous, pauvres prisonniers ! Nous mourrons sur cette terre maudite, mais il faut que la France venge son honneur.

Je suis si abattu, je me sens si malaise que j'ai l'intention de renoncer à la sortie que je devais faire en ville. Les amis voudraient m'entraîner, ils me parlent d'un bal de nuit où ils seraient bien heureux de passer quelques heures. Si j'y vais, je sens que je ferai des bêtises pour noyer tous mes chagrins. Pour éviter toute tentation je mets mes gros sabots et me renferme dans ma baraque où chaque minute l'ennui augmente, où on respire un air fétide qui oppresse et aggrave de plus en plus mes malaises. Je comprends que ceux qui sont obligés d'y vivre continuellement attrappent de mauvaises maladies qui les conduisent à l'hôpital. J'ai peur qu'un semblable malheur me soit réservé.

Ils ne sont pas malades les ignobles Prussiens qui nous entourent ! On les voit dans la ville s'asseoir devant une table où on leur verse leur détestable schnaps et ils en boivent jusqu'à ce qu'ils roulent par terre. Ceux qui nous gardent après ces immondes libations, se montrent, à notre égard, grossiers, brutaux, vraiment redoutables.

Un de mes amis, sergent-major, ayant perdu sa carte individuelle de sortie, a l'idée d'en fabriquer une autre de sa main. Mais la supercherie est découverte et il va être condamné à deux semaines de forteresse et à la dégradation militaire. Ils ne plaisantent pas les Prussiens !

10 heures du soir. — Les musiciens prisonniers, ayant soif de bière, ont fait un concert à nos gardiens. Ils ont improvisé un bal où les Allemands enlacent la taille des Français pour tourner une valse ou sauter une polka. J'ai trouvé cela tellement odieux que je me suis retiré à 9 heures pour aller me coucher. Toutes ces lâchetés, toutes ces bassesses me dégoûtent de la part de ceux qui portent l'uniforme français.

22 février.
Mercredi. Il a gelé très fort sur la pluie des jours précédents, en sorte que la terre est couverte d'une glissante couche de verglas. On ne peut pas se rendre à la cantine sans risquer des chutes douloureuses. En ville, il paraît qu'on parle à nouveau

de la paix. Il circule en ce moment une drôle de nouvelle :
les prisonniers devraient retourner chez eux par étapes,
à pied. Ce n'est pas possible : 500 lieues ne se font pas
de cette façon, mal vêtus et épuisés comme nous le sommes. La route serait semée de cadavres. Mais que ne
dit-on pas ?

Les Prussiens nous annoncent qu'ils ne veulent plus
nous distribuer des bottes parce que bientôt nous devons
nous en aller. J'en vois un tout près de moi qui mange
un gros morceau de lard gras, à poignée, sans pain, sans
pommes de terre, comme un gros pourceau. Le cœur se
soulève à les voir prendre leur nourriture.

8 heures du soir. — Il fait une tempête épouvantable.
C'est à craindre que nos baraques en planches de sapin
ne prennent leur volée dans les airs, surtout la mienne
qui est huchée sur le haut du fort. Je vais avoir bien de
la peine à remonter de la cantine où je me trouve jusqu'à
mon taudis. Sous l'action du vent si violent on entend
tout craquer. Je n'ose mettre un pied dehors. Pourtant
il faut s'en aller.

23 février.   Le vent a soufflé toute la nuit et
Jeudi.   nous a empêché de dormir. Le feu a
pris dans la caserne de Viben où sont internés des prisonniers français. Je ne sais s'il y a eu des accidents
mortels.

Le dégel recommence, nous vivons dans un marécage. On nous dit que l'armistice a été prolongé jusqu'au
26. Ce n'est donc pas encore la paix. Ils n'en finissent
pas avec toutes leurs discussions. Ils en prennent à leur
aise Messieurs les diplomates et ils ne pensent guère à
tant de malheureux prisonniers qui souffrent en attendant la signature de leur traité. Enfin, patience ! C'est
un mot que nous sommes obligés de prononcer souvent
depuis 2 mois et 3 jours que nous sommes enfermés ici.

Je pense avec tristesse que, lorsque l'heure de notre retour sera sonnée, je reviendrai en France avec des vêtements en bien misérable état et avec une calotte de zouave sur la tête. Que dira-t-on d'une pareille tenue ?

2 heures après midi. — Du haut de notre fort de Bichofsberg, par ce temps humide qui rend l'air plus transparent, j'ai aperçu bien loin, bien loin devant moi une grande étendue de mer, à la teinte verdâtre et je distinguais le mouvement des vagues devenues libres par la fonte des glaçons. C'était la mer Baltique. Mes regards restèrent longtemps fixés sur le même point. Mes yeux ne quittaient pas cette mer inconnue qui baigne les bords neigeux de la Russie, ils la regardaient obstinément mais ce n'était point elle que mon esprit voyait. Les yeux de ma pensée contemplaient une autre mer bien plus belle, bien plus aimable sur les côtes si aimées de la France, à Dieppe, à Fécamp, à Etretat, au Havre, à Trouville où, il y a deux ans, j'avais passé de nombreuses journées si enivrantes, si inoubliables. Plongé dans ces doux souvenirs je suis resté plus d'une heure à cette même place, rêvant et oubliant. Dans ce passé lointain, que de pensées souriantes et réconfortantes, mais, dans le présent, que de regrets, que de désespérance !

Qui m'eût dit qu'un jour je demanderais aux flots de la mer Baltique le souvenir de mes meilleures joies !

Ne pouvant songer à sortir nous faisons, les amis et moi, de nombreuses parties de piquet : nous jouons des absinthes que nous irons boire à Paris.

J'ai terminé la pièce de vers que j'avais commencée il y a quelques jours. Je l'inscrirai dans mon petit recueil à mon retour en France.

Depuis douze jours je n'ai reçu aucune lettre. Cela augmente ma tristesse.

24 février.
Vendredi. Je suis sorti ce matin en ville. Je me suis réjoui en entendant que les nouvelles étaient à la paix. On prépare à Dantzig des illuminations en l'honneur de ce grand événement qui est certainement désiré autant dans un camp que dans l'autre. On prétend que les Prussiens ne sont pas entrés et n'ont pas l'intention d'entrer dans Paris. Je le souhaite, car il se serait peut-être trouvé un Parisien, plus chauvin que les autres, pour tirer un coup de fusil sur Bismarck. Que celui-ci prenne patience. Dans quelques années il nous verra goûter les joies de la revanche.

En marchant, nous tombons à chaque instant. Il a gelé cette nuit et le sol est glissant et uni comme une glace.

On me dit que les prisonniers devraient recevoir une solde que la France envoie pour eux. Quelques-uns même ont reçu dernièrement 4 thalers. Moi je n'ai rien vu venir.

25 février.
Samedi. Malgré un vent et une pluie épouvantables, je suis, dans la matinée, descendu du fort et sortirai encore, probablement, après midi. Je m'ennuie trop dans ma baraque. Plus j'y séjourne et plus je suis malade.

Les préparatifs de fêtes pour la paix continuent. Je crois que décidément elle va bientôt se signer. J'en serai bien content parce que, alors, j'espère qu'on pensera à nous faire rentrer au plus vite.

Je viens d'acheter un quatrième carnet. Il est plus gros que mes autres, quoique je pense ne pas en écrire bien long sur ses feuilles. Je me suis offert, en même temps, un beau porte-cigare en ambre. Cette matière, dans ce pays, coûte beaucoup moins cher qu'en France.

2 heures après midi. — Allons, bon ! J'étais prêt à aller me promener et j'apprends que personne n'est disposé pour m'accompagner, qu'il me faut rester au fort pour me ronger les ongles et bâiller à m'en démancher la mâchoire. Le temps va me paraître bien long jusqu'à ce soir, heure à laquelle j'attends une lettre.

8 heures du soir. — Il n'y a pas de lettre pour moi : rien, ni de Paris, ni de Laval. C'est désespérant ! Je suis d'une mauvaise humeur telle et cela se voit si bien sur ma figure que personne n'ose approcher de moi pour me causer, pas même les Prussiens du bureau.

Pour me faire pardonner mes brusqueries et mes mouvements d'impatience et aussi pour me détourner de toutes mes sombres pensées, j'offre à nouveau, aux amis, un fût de bière et nous le buvons jusqu'à minuit, heure inaccoutumée à laquelle je me couche.

26 février.
Dimanche. Au réveil, les amis de la 11ᵉ compagnie viennent nous chercher pour descendre en ville et nous y promener jusqu'à midi. Il fait un temps magnifique, aussi c'est un coup d'œil inimaginable de voir, autour de toutes les baraques du fort, de nombreux prisonniers venir se réchauffer au soleil dans leurs tenues si disparates et si misérables. Ils sont là dehors pour écouter si le canon va tonner en annonçant la paix. Mais jusqu'à une heure après midi on n'entend rien. Alors on commence à douter et les nouvelles, sorties comme toujours, des cabinets d'aisance, circulent de tous genres. On raconte que l'Angleterre et la Russie ne veulent pas voir la France céder un pouce de son territoire. Les Prussiens, au contraire, veulent l'Alsace et la Lorraine. De ce différend que sortira-t-il ? La guerre, encore, toujours !... Enfin, attendons ce soir !

Par ce beau temps on découvre facilement la mer Baltique tout là-bas. Et je me remets à rêver à l'infini en la regardant.

4 heures du soir. — Le canon n'a pas encore grondé.

Nous sommes tous dans un état d'énervement inquiétant. L'armistice a encore été prolongé de 48 heures. C'est pitoyable. Pendant ce temps nous restons toujours en Prusse, souffrant de plus en plus avec ces alternatives d'espoir et de désespoir.

Les bottes prussiennes sont vraiment de grande utilité. Par ce dégel nous enfonçons dans la boue jusqu'aux mollets, et, sans elles, nous ne pourrions seulement pas traverser le chemin qui mène à la cantine.

7 heures. — Enfin je reçois une lettre de Paris, datée du 17 février, et une de ma mère, datée du 29 janvier, m'annonçant l'envoi par la Belgique d'une somme de 100 francs. On en adresse autant et par la même voie à mon sergent-major Peslier. Or, celui-ci a reçu son argent et moi pas. C'est à n'y rien comprendre. Quoiqu'il en soit, ces deux lettres me donnent bien du bonheur. Recevoir des nouvelles de ceux qui vous sont chers à tant de degrés, pour le pauvre prisonnier, c'est la plus grande des joies.

Voici mon troisième carnet terminé, lui que je ne croyais pas devoir remplir. Et je suis toujours en captivité sans pouvoir en espérer la fin prochaine.

27 février.
Lundi.
J'aurais voulu commencer mon quatrième carnet en marquant, d'une façon certaine, que la paix était proclamée et que j'avais l'espoir d'une délivrance prompte et heureuse, de la cessation peu éloignée de tous mes maux. Mais à 9 heures ce matin nous apprenons que l'armistice est prolongé jusqu'à mercredi. Et nous restons dans l'indécision, ballottés entre l'idée de paix et l'idée de guerre.

Midi. — On annonce que la paix est signée. Puisse cette nouvelle, si consolante pour nous, ne pas être démentie ! J'y crois fermement.

J'écris à ma mère pour lui apprendre que je n'ai pas

reçu l'argent qu'elle m'a envoyé par la Belgique. Mes lettres reçues, l'espoir de la paix me font oublier mes malaises. Je vais sortir pour avoir des nouvelles vraies.

Pour arriver en ville nous marchons dans une marmelade de boue où nous enfonçons jusqu'aux genoux. On ne peut se figurer pareille chose. Nos bottes légères pompent l'humidité qui nous glace les pieds.

En conversant, mes amis et moi, nous faisons la déplorable remarque, d'autres l'ont faites aussi, que, de toutes les lettres qui restent ouvertes, aux yeux de tous, dans le bureau prussien, les plus mal écrites comme forme et comme fond sont celles qui arrivent de la Mayenne. La réputation de notre département si arriéré est établie jusqu'à Dantzig !

J'ai bien peur que l'argent de ma mère ne m'arrive pas assez tôt pour me permettre de partir d'ici à mes frais. Je redoute de m'en aller dans les trains où on va charger tous les prisonniers français. Ce seront encore des nouvelles souffrances, des contacts peu agréables, des fatigues bien grandes.

Le premier coup de canon vient d'éclater et toutes les maisons, à ce signal, déploient leurs drapeaux de joie.

Ce soir probablement toutes les batteries du fort vont faire entendre leurs voix sonores et les prisonniers auront alors la certitude que la paix est définitive. Il paraît que les conditions imposées par les Prussiens sont bien dures : c'est l'abandon de Strasbourg, de Metz !... Belfort resterait à la France. Nous ne pouvons sincèrement éprouver une joie sans mélange en connaissant de pareilles exigences. Mais avec l'espoir de la revanche notre chagrin s'adoucit.

Je crois que je vais encore rater ma sortie de ce soir. Mon Prussien-conducteur me fait faux bond. Je suis très mécontent d'être obligé de rester là quand j'avais mis dans ma tête d'aller en ville. J'aurais voulu constater, *de visu*, ce qu'étaient les illuminations dans une ville allemande.

Heureusement, pour me dédommager et m'occuper, je reçois deux lettres de Paris.

8 heures. — Il pleut ce soir, ce qui nous permettra demain de nager dans la boue.

28 février.
Mardi.

Toujours des nouvelles contradic_toires, faites pour nous torturer. La paix, dit-on ce matin, n'est pas signée. Les illuminations d'hier au soir fêtaient l'entrée des Prussiens dans Paris. Cela me cause une frayeur intense. Qu'ils prennent garde, avec leur volonté de vouloir nous humilier aussi vivement. Les projectiles pourraient tomber sur leur tête et les coups de fusil partir sans faire exprès. Ce serait un affreux malheur, car ils incendieraient Paris avec une joie féroce : leur vengeance, pendant qu'ils sont les plus forts, serait terrible. Je voudrais ce moment si inquiétant passé.

L'armistice, c'est officiel, est prolongé jusqu'au 6 mars. Qu'y a-t-il encore qui ne va pas ? Personne ne peut comprendre ce que nous autres prisonniers nous souffrons.

Cette humidité froide, cette boue dans laquelle nous enfonçons à chaque pas, l'air concentré, plein de miasmes malfaisants, que nous respirons dans nos baraques, engendrent des maladies souvent graves. Chaque jour notre nombre diminue, la mort fait sa néfaste besogne. Toutes les indécisions au sujet de la paix nous découragent, nous énervent et nous rendent plus préparés aux surprises du mal. Quand donc pourrons-nous dire sûrement que la paix est signée ? Passerons-nous donc ici tout le printemps ?

Pour mon compte, jamais désillusion ne m'a autant abattu. Moi qui, croyant la paix définitive, escomptant notre prochain départ, avait fait tant de projets ! Notre gouvernement républicain ne pense donc pas à tous les pauvres enfants de France qui vivent misérablement, internés dans des baraques malsaines, en exil dans des pays aussi éloignés de la patrie, comme nous autres à Dantzig !

Ces messieurs, dans leurs conférences, tiennent à prononcer leurs longs discours ; ils veulent faire croire à leur zèle patriotique ; ils ne risqueront pas un pas plus vite pour épargner un jour de souffrance à ceux qui, comme nous, n'en peuvent plus de misère.

Ils auront beau hésiter, remettre à plus tard, ils n'y gagneront rien. Ils n'obtiendront rien de mieux qu'aujourd'hui. Les idées des Prussiens sont bien arrêtées et ce n'est pas l'éloquence du petit Thiers qui les fera changer. Qu'on en finisse donc au plus vite et qu'on nous rende de suite notre patrie.

7 heures du soir. — Voilà la neige qui nous revient, comme aux plus vilains jours de l'hiver. Ça va en faire un gâchis ! Jamais nous n'en sortirons. Avec la neige, le froid, le vent, la pluie, la boue, l'ennui, la misère, la douleur, l'exil, nous ne pouvons que mourir.

Nous apprenons, d'une façon ferme, que les Prussiens sont entrés dans Paris. Eh bien ! tant pis pour eux ! Malheur à eux ! C'est sur toute leur nation que nous nous vengerons. Dans 5 ou 6 ans ils sauront ce que cette humiliation d'aujourd'hui leur coûtera. A notre tour, nous entrerons dans leur capitale, mais pas en lâches trembleurs comme eux, pas en profiteurs de trahison, mais en triomphateurs, en glorieux vainqueurs. A bas la Prusse ! A bas tous ces acheteurs de canons, tous ces voleurs de drapeaux, tous ces crocheteurs de maisons ! A bas ce fourbe de Bismarck, à bas cet empereur Guillaume, sacré et couronné au milieu des ruines et des incendies, entouré de cadavres, sur une terre imbibée

du sang de milliers de soldats tués pour satisfaire son
orgueil inhumain !

Que je hais cette race maudite ! Ma haine en est arrivée à ce point que je voudrais avoir l'occasion de me
venger, le plus cruellement possible, de toutes les
souffrances que, jusqu'à ce jour, j'ai endurées, morales
et physiques.

1ᵉʳ mars.   Hier j'ai encore été induit en erreur.
Mercredi.   Ce n'est qu'aujourd'hui que les Prussiens doivent faire leur entrée dans Paris. Comme je
voudrais cette journée passée ! Quelles nouvelles nous
arriveront demain sur cet événement si grave ? Pourvu
que les Parisiens restent calmes pour éviter de terribles
malheurs !

Il a gelé toute la nuit et ce matin il fait bien froid. J'ai
eu les pieds si humides depuis ces 8 jours de dégel que
j'ai un violent mal de gorge et que mon rhume de poitrine ne peut se décider à me quitter tout à fait.

Je me suis rendu chez un photographe de la ville et
je pourrai envoyer mon portrait aux quelques personnes
amies qui veulent bien m'adresser de leurs nouvelles ici.
J'étais accompagné, dans mon excursion cet après-midi,
par un jeune engagé volontaire prussien, en service
pendant une année seulement avant de devenir officier dans la landwher, qui est la garde mobile allemande.

De la sorte, ils ne sont pas condamnés, comme nous,
à y avoir des officiers ignorant tout du métier militaire.

2 mars.   Hier, au moment de me coucher, j'ai
Jeudi.   reçu trois lettres : une de Paris, datée
du 24 février, et deux de ma mère portant les dates des
22 et 24 janvier. J'ai passé une partie de ma nuit à les
lire et relire et elles m'ont donné bien du bonheur. Pour
me combler tout à fait, à la première heure on nous

déclare que la Chambre des députés, convoquée à Bordeaux, a voté la paix par 506 voix contre 107. Quelle joie !

Mon engagé volontaire d'hier me confie que, d'après son lieutenant, dès lundi prochain nous retournerons en France, dirigés vers Paris. Mon cœur ne sait plus où loger tant de bonheur ; je ne puis plus tenir en place. Partir lundi ! Je suis incapable d'exprimer tout ce que je ressens, mes idées n'ont plus de suite.

Le froid est très vif en ce moment, mais je supporte plus facilement cette température avec les douces et chaudes pensées qui me soutiennent. Comme une bonne nouvelle, une espérance tant désirée prête à s'accomplir vous font oublier vos souffrances ! Je me trouve aussi bien disposé comme esprit et comme corps que si je n'avais subi aucune misère. Partir lundi pour revoir la France, peut-on rêver rien de plus beau !

5 heures du soir. — Le canon va se faire entendre pour célébrer la paix.

3 mars.
Vendredi. Hier, sur le tard, je suis descendu en ville pour voir les illuminations. Elles sont bien ternes à côté de celles de Paris. Ici on met des bougies au-devant des croisées et on les allume à l'heure convenable, puis on fait partir des pistolets et des bombes. Tout cela manque d'entrain, ce sont des réjouissances de malheureux. Je me couche, j'en reparlerai demain.

4 mars.
Samedi. Sortis avec notre engagé volontaire prussien qui se fait très aimable, nous sommes restés, hier, les camarades et moi, jusqu'à une heure après minuit dans la ville. Nous avons passé une grande partie de notre soirée dans un café-concert où chantaient des femmes. Nous avons aussi entendu de

nombreux coups de canon et regardé à nouveau les illuminations, car ici les fêtes vont durer jusqu'à lundi, tellement les habitants sont heureux d'avoir la paix.

C'était bien la peine de tant retarder le moment de sa signature et de prolonger l'armistice pour en arriver à accepter toutes les conditions si dures, si humiliantes imposées par nos vainqueurs ! Comment paierons-nous une pareille indemnité de guerre ? Et, dans les départements qui vont rester occupés, comment éviter les conflits ? Une paix pareille, mais c'est la guerre inévitable qui éclatera à nouveau dans peu de temps. Pauvre France !

Dans nos baraques on ne pense plus qu'au prochain départ. Tous les matins je suis réveillé par le chant de la *Marseillaise*.

Je n'ose plus envoyer de lettre à Laval, parce que les transports sont si mal organisés que je ne pourrai recevoir de réponse avant 24 jours. Pourtant je voudrais bien de l'argent pour m'en aller à mes frais, librement.

Je m'inquiète en pensant qu'on pourrait nous faire partir par mer. Comme nous serions malheureux, entassés dans les cales d'un navire. Si nous devons prendre le chemin de fer, passerai-je par Paris ? Pourrai-je m'y arrêter ?

5 heures du soir. — On vient de nous dire que le 18 tout Dantzig doit être évacué. Ce n'est déjà plus pour lundi, notre départ : mais enfin le 18 ça n'est pas bien loin. Nous serons donc bientôt libres !

Aujourd'hui il fait un temps superbe et le soleil a de chauds rayons. Le dégel s'accentue et on commence à voir un peu de la terre et aussi quelques brins d'herbe. Cela donne quelque joie et quelque espoir.

Mon sergent-major de la mobile, mon ami Peslier, est malade depuis trois jours. Il ne quitte pas son lit. Pourvu qu'il ne soit pas forcé d'entrer à l'hôpital juste au moment du rapatriement. Quelle peine il éprouverait en nous voyant partir sans lui ! Et, quelle douleur pour ses parents en nous voyant rentrer à Laval si leur fils reste à Dantzig ! C'est bien triste !

Il y a ici un livre sur lequel sont inscrits les noms de tous les soldats prussiens tués, blessés ou disparus pendant la guerre. En multipliant le nombre de noms de la première page par le nombre total des pages, on trouve plus de 400.000 manquants. Jamais ils n'avoueront le chiffre de leurs pertes. On peut hardiment les évaluer à 500.000. Ils reconnaissent d'ailleurs qu'ils ont perdu plus de monde que les Français.

6 heures. — Ne sachant que faire après midi, je suis sorti de ma baraque pour me chauffer le dos au soleil. Il me semblait que cela me séchait jusqu'en dedans. Tous les prisonniers en faisaient autant. Quelques-uns, pour se donner des illusions, ont mis le sac au dos. Moi, je n'ai plus de sac, mais j'ai ma boîte en bois qui me gênera sans doute beaucoup dans un si long voyage.

Je vais dîner, non par besoin, mais par distraction, et ensuite j'irai me coucher.

5 mars.
Dimanche. Il a gelé cette nuit, mais dès que le soleil se lève il nous réchauffe et nous dédommage du froid de la nuit. Il y a déjà des prisonniers de Dantzig qui sont rentrés en France. D'autres, près de moi, sont prévenus de se tenir prêts pour un jour prochain. Quel bonheur quand mon tour viendra ! Je me désole toujours en pensant que mon argent n'aura pas le temps de m'arriver : il faut que le mandat me revienne et cela peut demander bien des jours.

Mes amis ont l'intention de s'arrêter en même temps que moi à Paris, d'où nous partirons ensemble pour Laval. Ici, j'ai un camarade, Dubois, fils d'un notaire, qui a reçu pas mal d'argent et qui pourra peut-être m'en avancer. Il a de la chance, celui-là. Hier, un Monsieur de la ville qui est en relation avec son père, lui a procuré une carte avec laquelle il peut sortir toutes les fois qu'il le désire. Il n'est plus astreint à tout l'ennui que nous éprouvons au fort.

Je n'ai pas fermé l'œil de la nuit; aussi elle m'a paru immensément longue. Maintenant surtout, avec l'idée du départ, les heures n'en finissent pas de s'écouler.

Dans quel état retrouverai-je, en rentrant, mes concitoyens? Après toutes les secousses ressenties, après tant de bouleversements dans les situations, dans les affaires, après toutes les ruines, les misères, les privations, ne surviendra-t-il point d'épidémies, de révoltes, d'émeutes? Si loin que je suis, l'avenir me paraît inquiétant. On parle ici même de quelques troubles qui sont survenus à Paris. Ont-ils été graves? Ne se renouvelleront-ils pas?

Certes, la République peut apaiser les esprits, relever les cœurs, restaurer la patrie. Mais les partis sont si nombreux en France. Ne voudront-ils pas profiter des moments difficiles actuels pour reprendre le pouvoir? Et alors il faudra nous entre-déchirer les uns les autres.

Nous ne devrions avoir, tous, qu'un but : reconstituer solidement notre armée et préparer la revanche. C'est à elle seulement qu'il nous faudrait penser. Le reste n'est rien.

Tout cela c'est de la politique et je ferais bien mieux de n'en point écrire dans mes carnets. D'autant plus que je n'y connais pas grand'chose et que je me tourmente, mal à propos sans doute, l'esprit.

Parmi nos prisonniers il en est de malheureux qui, pour quelques méfaits pas bien gros, sont condamnés à 10 ans de forteresse. En voilà qui ne sont pas près de revoir la France ! En leur place, certainement, je me laisserais mourir de faim.

5 heures après midi. — Je ne sais plus que faire et n'ai plus envie d'écrire de lettres, cela me fatigue. Je trace quelques lignes d'impressions générales au bout de mon quatrième carnet, je les retrouverai plus tard.

8 heures du soir. — Je ne pourrai sans doute pas dormir cette nuit : je suis brûlant de fièvre, j'ai la gorge toujours malade et en plus j'ai attrapé mon treizième ou quatorzième rhume de cerveau. C'est à marcher continuellement dans cette boue glacée qu'on gagne tous ces maux. Je ne veux pas trop me plaindre parce que, jusqu'à présent, j'ai supporté toutes ces misères sans beaucoup de dommage. La seule chose que je craigne, c'est l'entrée à l'hôpital qui viendrait retarder mon retour en France. Si ce malheur m'arrivait, ce serait la fin.

Les émotions ressenties par l'annonce de notre prochain départ, les contrariétés éprouvées par des nouvelles contraires m'ont tourné le sang au point de me donner des démangeaisons qui sont insupportables quand je suis au lit, provoquent des sueurs et m'empêchent de dormir. Si je ne veux pas tomber tout à fait malade il faut que je me tourmente moins et que je trouve des distractions pour me détourner de toutes mes pensées désespérantes et énervantes.

6 mars.
Lundi.

Il a gelé cette nuit, mais ce matin, le temps est superbe : le soleil est chaud et fait fondre peu à peu la couche de glace qui couvre encore la terre. Seulement, que de boue !

Je suis sorti ce matin pour aller chercher mes cartes de photographie : elles ne sont pas prêtes.

Pas de nouvelles de notre départ, pas de réponse de ma **mère**. Cela me contrarie. Si j'avais de l'argent je pourrais demander à partir à mes frais. A qui m'adresser pour en emprunter dans un pays où je ne connais personne ? Je suis condamné à attendre.

Dans ma sortie, j'ai pu prendre un bon bain qui me raffraîchira sans doute. Je tenais à cet acte de propreté avant de remettre ma chemise de flanelle rouge qui vient de m'être rendue bien nettoyée.

8 heures du soir. — On me dit que le chirurgien de l'hôpital annonce à ses malades que les prisonniers de Bichofsberg partiraient les premiers pour céder la place à un détachement de soldats prussiens qui doit occuper le fort. Si cela était vrai !

Avec tous ces retards, toutes ces nouvelles fausses, ces désillusions, l'ennui me reprend plus profond que jamais. En ville je cherche de l'opium pour le fumer et oublier. Je ne sais comment résister à tout ce que je souffre surtout moralement.

Je lis tous les soirs le journal impérialiste *le Drapeau*, le seul qui vienne jusqu'à nous. Il y est écrit que ce sont les hommes du 4 Septembre qui sont cause de nos malheur. Malgré la déchéance si méritée qu'a votée la Chambre des députés, le rédacteur de la feuille en question souhaite que l'Empire soit rétabli au plus tôt. Il prétend qu'après Sedan nous devions signer la paix et il insulte les républicains qui, comme Gambetta, s'y sont refusés.

Comme si, après Sedan, l'ennemi n'aurait pas été aussi exigeant qu'à présent ! Il y a longtemps que les Prussiens étaient décidés à profiter largement de leurs victoires.

Après Sedan la France ne pouvait abandonner la lutte. Jusque-là elle n'avait éprouvé que des défaites, des trahisons, de la honte. Elle devait à toute force chercher à se relever, à regagner au moins l'honneur. La République l'a compris et on doit l'en louer. Si elle avait trouvé d'autres généraux que les d'Aurelles de Paladine et d'autres soldats que les mobiles de la Mayenne, l'issue de la guerre aurait pu être bien différente. Du moins, l'honneur est sauf. La France a lutté et, si elle a été forcée de s'avouer vaincue, ce n'est que écrasée par le nombre.

7 mars.
Mardi.

J'ai été chercher ma photographie ce matin. Elle est fort ressemblante. J'en envoie diverses épreuves, par lettres, à Paris et à Laval. J'ai pu emprunter dix thalers à Dubois Henri.

Il a encore gelé cette nuit, mais le soleil est tiède comme en été. Ce beau temps me fait rêver à la France. Quand me permettra-t-on d'y retourner ? Nous sommes tous malades d'impatience.

J'ai été profondément désolé en me rhabillant ce matin de constater que mon fond de culotte allait bientôt me quitter. Je rentrerai donc en guenilles dans mon pays ! Ce ne sera pas de la honte que j'éprouverai : dans les conditions où je me trouve il ne peut y en avoir, mais mon amour-propre sera froissé profondément.

Nous avions pour notre 12e compagnie de prisonniers un très bon lieutenant prussien, bienveillant et doux : il vient d'être changé. Le nouveau est une brute. Il ne nous permet plus, entr'autres, d'envoyer que deux lettres par semaine.

On m'affirme qu'il y a des prisonniers de Dantzig qui sont partis. A quand notre tour ? Il est grand temps qu'il arrive, car je me sens tout malaise. L'influence du printemps, l'attente du retour et bien d'autres causes contribuent à me donner toutes ces indispositions qui m'inquiètent et me font craindre de ne pouvoir parvenir indemne jusqu'à la fin de la captivité. Mes douleurs de ventre reprennent telles que je les avais à Sainte-Suzanne au début de la campagne.

8 mars.
Mercredi.

Il a encore gelé très fort cette nuit. J'ai mal dormi. Mais j'avais amassé, par-dessus mes couvertures, tous mes vêtements ; de sorte que j'ai eu bien chaud et mes douleurs ont diminué. Ma gorge même va mieux et je vais essayer de fumer une pipe.

Midi. — Je viens de lire dans un journal allemand que les mobiles pouvaient déjà rentrer à leurs frais. Mon Dieu ! et moi qui ne reçois pas d'argent ! Avec 150 francs, en six jours, je pourrais être à Paris. Où trouver cette somme ? L'ami Dubois Henri connaît un notaire ici qui, j'en suis persuadé, avancerait bien cette somme : voudra-t-il en faire la demande ? Je vais peut-être tenter un effort de ce côté. En y pensant, je tressaille de joie et aussi de crainte.

Mon pauvre sergent-major Peslier est entré à l'hôpital. J'ai été le voir : il n'a pas bonne mine. Je le crois atteint de la poitrine.

Le temps est toujours au beau : cela ne m'en donne que plus l'envie de partir. Je vais décidément m'occuper de la question argent.

8 heures du soir. — Je suis tellement préoccupé par cette idée de départ possible, que tout mon système nerveux souffre. Mes amis me trouvent la figure décomposée, je me sens le cœur tout comprimé et vais me coucher.

9 mars.
Jeudi.

Je me lève avec la résolution de parler à Dubois Henri de la démarche qu'il devrait tenter pour obtenir de l'argent, pour lui aussi bien que pour moi.

1 heure après midi. — Hier j'étais malade de joie, aujourd'hui c'est de tristesse. La demande de subsides n'a pas réussi. Pour avoir l'autorisation de partir, même à ses frais, il faut en faire la requête et l'adresser à Berlin. Là elle passe par les bureaux du ministère de la guerre. Cela exige un très long délai pendant lequel l'argent que nous attendons de France peut arriver. Inutile donc d'en emprunter. Telle est la réponse à ma demande. Ce n'est peut-être qu'une retraite en bon ordre. En tout cas c'est un grand désappointement.

Il faut retomber dans ses idées de découragement, dans tous ses noirs ennuis. Nous sommes là groupés les uns près des autres, sans parler, sans même nous regarder, bâillant, la tête basse, les yeux fermés, anéantis. Le désespoir se lit sur tous les visages et rien n'est capable de nous en tirer.

Avec cela, nos bourreaux prussiens sont plus rosses que jamais ! Ils conduisent, le matin, les prisonniers au travail à coups de crosse de fusil. Quelques-uns, pour éviter la corvée, se cachent sous les planches de nos lits. Mais, dénoncés sans pitié par quelque Asalcien, ils sont forcés de sortir de leur cachette où vont les piquer les baïonnettes prussiennes. Si nous sortons le matin, il faut être de retour juste à midi, sous peine de privation de nouvelle permission. Jamais nous n'avons été si mal traités, si mal nourris que depuis que la paix est signée. Et pourtant, depuis ce moment, nous ne devrions plus être considérés comme prisonniers. Les mobiles surtout, qui après la guerre doivent rentrer dans leurs familles, n'étant soldats que pour la durée de la campagne, ne devraient plus être retenus ici. Pourquoi ne nous laisse-t-on pas partir librement, à nos frais ? Ce serait autant de gagné pour les compagnies de chemin de fer allemandes.

La nourriture de bœuf aux pommes de terre robe de chambre et de cochon pané alternés a détraqué mon estomac. Je ne puis plus digérer ni avaler le pain noir si serré qu'on nous donne.

Les musiciens prisonniers ont été priés d'aller jouer de la musique chez un gros industriel de Dantzig. Ils ont joué de 6 heures du matin à midi et à eux huit ils ont reçu, comme indemnité, un thaler (3 fr. 75) plus, chacun, une pomme. Ils n'en reviennent pas. Moi j'en ris de bon cœur. Cela les corrigera peut-être d'aller mendier chez les Prussiens.

Quand les simples soldats français sortent du fort ils se passent leurs uniformes les uns aux autres. Les lignards trouvant leur costume trop humiliant empruntent une tenue de zouave pour produire plus d'effet en ville. Qu'ils sont peu estimables, peu dignes d'intérêt ! S'ils entrent dans un établissement, leur plaisir est d'apprendre quelques paroles grossières, ordurières, en français, aux femmes qui les servent pour que celles-ci, sans en comprendre le sens, les répètent comme des compliments. Dans l'hôpital, les sœurs allemandes ont ainsi appris des soldats français qu'elles soignent un répertoire révoltant qu'elles redisent sans se rendre compte de la signification des mots, heureuses de prononcer quelques phrases en langue française. Quand le docteur entre dans une salle sans fermer la porte, la sœur de service crie : Sacré chameau ! ou : Tu me fais suer ! Si un de nos prisonniers vient en visite, elle le salue en disant : Veux-tu un baiser, petit voyou ? croyant lui dire : Vous allez bien, monsieur ? Ce sont là les amusements ordinaires de nos intelligents troupiers. Je laisse de côté les propos trop obscènes.

10 mars.
Vendredi. J'ai passé une assez bonne nuit. Le ciel se met à la pluie et le vilain temps va nous préparer un nouveau bourbier pour que nous recommencions à enfoncer dedans.

Notre nouvel officier veut obliger les sergents à accompagner les prisonniers qui se rendent aux travaux de terrassements. Ah ! par exemple, il ne me forcera jamais de prendre une pioche et de creuser la terre. Je l'en défie !

Nos baraques, qui ont été construites très légèrement, commencent à avoir des briques qui se sont détachées et qui produisent des énormes vides par où le vent, la nuit surtout, s'engouffre pour nous glacer dans nos couchettes. Bientôt nos murs tomberont et nous coucherons à la belle étoile. Qu'ils nous renvoient, il n'est que temps.

3 heures du soir. — Depuis que j'ai eu la mauvaise idée de montrer ma photographie, les Prussiens viennent tous m'en demander une carte que je m'empresse de leur refuser, ce qui les met en colère. Quand ils ont bu du schnaps à même le goulot de la bouteille, à cinq ou six à la ronde, ils me présentent quelquefois le reste pour me régaler. Avec dégoût je me recule sans accepter : nouvelle cause de courroux.

Aujourd'hui on demande aux Alsaciens et aux Lorrains s'ils veulent retourner en civil chez eux, ou s'ils désirent rentrer dans leurs régiments de France. En grand nombre ils optent pour le retour dans leurs pays annexés à présent. Quels imbéciles, ils veulent éviter de redevenir soldats dans l'armée française, et ils ne comprennent pas que sitôt arrivés chez eux ils seront incorporés dans l'armée prussienne.

J'entends les Prussiens marmotter entre eux que des troubles ont éclaté à Paris. Cela me fait peur. Mais j'ai peut-être mal compris.

A force d'étudier l'allemand, je puis me faire comprendre, demander tout ce dont j'ai besoin. Seulement je ne saisis pas facilement les réponses qu'on me fait. Souvent j'écris sur mon carnet mes phrases que je donne à lire et on me répond de la même façon. J'ai toujours mon petit dictionnaire en poche pour la traduction des mots que j'ignore. De cette manière, je puis correspondre avec n'importe qui et avoir des conversations écrites aussi variées que possible.

11 mars.
Samedi. Il fait très froid aujourd'hui et on ne parle pas de notre départ : double cause de malaise. Je sors ce matin. On m'a recommandé un établissement-brasserie dans une rue peu fréquentée où je pourrais faire de longues stations et être bien reçu. Cette maison est tenue par une famille polonaise jadis très fortunée, aujourd'hui ruinée et en exil à la suite de la révolution. J'ai l'intention de m'y rendre.

1 heure après midi. — J'ai été passer toute ma matinée dans le café dont on m'avait parlé, situé 2, Tritte Damen, et dénommé *Silphyden Halle.* J'ai demandé une tasse de lait chaud que la jeune fille de la maison m'a servie.

Cette jeune Polonaise est un type idéal. Assez grande, bien proportionnée, la taille bien prise et souple, la poitrine discrètement saillante, les membres moulés, aux attaches très minces, les mains petites, les pieds cambrés et courts, elle a la physionomie expressive et douce, avec des yeux veloutés aux prunelles bleues et aux longs cils bruns, la bouche mignonne aux lèvres roses et aux dents blanches, le teint pâle, la chevelure abondante et noire : je n'ai jamais rencontré, même en France, beauté plus accomplie ; j'en étais impressionné au point de ne pouvoir me lasser de l'admirer. Si, parfois, nos regards se croisaient, je ressentais un frisson pénétrer jusqu'au fond de mon cœur.

Au moment de me retirer elle s'avança vers moi pour me demander si je reviendrais : je promis que oui et bien facilement.

Rentré dans ma baraque, on m'apprend qu'un régiment prussien allait venir, musique en tête, s'installer dans la caserne de Bichosfberg. Ces soldats sont revenus de France dans des wagons français qui peut-être serviront pour le rapatriement des prisonniers. C'est un petit espoir qui nous est offert. On dit aussi qu'à Paris tout est tranquille. Ce serait un grand bonheur, car si des troubles

éclataient dans la capitale, il me serait sans doute difficile d'y rentrer.

5 heures du soir. — Je ne sais ce qui rend nos Allemands de garde si turbulents aujourd'hui. Ce ne sont,
parmi eux, que cris de joie et chansons. En somme. ils ont
bien des raisons pour se montrer satisfaits. Ils peuvent
avoir le cœur gai en pensant à cette campagne de France
qui leur a apporté tant de lauriers si facilement cueillis.
Jamais dans aucun temps une armée n'a remporté tant
de victoires, pris tant de drapeaux, ramené tant de
canons, capturé tant de prisonniers et couronné le tout
par une paix signée avec des profits inimaginables et une
indemnité de 7 milliards ! Ah oui, ils peuvent chanter,
mais leurs chansons me brisent le cœur.

En 1815, les Prussiens nous avaient demandé 700 millions. En 1871, aux yeux de toute l'Europe restant
muette, ils exigent 7 milliards de la France ! Au début
de la guerre on tremblait de voir les soldats prussiens
se comporter aussi inhumainement qu'en 1815. Hélas !
nous les avons vus bien plus arrogants, bien plus sauvages, bien plus redoutables ! Ils nous arrachent, après tant
d'incendies, de rapines et de carnages, l'Alsace et la Lorraine avec notre belle place de Metz et tout notre
argent. C'est à se voiler la face, à fermer les yeux pour
ne plus rien voir et aussi l'esprit pour ne rien comprendre.

Pourvu qu'au milieu de tant de malheurs, de tant
d'humiliations, la nation reste calme ! Pourvu que la
France ne perde pas son sang-froid et ne se hâte pas trop
à vouloir en tirer vengeance. Car, pour être sûr de la
victoire prochaine, il faudra se préparer pendant de longues années et consentir à bien des sacrifices. Comme je
voudrais voir ce moment-là et, à mon tour, jouir de
toutes les ruines que nous sèmerons sur notre route jusqu'à Berlin !

Je crois bien que toute cette haine que j'amasse contre
tout ce qui est Prussien n'est pas près de se calmer; en ce
moment elle me suffoque et doit être cause de mes malaises.

8 heures du soir. — Cela devient une scie, avec ma
photographie; tous ceux qui sont autour de moi veulent
un de mes portraits : on se l'arrache, c'est le cas de le
dire. La femme de notre cantinier en veut un à toute
force. Sa petite fille de quinze ans en réclame un autre
pour son album. Je ne puis suffire à toutes les de-
mandes. On me dit même qu'en ville il en a été vendu
déjà un bon nombre. Ça c'est trop ! Mais dans ma situation je ne puis rien empêcher. Je sais que ma photographie est très réussie et le photographe est lui-même si
étonné de son succès inaccoutumé qu'il cherche à en
tirer profit.

12 mars. **Dimanche.** Tout est triste aujourd'hui. Le temps
est gris, plein de brouillard, avec une
pluie fine et froide. Hier au soir je ne me suis couché
qu'à minuit, étant resté au bureau de la 6ᵉ compagnie
pour aider les amis à vider un fût de bière. La fin de la
nuit a été bonne.

La nouvelle revient à nouveau que Paris est en révolution. Qu'est-ce qu'ils veulent les Parisiens ? Croient-ils
qu'une émeute va arranger nos affaires ? Qu'ils aillent au
diable ! Pendant ce temps on ne parle plus de notre
départ. Les semaines vont se passer et nous serons toujours là.

Avant-hier, dans un café chantant, des officiers français
et des officiers allemands se sont pris de querelle, cela ne
pouvait manquer d'arriver. Ces derniers qui avaient trop
bu, ont dégaîné et sont tombés sur les Français sans
armes. L'un de ceux-ci, percé de part en part à coups
d'épée, est mort. Une protestation énergique a été signée

d'un grand nombre de noms contre les façons grossières et provoquantes de messieurs les officiers prussiens. A quoi servira-t-elle ?

5 heures du soir. — La journée est consacrée aux mauvaises nouvelles : un adjudant allemand prétend que nous ne partirons pas avant le mois de mai. Ces grossiers teutons ne savent qu'inventer pour nous rendre la vie plus dure. L'officier de ma 12ᵉ compagnie s'est présenté à la cantine et a ordonné de l'évacuer. Si on veut maintenant prendre un bock, il faut vite l'avaler et s'en aller. Heureusement le patron de cet établissement sait défendre ses intérêts : il nous permet, à mes amis et à moi, de rester enfermés dans sa chambre à coucher où nous pourrons désormais consommer et manger tranquillement.

Ce matin j'ai acheté un morceau de la capote d'un soldat d'infanterie pour faire mettre un fond à ma culotte. Comme cela, on ne verra pas mon linge sale sortir par derrière. Il était temps, je n'osais plus m'asseoir.

L'esprit tout gonflé de toutes les mauvaises nouvelles, et pour rattraper le temps perdu la nuit dernière, dès 7 heures je me couche.

13 mars.
Lundi. En allant en ville, vers 9 heures, j'ai rencontré un officier français qui gagnait la gare, sa valise à la main. Comme j'aurais voulu m'en aller avec lui !

Je me suis rendu dans l'établissement de la jeune fille polonaise. Aussitôt qu'elle m'a aperçu elle est allée prévenir son père de ma présence. Celui-ci est venu s'asseoir près de moi me demander, dans un langage que je comprenais facilement, où j'avais été fait prisonnier, ce que je faisais en France, si je ne me trouvais pas trop malheureux à Dantzig. Il m'a ensuite exprimé que, comme tous les Polonais, il était l'ami des Français et qu'alors j'étais assuré de trouver toujours dans sa maison un asile pour les heures de liberté dont je disposerais, qu'il serait chaque jour enchanté de me recevoir. Je l'ai remercié de mon mieux et il est remonté dans sa chambre près de sa femme qui, me dit-il, ne descend jamais dans la salle des consommateurs.

Alors sa charmante jeune fille s'est assise en face de moi, à ma table, et nous avons pour la première fois échangé quelques mots insignifiants. Puis elle est partie, à ma grande désolation, pour faire, me confie-t-elle, une course très importante ; elle désirait que j'attende son retour.

Mais l'heure de midi approchait et, comme j'étais accompagné d'un landsmann prussien, je ne pouvais laisser passer l'heure et je quittai l'établissement. En chemin nous rencontrâmes la belle Polonaise qui revenait chez elle et je la vis causer assez longuement avec mon gardien. Celui-ci, en rentrant au fort, m'avertit que dans l'après-midi il viendrait me prendre pour descendre en ville, parce que la jeune fille désirait me revoir. C'était une bonne aubaine pour moi.

Toute cette matinée il a fait beaucoup de brouillard, mais à midi le temps s'est mis au beau. Cela éclaircit mes idées. On me dit, en revenant, qu'un pauvre artilleur français, devenu fou, s'était jeté par la fenêtre de la caserne et avait expiré au bout de cinq minutes. En voilà un qui ne souffre plus !

Un sergent prisonnier qui n'a pas salué assez vite un officier prussien a reçu un coup de sabre sur la tête et est mort de sa blessure. Voilà comment on nous traite ici ! A qui se plaindre ?

Hier soir, avant dîner, j'étais en train d'écrire une lettre lorsque mon sergent-fourrier prussien, soûl comme une bourrique, s'approche de moi et, me prenant la tête dans ses deux bras, veut m'embrasser. Je me lève indigné, je retire ma lettre et lui jette mon porte-plume à la figure. Furieux, il tire son sabre... Heureusement les soldats du bureau, qui me respectent malgré tout parce que j'ai une bague au doigt et une montre en or, l'entourent et le retiennent pendant que je me retire.

C'était hier ;... ce matin, ce fourrier dessoûlé me donne la main en signe de paix. Que d'honneur !

5 heures du soir. — Il paraît que dans 3 ou 4 jours les prisonniers de Dantzig commenceront à partir. Or, comme je suis de la 12e compagnie, je serai dans les derniers, mais dans 12 jours tout sera fini, je ne serai plus en captivité. On voit que le temps est beau, les nouvelles s'en ressentent. Cela fait quand même du bien.

Vers 4 heures mon landsmann, plein d'exactitude, me demande et je sors avec lui. Il me conduit dans l'établissement polonais où la jeune patronne lui sert à boire de la bière, lui donne à manger et lui recommande de venir me reprendre pour la rentrée du soir. Elle me fait placer à une table isolée derrière laquelle se trouve un canapé en velours rouge sur lequel je m'asseois et, au moment où il n'y a plus de consommateurs, elle vient auprès de moi avec un ouvrage de couture qui ne me semble pas beaucoup l'occuper. Je sens une certaine émotion à voir cette belle jeune fille tout à côté de moi. Malheureusement je ne trouvais que des phrases banales et apprises par cœur à lui dire. Mais, quand même, j'aurais bien voulu rester toujours à cette place auprès d'elle. Ah ! si elle avait pu comprendre le français, que de belles choses je lui aurais dites !

A 7 heures je me fis servir un dîner puisque je ne devais rentrer qu'assez tard. Je vis que la jeune fille de la maison était aidée par une femme d'un âge un peu plus avancé, sorte d'intendante qui paraissait toute dévouée.

Pendant que je restais seul assis à ma table, je prenais

mon carnet dans ma poche pour y inscrire mes impressions, ce qui ne manquait pas d'intriguer les deux femmes. La soirée me parut courte. A huit heures un quart mon landsmann se présentait, buvait un bock et nous partions. Cette fois-ci ma charmante Polonaise me donna la main que je serrai bien cordialemement.

14 mars.
Mardi. A 9 heures j'étais rentré, hier au soir, dans ma baraque. Je me suis aussitôt couché et ai bien dormi, non sans avoir, je l'avoue, songé à ma soirée si vite écoulée, la veille. Le temps, ce matin, est magnifique et les nouvelles sont pour le départ prochain. J'espère que cette fois on ne nous trompe pas. Par cette température il ferait bon voyager en chemin de fer.

Les Alsaciens et les Lorrains qui doivent s'en aller en première ligne pensent commencer leur rapatriement dans huit jours.

Maintenant, chaque jour, j'éprouve le désir de descendre en ville. Je sais bien ce qui m'attire à présent. Je vais donc chercher le moyen d'aller quelques instants, ne serait-ce que pour la regarder, auprès de l'adorable Polonaise. Justement mon landsmann est libre et il ne demande pas mieux que de m'accompagner : il sait ce qu'il doit y gagner.

15 mars.
Mercredi. Ce matin il fait un brouillard à couper au couteau. Je quitte le fort dès 9 heures. Hier, j'ai appris le nom de la jeune fille de l'établissement que j'ai adopté : elle s'appelle Marie et m'a prié de lui donner désormais ce nom. Aujourd'hui, pour me faire mieux comprendre ce qu'elle avait envie de me communiquer, elle a pris mon carnet dans ma poche et a rempli, avec mon crayon, deux pages de son écriture. Puis elle s'est éloignée. A l'aide de mon dictionnaire j'ai traduit sa lettre et j'ai reconnu que cette si belle

jeune fille, si désirable, allait m'aimer plus tôt que je l'aurais pensé. Certes, j'éprouve un bonheur certain à ce petit jeu d'amour que je me fais fort de ne pas pousser trop loin. J'ai répondu aux lignes que je venais de lire avec tant de plaisir, sur un ton aussi tendre que possible. J'écrivis, très aisément, mes pensées en allemand, sur les feuilles de mon carnet que la si douce Marie vint bientôt prendre entre mes mains pour aller, au loin, les parcourir. Quelques instants après, toute rêveuse, elle me le rendait en baisant la page écrite.

Jamais je n'aurais eu l'idée qu'à Dantzig je trouverais une aventure amoureuse aussi agréable, aussi passionnante. Je ne puis me dissimuler le bonheur que j'éprouve, les sentiments que je ressens et, tout en remontant vers le fort, je rêve aux plus douces choses.

16 mars.
Jeudi. J'ai reçu, ce matin, une lettre de Paris qui m'a causé le plus grand plaisir. Les soldats mobiles, dit-on, partiront d'ici les premiers en même temps que les Alsaciens-Lorrains et cela, dans quelques jours. Il en est déjà bien passé de ces quelques jours et il en passera, je le crains, encore beaucoup d'autres avant l'heure définitive. Les sorties du matin se faisant avec nos cartes individuelles, je n'ai besoin d'aucune démarche pour sortir. Moi qui prétendais ne point m'en servir, je ne manque pas d'utiliser la mienne chaque jour. Dans l'après-midi j'ai à ma disposition le landsmann ordinaire, toujours heureux d'être si bien choyé dans l'établissement polonais et qui voudrait m'y conduire plutôt deux fois qu'une.

A midi, je suis rentré au fort où je dois déjeuner comme à l'ordinaire. Après le repas je vais attendre le bon vouloir de mon gardien pour aller en ville et y rester jusqu'à la fin du jour.

17 mars.   Hier, dans l'après-midi, j'ai passé des
Vendredi.   instants inoubliables et inénarrables. A
l'heure où l'établissement est sans client, profitant du
moment où nous n'y sommes que tous les deux, Marie
est venue s'asseoir auprès de moi sur le canapé rouge.
Nous gardons un instant le silence, ma main timidement
effleurant sa main. Alors, prenant la guitare dont elle
joue d'ordinaire et qui se trouvait à sa portée, elle laisse
ses doigts mélancoliquement traîner sur les cordes qui
vibrent en des accords mélodieux, accompagnant sans
doute l'enivrante chanson d'amour qu'elle entend chanter au fond de son âme.

Et moi, d'une voix à peine perceptible, je suis les sons
de l'instrument et j'exprime, en notes lentes et plaintives,
les si tendres sentiments dont mon cœur est rempli.

Nous voguions tous deux en pleine ivresse, loin de la
terre, dans le ciel des amoureux ! Mon bras enlaçait la
taille de Marie, l'attirant vers moi. Nos têtes se rappro-
chèrent pour mieux nous regarder les yeux dans les
yeux et puis, attirées par un aimant irrésistible, nos
lèvres se rencontrèrent et se pressèrent entr'ouvertes
dans un long et frémissant baiser !... Oh ! ce premier baiser où, par la bouche mi-close, on semble pénétrer
ensemble jusqu'au fond de l'âme, comment en retracer
les suaves émotions ? J'étais transporté, oubliant ma
captivité, la France, tout, absolument tout.

J'aurais voulu prolonger cette heure enchanteresse.
Mais Marie, prenant mon carnet, y traça, toute trem-
blante encore, quelques lignes où elle m'exprimait, en
m'appelant son cher Émile, qu'elle avait voulu, dans un
moment d'ivresse, toute se donner dans un profond et
irrévocable baiser pour bien me prouver l'étendue de
son amour pour moi, puis elle me suppliait d'avoir pitié
d'elle et de ne rien lui demander en plus...

Les clients revenaient et Marie reprit ses occupations

ordinaires. Après mon dîner je suis revenu au fort de Bichofsberg le cœur plein à déborder. Je suis transformé, je ne me reconnais plus, je ne m'appartiens plus. Est-ce que par hasard je vais redouter l'heure du départ, à présent ?

Il a gelé très fort cette nuit et la matinée, malgré le beau temps, reste froide. A l'instant je reçois une lettre, avec son timbre, pour laquelle je dois payer deux groschen et demi tandis qu'hier on ne m'a rien réclamé pour celle qui m'était adressée avec le même timbre. Je ne comprends rien à ces irrégularités de la poste allemande.

Dans l'établissement où je passe maintenant la plus grande partie de mes journées je consomme, le plus souvent, comme on me l'a recommandé, des bouteilles d'eau de seltz. Mon estomac s'en trouve très bien et je recouvre peu à peu l'appétit que j'avais perdu.

Je dîne toujours de ce qu'on appelle ici un beefteack, c'est-à-dire un morceau de bœuf qu'on hache comme de la chair à saucisse et qu'on met à cuire dans la friture de graisse. Je mange à la table qui m'est réservée et où je me trouve si bien. C'est à regret que je suis mon landsmann qui me ramène le soir dans ma baraque dont l'aspect me répugne encore plus qu'autrefois.

8 heures du soir. — En rentrant j'apprends avec surprise mais avec plaisir que les Alsaciens-Lorrains ont, en grand nombre, refusé de signer l'engagement de ne jamais prendre les armes contre la Prusse. Les officiers allemands en sont, paraît-il, suffoqués.

Je me couche de bonne heure. Je suis si heureux de m'isoler, de ne parler à personne et de rêver tout à mon aise !

18 mars. Ce matin, après la gelée de la nuit, le
Samedi. temps est à la neige. Ces changements dans la température me font bien du mal. Aucune nou-

velle n'arrive au sujet de notre départ. Serait-il donc vrai qu'on pense à nous garder ici en otage jusqu'au moment du paiement total de l'indemnité de guerre ? Ce serait un comble.

Je sors de bon matin, espérant à cette heure-là ne trouver personne à mon café préféré. Marie s'est montrée plus adorable encore. Elle a pris mon carnet pour y écrire deux pages délicieuses de tendresse et d'amour. Elle m'aime, écrit-elle, plus que son père et plus que sa mère, qu'elle quittera sans hésiter pour venir vivre avec moi en France. Elle deviendra mon esclave, ma chose, toute à ma seule volonté, pourvu que je la garde près de moi. Elle me supplie de ne pas l'abandonner car ce serait la condamner à mourir et son si tendre amour ne doit pas être puni d'une peine si épouvantable.

Moi, je suis trop heureux de lire toutes ces douces choses pour ne pas lui promettre tout ce qu'elle désire. Elle me demande ensuite mon portrait pour l'album de sa mère qui fait une collection de Français dont elle est fière. En retour, elle me donne sa photographie en miniature que j'accepte avec joie. Elle désire que, quand je suis seul au fort, je lui écrive de longues lettres pour les lui adresser chez elle : Silphyden Halle, 2, rue Tritte Damen, au nom de Mlle Hijja Marie.

Vers midi je quitte l'établissement, promettant de revenir à 3 heures.

J'y retourne en effet avec mon ami Salmon, sous l'œil vigilant de mon gardien ordinaire. Dès son arrivée, ce dernier a une assez longue conversation avec Mlle Marie puis, après avoir avalé un bon café, il se retire.

Le temps passe vite. Dans notre salle on a installé un piano où quelques amateurs de la ville viennent jouer d'une façon quelquefois agréable.

Après le dîner, Salmon et moi sommes très étonnés de ne pas voir notre landsmann pour le retour du soir. Manquerait-il à son service ? Nous ne pouvons rentrer sans lui. Nous sommes assez inquiets, car de rester dehors après l'heure désignée, c'est risquer la prison. Mlle Marie nous rassure, écrivant sur mon carnet que son père connaissait le commandant de la place, que nous ne courions aucun risque. Elle ajoute que c'était aujourd'hui l'anniversaire de sa dix-neuvième année et qu'elle nous invitait à la fête de famille qui célébrait cette date.

Vers minuit, Salmon et moi nous étions attablés avec le père et la mère de la jeune Polonaise et aussi l'inévitable intendante, devant une soupière où fumait une soupe de leur pays dans laquelle on avait mélangé des morceaux de viande, des pruneaux, du pain d'épice, de l'eau-de-vie et je ne sais plus quoi. C'était bien mauvais, mais nous mangeons, sans grimace, notre part. Puis nous prenons du thé avec quelques tartines de pain noir grillé et du beurre.

19 mars.
Dimanche. Jusqu'à 3 heures ce matin, nous avons bu pas mal et mangé un peu. Après cela Mlle Marie a chanté, d'une voix exquise, des chansons polonaises au rythme impressionnant. Moi-même j'ai dû suivre son exemple et j'ai chanté les *Oiseaux légers*, *Comme à vingt ans*, et la *Chanson du Prisonnier* dont, pendant ma captivité, j'ai composé la musique ainsi que les paroles et que j'avais eu le soin d'écrire en allemand sur une feuille de papier pour l'offrir à mes hôtes si gracieux.

Il était temps de se coucher. Mlle Marie me prépare de ses mains une couchette sur le canapé de la salle où nous nous trouvions : sa chambre était située au fond à gauche et la chambre de ses parents à droite. Salmon doit dormir sur un divan en bas.

Je n'ai pu fermer l'œil. Pas un instant il ne m'est venu à la pensée d'aller frapper à la porte de Marie, je savais trop bien que pareille démarche serait très mal accueillie. Ma charmante voisine de lit, dès le petit jour, vêtue bien légèrement, me demande si j'ai dormi. A cette heure, je la trouvais encore plus belle, plus désirable.

Je sors de Silphyden Halle pour rencontrer, si possible, des amis par les rues de la ville et les prier de nous envoyer un patrouillard prussien pour nous rentrer. J'apprends alors que l'officier de service a dû faire une revue dans notre baraque. Alors, nous voilà dans de beaux draps, Salmon et moi !

4 heures du soir. — Je suis toujours en ville, fort inquiet sur le sort qui m'est réservé. Enfin, après le dîner, des amis nous apportent des fausses cartes qui ne seront sans doute pas reconnues comme telles avec les ténèbres et qui vont nous permettre de rentrer. Pourvu que tout se passe bien !

Au moment de sortir de l'établissement, des patrouillards prussiens s'amènent pour nous emmener à l'amiable. Cela vaut mieux.

20 mars.
Lundi. Hier au soir nous sommes arrivés à 10 heures au fort, accompagnés de nos landsmann. Mais, à la porte de Bichofsberg, la sentinelle nous refuse l'entrée. Puis après de longs pourparlers elle finit par nous laisser passer, mais pour nous conduire au poste. Heureusement je peux parler en allemand et je fais comprendre au chef de ce poste qu'étant accompagné par des gardiens je suis obligé de les suivre partout où ils me mènent et que je ne puis me présenter au fort que quand eux-mêmes veulent bien rentrer. On me comprend et nous sommes, Salmon et moi, relâchés. De plus, nous apprenons dans notre baraque que l'officier de service ne s'est pas aperçu de notre absence. Tout est bien !

Je n'ose espérer sortir aujourd'hui et cela me cause un vif chagrin. J'ai encore emprunté 10 thalers à Dubois

Henri. Il paraît que la Prusse ne veut plus se charger des envois d'argent français pour les prisonniers, ce qui expli-querait pourquoi ma mère ne peut rien me faire parvenir.

Nos bourreaux teutons sont de plus en plus cruels envers nous et les maladies font, parmi nous, de plus en plus de victimes.

1 heure après midi. — On parle des 26, 27 et 28 mars comme dates du départ. Je trouve que c'est bientôt.

Malgré la paix signée les Prussiens tiennent à se montrer plus féroces envers les pauvres prisonniers. Ils veulent, à partir de demain, que tout le monde se rende au travail dès le réveil, même les sergents. Eh quoi, je devrais traîner une brouette et manier une pioche comme un simple maçon ! C'est à pleurer de rage !

9 heures du soir. — Je n'ai pu descendre en ville qu'à 5 heures ce soir et y rester quelques moments seulement. car je tiens à me coucher de bonne heure. Du moins j'ai eu le temps de serrer la main de ma bonne petite amie, la rassurer sur mon compte et lui promettre une plus longue visite pour demain.

En rentrant j'apprends que la révolution est sanglante dans Paris et qu'on va suspendre les convois de prisonniers. Voilà qui est profondément triste.

21 mars.
Mardi.
Il a tombé un peu d'eau cette nuit, mais ce matin il fait très beau. On nous fait lever à 6 heures pour aller tous au travail. Moi, je fais la mine de ne rien comprendre et je me rends, sans me détourner, dans le bureau du sergent-major prussien pour y prendre ma carte de sortie et aller de suite en ville.

Ma chère Marie, quand je suis là, m'écrit tous ses beaux projets lorsqu'elle vivra près de moi en France. Comme elle sera heureuse de ne jamais me quitter, de me voir tous les jours, toutes les heures, toutes les minutes ! Elle apprendra bien vite le français pour savoir me dire toutes les belles choses qu'elle pensera. Elle saura si bien faire mon bonheur !

Et maintenant que je comprends, sans pouvoir douter, combien est vrai son amour, combien il grandit chaque jour, je suis pris d'un vertige qui me fait frissonner des pieds à la tête. Ce matin, en lisant les pages qu'elle avait écrites, mes regards restèrent fixés sur le papier et ma figure s'assombrit. Elle s'en aperçut et des larmes jaillirent de ses yeux.

Ah ! qu'ai-je fait ? Comment réparer le mal dont je suis cause ? Je la console par les plus belles promesses, en lui disant les plus douces choses ; mais j'ai peur ! Je crains un malheur ! Je rentre au fort pour midi, avec combien d'idées étranges dans l'esprit !

Ici on ne parle que de la révolution à Paris. On va même jusqu'à dire que les Prussiens vont réoccuper la capitale pour soutenir le gouvernement actuel qui a signé la paix et doit payer l'indemnité de guerre. Que de malheurs encore pour la pauvre France ! Cela certainement ne peut que retarder notre départ.

1 heure après midi. — Pourtant on dit que les Alsaciens-Lorrains vont passer ce soir une revue pour partir ensuite. En ce cas, ce serait bientôt notre tour.

Voilà juste trois mois que nous sommes enfermés dans nos maudites baraques. Il ne serait pas trop tôt de les quitter. C'est aujourd'hui le premier jour de printemps : je n'aurais jamais pensé le voir paraître dans un pays si détesté et si dénudé.

On vient de me dire que les insurgés de Paris se sont emparés des ministères, des postes et télégraphes et que tous les ouvriers redemandent Napoléon. Ça, par exemple, je n'y crois pas.

Je profite d'une carte d'ordonnance qu'on me procure pour sortir cet après-midi. Tant pis si je suis pincé. Je ne puis rester dans la baraque. Je me rends, naturellement, à Silphyden Halle. J'écris à ma pauvre chère Marie qu'on parle beaucoup du départ des prisonniers. Elle pâlit en me lisant. Elle me répond qu'elle a confiance en mes promesses.

En m'en retournant le soir, éloigné d'elle, je retrouve mon sang-froid et je suis effrayé de la mauvaise action que j'ai commise. Car je sens bien que cet amour que j'ai laissé grandir n'a pas de suite possible. Je ne puis pas emmener Marie avec moi en France. Où la conduirais-je? Mes ressources ne me permettraient pas longtemps de l'entretenir convenablement; je n'aurais que la misère à lui offrir.

Alors pourquoi ai-je encouragé cette passion ? Je suis bien coupable et je me fais de vifs reproches qui malheureusement ne rarrangent rien.

Je me couche avec des idées bien troublantes.

22 mars.
Mercredi. Le sommeil m'a été impossible. Toute la nuit j'ai cherché à me prouver que ma séduisante Polonaise pourrait bien ne pas m'aimer comme elle l'affirmait, que d'autres jeunes gens avaient paru devant ses yeux, avaient peut-être fait battre son cœur avant mon passage. Je me disais tout cela et bien d'autres choses encore, mais sans parvenir à me convaincre. La cause est trop mauvaise.

J'éprouve un véritable soulagement en songeant qu'un seul baiser a été donné et, qu'entre nous deux, l'irréparable n'a pas été consommé. Dans ces conditions, la rupture est toujours possible. Je dois faire tous mes efforts pour y arriver. Mais, ne plus voir ma douce Marie sera pour moi, je le sens trop, une vraie douleur. Pourtant, je dois la supporter, je l'ai bien méritée. Ce n'est pas à moi que je pense ; ce qui me fait peur, me bouleverse et me rend hésitant, c'est de songer à toute la

souffrance que je vais lui infliger à elle si bonne, si aimante, si confiante. Pauvre, pauvre chère Marie ! Ainsi,
ce qui causerait pour tant d'autres un ineffable bonheur
devient, pour moi, la cause des plus mortels soucis.
Pourquoi m'a-t-on donné cette adresse de Silphyden
Halle ? Je vais penser à ce que je dois faire.

Le temps est magnifique. C'est aujourd'hui que les
Prussiens vont célébrer la fête de leur empereur Guillaume. Je vais donc, en sortant, assister, à contre-cœur,
à cette bruyante cérémonie.

Les landsmann prussiens ont remarqué que je me pro-
menais seul dans la ville et j'ai peur qu'ils mettent obs-
tacle à ma sortie d'aujourd'hui. Je vais prendre des précautions particulières.

2 heures. — On est très sévère actuellement pour les
prisonniers qui veulent sortir du fort. On vérifie soigneusement les cartes. Aussi je vais être obligé de rester dans
ma baraque. Sur les remparts, ils ont tiré le canon pour
l'anniversaire de Guillaume. Il paraît que c'est cette fête
qui cause le retard du départ des Alsaciens-Lorrains,
qu'on a remis au 23 mars. Si cette date reste fixe, je
n'ai plus guère de jours à passer dans nos baraques.

Il serait grand temps de partir, je le désire vivement :
ce serait la fin de mes tourments. Et puis, si nous restons
encore un mois ici, nous allons être couverts de vermine. Nos paillasses, vieilles de trois mois, tournent au
fumier. Comme je vais être malheureux de vivre dans
une pareille saleté ! En ce moment, je n'ai pas de chemise pour en changer et pas d'argent pour en acheter.
Ma mère ne m'a encore envoyé que 100 francs. Quand
ma bourse sera à sec, et je vois ce moment tout proche,
je ne pourrai plus descendre en ville, car je n'aurai pas
de quoi y prendre mes repas et je suis trop orgueilleux
pour avouer ma pénurie, même à Silphyden Halle.

Notre sergent-major prussien nous prédit encore un

mois de présence. C'est désespérant ! J'écris à nouveau à ma mère pour la prier de dépêcher son envoi.

Les sergents-majors français qui, comme chaque jour, sont sortis aujourd'hui, ont été obligés de rentrer de bonne heure, parce que la soldatesque allemande, soûle de schnaps et de bière en l'honneur de la fête à Guillaume, insulte grossièrement et menace tous les Français qu'elle rencontre.

23 mars.
Jeudi.
J'ai encore très mal dormi. Je ne puis plus supporter mon infecte paillasse, autant coucher sur la planche dure. Et puis, la révolution de Paris m'a beaucoup trotté dans la tête et aussi mes affaires personnelles, chassant tout sommeil.

J'ai pu descendre en ville pour y passer ma journée. A Silphyden Halle j'ai vu Marie bien tourmentée de mon absence d'hier. Elle me voit et reprend sa mine tranquille, se montre toujours aussi affectueuse, de plus en plus aimante. Je n'ai rien osé lui dire de crainte de lui faire de la peine. Je remets la confidence à plus tard. Comme je me sens tout retourné quand je me trouve près d'elle ! Mes graves résolutions ont vite fait de s'envoler. Comment, avec pareille faiblesse, me tirerai-je de cette aventure ?

Je rentre au fort, avec ma fausse carte de sortie, sans accident. Pourvu que cela dure.

24 mars.
Vendredi.
Quel beau temps ! Les Alsaciens et Lorrains doivent quitter les baraques à 10 heures pour aller prendre le chemin de fer. Je crois que notre départ ne peut être loin. Il me faut donc, à toute force, aller Trille Damen pour en aviser doucement ma pauvre Marie. Je risque gros à sortir ainsi, toujours avec ma fausse carte, mais tant pis !

Arrivé à Silphyden, ma résolution s'affermit. Après

quelques instants de repos, j'explique par écrit à ma
douce amie que l'heure de partir va bientôt sonner pour
moi, qu'il m'est impossible de ne pas suivre mes camarades sous peine d'encourir les plus graves punitions
militaires ; que je suis encore soldat et dois obéir aux
ordres qui me seront donnés, que je serai donc contraint
à quitter Dantzig au premier signal. J'avais écrit tous
ces mensonges sur le papier, je n'aurais jamais eu le
courage de les dire de vive voix.

Elle me regarda pendant quelques minutes de ses
grands yeux tristes, puis les larmes montèrent pour
s'écouler bientôt goutte à goutte de ses paupières. Tout
mon courage, devant son désespoir, disparaît à l'instant.
De suite je ne pense plus qu'à tarir ses pleurs. Mon Dieu,
mon Dieu, près d'elle je serai toujours faible et je retombe
dans mes mensonges pour la rassurer. Puisque je ne puis
faire autrement que de partir avec les autres groupes, je
m'en irai, mais, une fois en France, je réunirai les subsides nécessaires, je préparerai un domicile convenable à
Paris pour la recevoir et je viendrai la chercher librement, en tenue civile, à Dantzig qu'elle ne saurait quitter
actuellement avec un militaire français comme compagnon.

Je ne sais si elle est convaincue : elle ne pleure plus,
mais ne me dit plus rien de toute la soirée...

Avant de sortir le sergent-major prussien m'avait pris
à part pour me dire que, puisque les Alsaciens s'en
allaient, il désirait me prendre à son bureau comme inter-
prète. Je ne tiens pas à cet honneur et, si je puis, je refu-
serai cette offre dès qu'elle m'aura été faite sérieusement.

J'ai vu partir les Alsaciens-Lorrains et si j'avais pu les
accompagner, sans songer à rien, je l'aurais fait volontiers. Il faudrait qu'on me prenne à l'improviste, par la
violence, pour me mettre en wagon et me délivrer de ma
désespérante situation.

Mon ami Peslier va de moins en moins bien. Il ne sera certainement pas rétabli à temps pour pouvoir nous suivre.

6 heures du soir. — Pendant que j'étais seul dans la salle de Silphyden Halle, quelqu'un m'a affirmé que les mobiles-gardes partiraient demain avec le restant des Alsaciens-Lorrains. L'officier prussien, en cette prévision, aurait fait un appel dans les baraques... Et moi, je n'y étais pas. Mais j'espère bien que, si près d'un départ définitif, on n'agira pas contre moi avec toutes les rigueurs ordinaires.

Je me prépare à retourner au fort et, comme Marie était occupée, je me suis contenté de lui donner la main.

25 mars.
Samedi. Au réveil, on dit encore que demain sera notre dernier jour de captivité. Je n'ai reçu aucune réprimande à ma rentrée hier. Il faut que je redescende en ville, mes fermes résolutions me reprennent. D'ailleurs, je n'ai plus le sou et, à partir de demain, si je ne suis pas en route, je serai obligé de rester au fort à la pot-bouille commune. C'est le moment d'agir.

J'apprends que la révolution continue à Paris, et qu'on va bombarder à nouveau la ville. Cela me fait trembler. Après le premier siège, un second ! Dans le premier, c'étaient des canons prussiens ; dans le second, ce seront des canons français ! C'est à devenir fou !

Une dépêche arrivée dans la matinée annonce que tous les convois de prisonniers doivent être suspendus. En France, la commission pour le rapatriement des soldats n'est pas prête ; il faut attendre. Ces bons messieurs les commissaires ont encore quelques petites formalités à remplir : ils prennent leur temps. S'occuper des prisonniers c'est de minime importance. Cela me met de mauvaise humeur.

Je gagne Silphyden Halle, dans un moment de résolution inaccoutumée. Là, pendant que Marie était près de son père, j'annonce que je ne pourrai plus désormais revenir près d'eux ; notre départ étant fixé, on nous retiendrait à la caserne jusqu'au dernier moment. J'étais donc sorti aujourd'hui pour la dernière fois, ne devant plus être libre à partir de demain. J'avais écrit cela sur mon carnet. La jeune fille seule avait lu et, laissant tomber mon cahier, elle se retira en se voilant les yeux, bientôt suivie par son père étonné de son émotion.

J'avais craint une scène épouvantable mais, puisqu'on me laissait seul quelques instants, j'en profitai pour sortir par la porte de l'établissement et, marchant comme un automate, je ne sais par quel chemin, je regagnai le fort de Bichofsberg.

8 heures du soir. — Je suis rentré dans ma baraque et je vais, après avoir écrit ces lignes, me coucher.

J'en ai donc fini avec mon aventure sans issue. Je suis bien résolu de ne pas retourner Tritte Damen. J'ai le cœur brisé et, plus d'une fois, en silence, j'essuie mes yeux pleins de larmes. Je me sens bien malheureux ! Pauvre fille, pauvre Marie si touchante, si adorable, elle qui m'avait écrit que, si elle ne pouvait me suivre, elle mourrait ! Que va-t-elle penser de mon abandon, que va-t-elle devenir ?

Il faut que je cherche à ne plus y songer. D'ailleurs je me répète que sans argent il m'était impossible d'aller m'installer dans Silphyden Halle, que par conséquent, le parti que j'ai pris de n'y plus retourner m'avait été imposé par une circonstance indépendante de ma volonté. Oui, oui, je me dis tout cela, mais rien ne parvient à calmer ma souffrance.

Ici j'ai appris que les mobiles-gardes avaient passé une revue d'appel : l'officier était remplacé par le sergent-major prussien, et tout a bien marché. Celui-ci a fermé les yeux pour ne pas constater mon absence. On m'a en outre raconté que les Prussiens renvoyaient les mandats pour ne pas avoir à les payer. Cela c'est trop fort! Mon argent ne pourra donc plus m'arriver. Alors, que vais-je faire ?

26 mars.
Dimanche. Ce matin, en me levant, j'ai écrit quelques lettres et je suis sorti en ville pour me dégourdir les jambes. Je n'ai vu que de loin la rue Tritte Damen, et j'ai promené mon ennui un peu de tous côtés. L'aspect de Dantzig me paraît, maintenant, bien plus triste.

En revenant vers midi au fort, j'apprends de mauvaises nouvelles sur Paris. En France la campagne va commencer à verdir, quelques premières fleurs doivent déjà se montrer. Ici on ne voit pas la trace d'une feuille dans les arbres. Il y a toujours de la glace qui couvre la terre. A midi seulement le soleil commence à nous réchauffer.

Maintenant que je n'ai plus le sou, je dois me contenter, aux repas, de manger du pain à chien et du lard gras cuit avec de l'orge. Le soir je me brosse le ventre, je n'ai pas faim.

4 heures du soir. — Un ordre vient de paraître disant que tout Français qui refuserait d'obéir à un soldat prussien serait traduit en conseil de guerre... autrement dit fusillé. Ils sont tendres dans leur doux pays, nos vainqueurs teutons!

Deux Français ont été égorgés par des soldats de la landwehr. Il paraît que les soldats de cette landwehr en rentrant de France, ont trouvé leurs femmes contaminées par la vérole vénérienne. Ils en accusent les prisonniers et se promettent de se venger cruellement.

Je ne sais si j'ai bien fait, mais j'ai écrit à Silphyden

Halle une lettre en allemand pour confirmer mon départ de Dantzig.

8 heures. — Tout à l'heure je vais aller me coucher. Il faudrait que je dorme pour calmer la fièvre qui me brûle. Mais j'écoute tout ce qui se dit autour de moi. Les révolutionnaires de Paris, dit-on, sont payés deux francs par jour pour s'habiller en soldats et porter le fusil. Mais qui donc leur distribue cet argent ? Ils veulent faire subir à la capitale de la France les outrages que les Prussiens n'ont pas osé lui infliger. Ils sont pires que nos plus féroces ennemis. Qu'on les fusille donc tous, ce sera un bon débarras.

On ne sort plus que difficilement. Les Français sont assassinés en pleine rue et la police se tait. Cela devient rassurant.

27 mars.
Lundi.
Le ciel est encore bleu. Ce matin, à dix heures, étant dans la ville, j'ai vu rentrer à Dantzig les troupes de la landwehr. Les soldats étaient couverts de lauriers et de fleurs. A cette vue mon cœur s'est serré douloureusement. Ainsi, moi, pauvre prisonnier vaincu, je devais assister au triomphe de l'insolent vainqueur ! Les jeunes gens de la ville portaient sur leurs épaules un énorme fusil, et d'autres une immense aiguille, comme s'ils étaient redevables de tous leurs succès à leur fusil à aiguille et non à leurs canons, et aussi et surtout à la défaillance et à la mauvaise organisation de l'armée française.

Ces soldats de la landwehr vont être retenus sous le régime militaire quelque temps, parce que la Prusse a encore peur de la France et veut rester armée, prête à tout événement.

Il paraît qu'à Paris les affaires vont plus mal. On raconte que Ducrot aurait été fusillé par ses soldats. La troupe va-t-elle se mettre contre la République ? Ce général passait pour avoir des idées libérales ; il gênait sans doute ceux qui rêvent de la restauration impériale, alors les voyous de Belleville, payés par l'empereur, ont assassiné ce gêneur. Comment tout cela va-t-il tourner ?

J'écris une lettre à Paris qui arrivera à sa destination malgré les troubles, j'espère.

La température est exceptionnellement douce, et jamais les habitants de Dantzig n'en avaient goûté une semblable. Comme cela fait encore plus désirer la France ! Nous avons un nouvel appel pour les mobiles. Est-ce signe de départ ou n'est-ce qu'une tracasserie ?

Les Prussiens se décident à boucher les grands trous de nos baraques, par où l'air froid de la nuit venait nous caresser désagréablement la figure. Il est bien temps maintenant que j'ai repris, par cette voie, deux nouveaux rhumes !

Je mange si peu actuellement, vu mon manque d'argent, que toute la journée je ressens des tiraillements d'estomac. Et quand est-ce qu'un mandat de ma mère me parviendra ?

Depuis que je ne vais plus à Silphyden Halle, je ne sors que le matin avec ma carte personnelle et reviens régulièrement à midi. Puis je demeure au fort le restant de la journée. Ce n'est pas bien gai.

Pour remplir les vides occasionnés par le départ des Alsaciens, on a fait venir les prisonniers qui étaient internés, depuis le 19 janvier, à Marienbourg. Ils nous racontent qu'ils étaient beaucoup mieux traités que nous : ils mangeaient du pain blanc et avaient de la viande variée à chaque repas.

8 heures du soir. — Je reçois une lettre de Paris où il m'est annoncé que la photographie et la pièce de vers que j'avais envoyées dans la même enveloppe, ne sont pas parvenues à destination. Je suis sûr que ces indélicats Prussiens auront pris pour eux l'une et l'autre.

28 mars. Ce matin, je suis allé visiter l'église
Mardi. polonaise, qui est très curieuse avec
tous ses drapeaux déchirés dans les batailles du siècle
dernier. L'orgue est d'une construction importante et
doit avoir une grande puissance.

Je me suis vu dans l'obligation d'emprunter une chemise à un simple troubade, afin de pouvoir donner celle
que j'ai sur moi à laver.

Il paraît que les prisonniers qui sont rentrés de Suisse
et de Belgique se sont livrés, sur tout leur passage, à un
pillage effréné. Depuis, pour le rapatriement des autres,
on prend des précautions exagérées, comme pour de
véritables bandits.

4 heures du soir. — Vers une heure de l'après-midi,
Marie Hijje a envoyé au fort de Bichofsberg son intendante, Mlle Bertha, pour me remettre une lettre dont
elle devait attendre réponse. Mais, ne pouvant désigner
le numéro de ma compagnie ni mon nom de famille, on
ne sut pas me trouver sur le champ : si bien que la de-
moiselle Bertha fut contrainte de laisser sa missive entre
les mains d'un obligeant sous-officier prussien et de se
retirer sans m'avoir vu.

Une heure environ après, on finit par me découvrir
pour me remettre cette lettre dont je reconnais l'écriture.
De suite, je me retire pour la parcourir et la traduire en
cachette. Ma pauvre si douce Marie m'y exprime qu'elle
sait que je ne suis pas parti, qu'elle souffre douloureusement depuis ma dernière visite. Elle me supplie d'avoir
pitié d'elle, de ne pas rester si cruel et de venir, ce soir,
afin qu'elle puisse me voir encore au moins une fois, une
dernière fois... Elle continue pendant une grande page en
termes désespérés et déchirants. Et moi je lis cette lettre
si pleine d'amour avec des larmes dans les yeux.

Comme vraiment je la plains ! Combien je suis désolé
de faire saigner un cœur si aimant ! Comme je maudis la

fatalité mauvaise qui m'a poussé vers sa maison ! Mais j'ai beau retourner la situation sous toutes les faces, je me heurte sans cesse à la plus absolue impossibilité. Non, non, je ne puis pas, je ne dois pas me rendre à ses désirs.

Pour m'enchaîner ici par des liens nouveaux, je devrais briser là-bas une chaîne bien ancienne et bien solide. Si je me trouve dans la cruelle nécessité de déchirer un cœur sur deux qui sont également épris, ce ne peut pourtant pas être celui qui m'est attaché depuis le plus longtemps, si profondément et si sincèrement.

Je ne retournerai pas à Silphyden Halle et je ne répondrai pas à la lettre d'aujourd'hui. Il faut que Marie comprenne qu'entre nous tout est bien fini. Il faut qu'elle m'oublie dès maintenant, je le souhaite cordialement.

Quant à moi, je garderai toute ma vie dans un coin de mon cœur son doux souvenir. Il voilera la suite de mes jours d'une inaltérable tristesse formée de regrets et de remords !

. . . .

8 heures. — Ce soir, il tombe de la neige à gros flocons : nous allons recommencer à patauger comme il y a dix jours. Je suis pris d'un violent mal de tête et vais me coucher sans dîner.

29 mars.
Mercredi. La neige a tombé toute la nuit et nous y enfonçons en marchant. Justement mes semelles de bottes sont usées et mes pieds trempent directement dans la glace. Cela va faire du bien à mes rhumes !

J'ai tellement d'idées sombres et l'âme en deuil que je n'ai pas le courage d'aller chercher une carte pour sortir ce matin. Je reste enfermé dans ma baraque.

Maintenant je suis tout à fait repris par mon désir de partir. Quand donc ce moment arrivera-t-il ? Chaque

journée passée dans son attente paraît longue... comme
un jour sans pain. La nourriture à laquelle je me trouve
momentanément condamné, par vice d'impécuniosité,
est exécrable : je ne puis m'y habituer. Les nuits se passent en insomnies tellement nos paillasses sont dures et
sentent mauvais. Je ne sais comment je puis résister à
toutes ces misères. Bien sûr, ce sont mes rhumes de cerveau et de poitrine qui me purgent et me débarrassent
de toutes les impuretés que j'avale et respire.

Nos kaporalschaft qui nous gardent actuellement vont
être changés par les soldats de la landwehr qui viennent
de rentrer de campagne, ceux qui détestent le plus les
Françoses, comme ils disent.

De la ville on apporte de tristes nouvelles : les Tuile-
ries seraient en feu depuis deux jours. Les rebelles sont
en majorité et gouvernent Paris.

On dit que les prisonniers français à Kœnigsberg ont
touché une paie de 1.500 thalers pour solde arriérée : c'est
la part reçue par les sous-officiers. Si pareille somme
nous arrivait ce serait comme une bénédiction.

1 heure après midi. — Il paraît qu'on vient de prévenir
les prisonniers de la mobile internés à la caserne Reiter
de se tenir prêts à partir. Les bonnes nouvelles se suivent. On dit que le général Vinoy a balayé les insurgés
de Paris, que la capitale redevient calme. Quel bonheur ! Si tout cela est vrai, notre départ ne peut tarder.
Ici les Prussiens avouent que c'est Bonaparte qui fomente
les troubles de Paris espérant, grâce à eux, venir reprendre sa place. Cette canaillerie ne m'étonne pas, mais
j'espère que la majorité des Français comprendra que
tous ces pêcheurs en eau trouble ne peuvent être payés
que par des ennemis de la République.

Depuis mon mauvais régime alimentaire j'éprouve de
vives douleurs d'estomac. Mais, sans argent, je ne puis
y remédier. J'ai pensé un instant à vendre ma montre

en or : je trouvais si misérable de ne pas avoir un sou en poche et de posséder une montre en or ! Mais je me suis rappelé à temps que c'était un cher souvenir de mon père d'abord, de mon frère ensuite, et je préfère ne pas manger et la conserver.

Je ne suis pas content de la négligence que ma mère apporte à m'envoyer de l'argent. Elle est cause de tous mes maux.

Hier et aujourd'hui nous avons des giboulées de neige et de grêle, ce qui refroidit la température d'une façon fâcheuse. J'ai été très heureux de trouver le poêle allumé dans le bureau prussien pour m'y chauffer. Car dans nos baraques, du moment qu'on a commencé à éteindre les feux, on ne les rallumera plus. Tant pis s'il gêle.

6 heures du soir. — Quel régal ! Un charitable ami m'apporte quelques pieds de boursette avec un peu d'huile et de vinaigre, afin d'en faire une bonne salade pour mon repas ce soir. On rencontre quelquefois de bons cœurs dans les jours de misère !

30 mars.
Jeudi. Toute la nuit il a neigé. Nous recommençons un nouvel hiver. Il y a déjà six pouces de neige autour de nos baraques qui sont bien froides la nuit sans feu. On nous annonce qu'on commence à dégager toutes les lignes de chemin de fer dans le but de laisser, d'ici quinze jours, le passage libre pour les trains qui ramèneront les prisonniers en France. Quoi ! il faut encore patienter quinze jours ! Comme je vais être malheureux tout ce temps sans le sou !

Je suis pris d'une migraine épouvantable et reste enfermé. On vient me raconter les nouvelles du jour : Paris se calme. Et puis un sergent-major prussien confirme que dans quinze jours nous serons partis. On dit aussi qu'à Hambourg un navire chargé de prisonniers français a sombré.

Cela nous donne encore moins l'envie de rentrer par
la mer.

Je n'ose plus sortir en ville. Depuis la démarche infructueuse de cette pauvre et toujours chère Marie Hijje
auprès de moi, un de mes amis est allé à Silphyden Halle.
Là, il a appris que la jeune fille de la maison était souf-
frante et ne descendait pas de sa chambre, et puis que le
père ne pouvait contenir sa colère et parlait de se venger
de la conduite indélicate du sergent de la mobile qu'il
rendait responsable du mal dont souffrait son unique
enfant.

Mon Dieu ! mon Dieu ! je sais bien que je suis coupable. Je n'aurais pas dû encourager cette passion. Mais
cet amour si imprévu qui, tout d'abord, ne flattait que
ma vanité d'homme et qui, bientôt, m'offrit des joies si
douces que je n'eus plus le courage d'y renoncer, je ne
prévoyais pas les suites si funestes qu'il pourrait avoir
dans l'avenir. C'est là mon tort, j'en conviens. Dès le
début je devais me retirer... Mais il me semble que la
jeune fille de M. Hijje qui s'est mise à m'aimer si subitement et si profondément est au moins aussi coupable
que moi. Je puis même affirmer modestement que c'est
elle qui a commencé.

Combien je fais de vœux pour que sa santé se réta-
blisse rapidement. Je pense qu'alors le courroux du malheureux père s'apaisera.

Quoiqu'il en soit, je juge que, pour le moment, il est
prudent de ne pas me montrer en ville, matin et soir.
C'est ce que je fais depuis quelques jours.

Comme je voudrais voir arriver l'heure du départ ! En
prévision de cet instant béni, je garde un mouchoir propre, une chemise bien nettoyée, et une paire de chaussettes toute neuve. Le dessous au moins sera convenable : mais le dessus, tunique et pantalon, laissera
beaucoup à désirer. Je reprends mes vieux sabots (les

pantoufles de mon appartement actuel) pour économiser mes bottes.

31 mars.
Vendredi.   Il a gelé très fort cette nuit et nous grelottons dans notre baraque sans feu. J'ai quand même un peu dormi et rêvé que je recevais une lettre de ma mère avec 250 francs, puis que j'étais dans le train roulant vers Paris. Je voudrais bien que la réalité vienne confirmer le rêve.

Je n'ai pas encore voulu accompagner mes amis en ville aujourd'hui. Mais demain, très probablement, je sortirai pour aller voir mon ami Peslier à l'hôpital car, il est presque certain que je ne trouverai plus le temps d'aller le revoir avant notre départ de Dantzig.

Notre nouveau lieutenant arrive dans l'après-midi avec sa compagnie de soldats de la landwehr. Serai-je respecté par eux comme je l'étais par ceux qu'ils remplacent ? J'ai bien peur que non. Heureusement nous pouvons espérer les quitter bientôt.

1 heure après midi. — On nous prévient que, dès maintenant, nous pouvons partir à nos frais. Quel dommage de ne pas avoir d'argent pour acheter de suite sa liberté ! Malheureusement je ne puis ici compter sur personne pour m'aider. C'est maintenant que mon rêve de cette nuit ferait bien de se réaliser. Je crois que je n'hésiterais pas à demander l'autorisation nécessaire quoique, peut-être, il vaudrait mieux économiser l'argent que de le dépenser en frais de voyage. Si, en effet, Paris est tranquille on ne peut tarder de nous renvoyer dans nos foyers à la charge du gouvernement. Cette pensée me donne un peu de courage en ce moment où j'en ai tant besoin.

Les amis qui sont allés voir Peslier me racontent qu'il ne va pas mieux, que son poumon droit est attaqué. Moi j'espère qu'avec le printemps il pourra se remettre et revenir au pays : cela lui ferait tant de bien à ce pauvre ami ! Il a partagé ma vie de captivité : avec lui j'ai vécu, lors de notre fuite d'Orléans, des journées angoissantes ; si je le voyais mourir ici, je ne m'en consolerais pas.

Je vais envoyer, dans une nouvelle lettre adressée à Paris, une seconde photographie. Peut-être réussirai-je mieux que la première fois. Je voudrais tant qu'on la reçoive ! Cette photographie, sans fatuité, a un succès sur lequel je ne comptais pas et qui m'étonne. Tous mes camarades sous-officiers désirent la remporter comme type, disent-ils. Le fait est, avec ma calotte de zouzou plantée derrière la tête, que j'ai une physionomie de troubade bien à part.

7 heures du soir. — Il pleut à verse et il fait un vent de tempête. Les nouvelles se ressentent de ce temps épouvantable et sont mauvaises. Les lettres du 28 venant de Paris disent que les troubles continuent et qu'alors nous ne partirons pas de sitôt.

Cette révolution parisienne est cause de discussions interminables entre nous qui parfois tournent en disputes, les uns approuvant les insurgés, les autres les blâmant.

Nos nouveaux gardiens sont de vrais colosses : ils ont l'air dur et méchant. Pour sûr que ceux-ci nous détesteront encore plus que les précédents.

Je continue à être d'une humeur massacrante et à fort peu manger. Je me couche, espérant calmer aussi bien ma maussaderie que ma faim.

1ᵉʳ avril.
Samedi.
Voici venir le 1ᵉʳ avril 1871 et je suis encore prisonnier à Dantzig. Et pourtant, la paix est signée : comme il faut de la patience pour ne pas perdre complètement courage ! Moi qui aurais tant besoin de m'éloigner de cette ville, de quitter la Prusse et de rentrer en France où seulement je pourrai gagner un calme complet !

Heureusement, de temps en temps, une bonne nouvelle arrive pour me redonner de l'espoir. Un sergent-major prussien prétend que notre départ est prochain par Hambourg et la mer. Je préférerais de beaucoup partir par le chemin de fer, comme l'ont fait les Alsaciens. Mais je me résignerai à prendre le navire, l'essentiel est de s'en aller.

En France, il paraît que le corps des gardes-mobiles est dissous et que chacun de ces soldats est rentré dans son foyer, libre de tout engagement. Qu'ils sont heureux mes collègues ! Je m'en félicite parce que, de la sorte, en revenant de captivité, je n'aurai plus à saluer tous nos officiers d'occasion qui, pour la plupart, ont mendié les honneurs d'un grade dont ils ont si peu su tenir le rang. Je pourrai donc, dès mon retour, reprendre ma tenue civile.

Chaque matin, ici, je suis réveillé dès 5 heures par les cris étourdissants de mes voisins qui se lèvent pour aller chercher ce qu'on s'obstine à appeler le café. Et depuis cette heure jusqu'à 9 heures je reste allongé sur le dos, les yeux fermés sans pouvoir me rendormir, plongé dans toutes mes réflexions et songeant surtout au plaisir que j'éprouverai en marchant dans les rues de Laval, en pleine liberté.

Comme je pense, depuis quelques jours, que le retour par Paris me sera impossible, j'écris lettres sur lettres et, dans toutes, je donne rendez-vous pour le jour le plus proche possible dans ma ville natale où je goûterai plus sûrement la tranquillité dont j'ai tant besoin.

11 heures du matin. — Un engagé volontaire prussien en entrant au bureau annonce qu'une dépêche est arrivée pour renvoyer mercredi les prisonniers de Dantzig. Ce jeune engagé qui est de très bonne famille ne cherche pas, je l'espère, à se jouer de notre crédulité si facile en pareil cas. Je crois donc à la véracité de ce qu'il avance et je goûte en silence tout le bien que j'en éprouve.

Sur Paris, nous ne savons rien de précis. Tantôt tout est tranquille, tantôt tout brûle. Les uns se battent pour la rentrée de Napoléon-le-Petit, les autres pour la République. Ici, tous les vieux brisquards abrutis sont pour le premier et ils espèrent bien pouvoir l'acclamer en rentrant en France. Ces partisans-là sont vraiment dignes du sujet.

C'est comme les paysans des fonds de nos campagnes qui ne savent ni lire ni écrire, qui ne connaissent que leurs choux, leur foin et leurs oies et qui tous en chœur votent pour leur empereur qu'ils croient toujours auréolé de gloire immaculée.

Je vais essayer une sortie en ville et tâcher de vendre la bague en or que j'avais achetée lors de ma première année d'étudiant. Cela me fera une grosse peine, mais je ne puis rester plus longtemps sans le sou. Il me faudra bien faire quelques provisions pour notre prochain voyage, car il ne faut pas compter que les Prussiens se chargeront de notre subsistance en route.

2 heures de l'après-midi. — Les nouvelles qu'on apporte de la ville sont toujours bonnes. On prétend qu'une partie des prisonniers de la caserne Reiter a reçu l'ordre de partir lundi prochain et tous les autres le mercredi après. Seulement, il n'est plus question du départ en premier des mobiles. J'aurais pourtant bien aimé ne point être mêlé avec tous ces lignards qui m'écœurent. Enfin, partons, partons. Il ne nous arrivera pas, j'espère, le même accident qu'en Suisse où un convoi de prisonniers en route vers la France, rencontrant un train de marchandises, a vu ses wagons culbuter en tuant ou blessant plus de cent malheureux soldats. Quelle fatalité ! Mourir au moment de toucher la terre française !

Notre nouvel officier a pris ses fonctions aujourd'hui. Il s'est présenté au fort. Mais là, en voyant toute la boue dans laquelle il aurait dû s'enfoncer pour y entrer, il est resté à la porte et y a réuni les kaporalschafts de notre 12ᵉ compagnie afin de leur donner l'ordre de tenir les prisonniers prêts pour une grande revue, demain. C'est peut-être bon signe, quoique, aujourd'hui, 1ᵉʳ avril, je crains le poisson et ne veux pas trop me réjouir.

En vue de notre prochain départ tous les matins à 5 heures on fait un appel pour se rendre compte du nombre d'hommes qu'il faudra entasser dans les wagons.

Je recueille, pour me distraire, quelques renseignements intéressants sur l'organisation des sous-officiers de l'armée prussienne. Les sergents-majors (feldwebel) portent les galons du caporal, et, en plus, l'épée. Ils n'ont droit à aucun avancement et possèdent leur bâton de maréchal. Le vice-feldwebel a un bouton de chaque côté de son col et porte les galons de caporal avec l'épée. Celui-ci a droit à l'avancement. C'est, la plupart du temps, un engagé volontaire qui a monté jusqu'à ce grade et qui bientôt passera officier. D'ailleurs, il remplit déjà le rôle d'officier : dans les rondes aux différents postes il marche seul, tandis que le feldwebel ne fait qu'accompagner l'officier.

Les soldats qui, dans l'armée prussienne, ont le ceinturon en peau appartiennent au 3ᵉ bataillon : ce sont les fusiliards ou tirailleurs. Ceux qui portent le casque sont de la ligne, ceux qui coiffent le shako noir avec couleur blanche et pompon blanc et noir sont de la landwehr. Le vice-feldwebel devient de droit officier de la landwehr, à laquelle il appartient une fois son engagement terminé.

6 heures du soir. — Les nouvelles sont de meilleures en meilleures. Les mobiles partiront décidément les premiers avec la 2ᵉ compagnie. Si on ne nous fixe pas le jour, c'est par mesure de discipline, pour éviter les cris et tapages. Mais on dit tout bas que c'est pour lundi. Quel bonheur !

Resté dans ma baraque pendant l'après-midi, je m'occupai à enlever la bague de mon doigt pour voir l'effet que cela produisait. Cela me paraissait bien nu, bien pauvre. Enfin je pense à en faire le sacrifice dès demain.

2 avril.
Dimanche. Il gèle encore toute la nuit. Je vais me risquer à aller en ville pour avoir du nouveau. J'espère ne pas y faire de mauvaise rencontre.

Je sens que le calme renaît en mon esprit. Certes, je n'ai point oublié, je veux même ne jamais oublier l'infortunée Marie Hijje. Mais, en ne la voyant plus, mon ivresse se dissipe peu à peu. La saine raison reprend le dessus ; je vois reparaître plus clairement le devoir que je m'étais imposé en quittant Paris. Là, au moment de la si vive douleur causée par mon départ du petit logement de la rue Dauphine j'ai fait, librement, un serment solennel : j'ai juré que, si je revenais de la guerre avec la vie sauve, je reprendrais, sitôt la paix conclue, l'existence si douce, deux à deux, qui durait depuis des années déjà, et que venait si cruellement interrompre l'appel aux armes. J'ai donné ma parole et elle sera tenue dans toute sa force ; rien, aucune puissance ne peut m'en délier : c'est ce qui sert de circonstance atténuante à ma conduite à Dantzig, et rend mes remords moins cuisants.

1 heure de l'après-midi. — J'ai été en ville et n'ai fait aucune rencontre désagréable. J'ai lu dans un journal de Dantzig que les prisonniers internés à Stettin pouvaient s'attendre à y rester jusqu'au 2 mai. Pourvu que pareille nouvelle ne vienne pas à notre sujet ! C'est toujours par mer que nous devons partir, de sorte qu'on nous enverrait d'abord à Hambourg, où nous attendrions les autres prisonniers, ensuite nous embarquerions pour Cherbourg. Ce serait un triste voyage, pêle-mêle dans les cales des navires, sentant l'huile à graisser les machines, vivant dans la saleté, nourris de biscuit ! Il en mourra encore de nos pauvres soldats déjà si affaiblis ! L'éspoir de revoir la France seul pourra les soutenir.

Les nouvelles de l'après-midi sont moins bonnes. Il n'y a aucune certitude à avoir sur l'époque du départ. Ce ne sera certainement pas demain. Pendant ce temps, il neige et toute la terre est blanche.

Je n'ai pu encore me décider à vendre ma bague, je remets cela à un jour prochain.

7 heures du soir. — On nous donne l'ordre de sortir de la baraque et de nous aligner en rang pour passer une revue. Nous restons là, plus d'une heure à la même place, les pieds dans la neige qui monte à nos chevilles en les glaçant. Puis, comme l'officier prussien ne se montre pas, nous rentrons.

Ce n'est plus que mardi ou mercredi qu'aura lieu notre départ : le voyage se fera par terre. Faut-il le croire ? J'ai mal à la tête et vais me coucher.

3 avril. **Lundi.** Assommé par la migraine, j'ai dormi comme une souche. Cela m'a fait grand bien. Toute la nuit il a neigé et nous ne voyons plus que du blanc sur le sol, comme au moment de notre arrivée ici.

Dire que voici un mois que la paix est signée et nous sommes toujours en cette terre d'exil ! Légalement, je ne suis plus soldat et je mange encore mon gras de lard bouilli dans l'orge, interné dans un fort prussien !

2 heures après midi. — Voici une décourageante nouvelle. Les prisonniers ne doivent partir qu'en mai. Le gouvernement français paie aux Prussiens l'indemnité nécessaire pour nourrir jusqu'à cette date les soldats internés ici. En France on ne désire pas voir rentrer tous ces vieux troupiers entichés de Bonaparte, ils pourraient se mêler aux adversaires de la République.

Alors, mieux vaut qu'ils restent en Prusse. Je l'admets.
Mais les mobiles qui depuis février ne sont plus soldats,
pourquoi ne les fait-on pas rentrer ?

Une nouvelle comme celle-là me met la mort au cœur.
Jamais je ne pourrai attendre le mois de mai. Nous n'o-
sons plus faire un pas hors de notre baraque, les giboulées de neige qui tombent à chaque instant nous forcent
à rester toute la journée au milieu de nos planches pour-
ries, à respirer l'odeur de toûs ces troupiers crasseux et
pouilleux.

5 heures du soir. — Le rapport de la place vient d'arriver : les mobiles et le restant des Alsaciens-Lorrains doivent avoir une revue. Pourquoi ? Pourvu qu'on ne nous
laisse pas geler comme hier : mes rhumes protestent.

A 7 heures, ce soir, les nouvelles sont encourageantes.
Je m'amuse à tirer mes plans pour ma rentrée à Laval :
je courrai chez ma mère prendre le beau képi de fantaisie que j'y ai laissé et je ferai mes premières visites en
grande tenue de mobile. Le lendemain je serai en civil.

4 avril.
Mardi.
Cette nuit il a fait une forte gelée ; ce
matin il a beaucoup neigé et à 9 heures il
dégèle. Quelle aimable température ! Bottes percées,
pieds mouillés, mes rhumes ne peuvent vraiment pas se
déclarer contents. Au réveil on raconte, d'après le charbonnier de la cantine, que les prisonniers ne rentreront
que lorsqu'il y aura à la tête de la République française
un président inspirant confiance au gouvernement allemand. C'est trop bête pour que j'attache de l'importance
à cette nouvelle.

Je recule toujours le moment de me défaire de ma
bague. C'est la première fois de ma vie que je suis dans
la nécessité de vendre un objet pour me fournir des ressources utiles à ma subsistance. Et c'est le peu d'empressement de ma mère qui est cause de cela.

Voilà encore un sergent mobile de mon pays qui entre à l'hôpital perclus de douleurs, suite des mauvais traitements et des fatigues subis pendant la campagne. Et combien il y en aura qui, dans la suite de leur existence, paieront aussi leur tribut à la maladie ! Mon tour arrivera sans doute.

Mon pauvre sergent-major Peslier est bien mal. J'aurai la corvée, sitôt à Laval, d'aller trouver ses parents pour les décider à se rendre à Dantzig et à ramener leur cher enfant pour le soigner dans sa ville natale. Ce sera une bien triste visite que je leur rendrai ! Elle m'effraie à l'avance.

10 heures du matin. — Voici les nouvelles du jour : Paris est de plus en plus en révolution. On se bat, on se tue. Toutes les administrations sont retirées à Versailles. Thiers demande des troupes pour bloquer la capitale. C'est épouvantable ! C'est un nouveau siège, un nouveau blocus qui va commencer. On ne pourra ni entrer, ni sortir de la ville. Je suis bien tourmenté. On prétend que c'est la Commune qui s'installe à Paris et qui gouverne. A quel désastre va-t-elle aboutir !

4 heures du soir. — Hier le lieutenant prussien n'ayant pas daigné se déranger pour passer notre revue, celle-ci a été remise à aujourd'hui. Cet officier en prend à son aise : c'est un lieutenant de la garde, correspondant à la garde nationale en France. Cette garde n'existe que depuis trois mois. Ses soldats ont l'uniforme de la landwehr, seulement les pattes sur l'épaule sont de la même couleur que la tunique avec des numéros jaunes. Elle a été instituée pour garder les villes pendant la durée de la guerre.

Le temps est plus beau. Puisse-t-il durer pour sécher la terre afin que nos pieds n'y enfoncent plus. Ce matin, en ville, je n'ai pas osé vendre ma bague ; j'ai eu honte.

8 heures. — La revue est passée. On nous a comptés

au moins dix fois. Aucune nouvelle précise sur le départ. A Paris on s'est battu et les insurgés ont été repoussés. Par représaille ceux-ci fusillent les quelques prisonniers qui étaient dans les prisons. Quelle lâcheté !

5 avril.
Mercredi. Cette nuit a été bien froide. Le vent souffle glacé à travers notre baraque avec un bruit sourd et lugubre. Jamais je ne me suis senti pareille tristesse. Réveillé dès 5 heures ce matin je suis resté jusqu'à huit heures à rêvasser sur ma couchette. On avait eu la fâcheuse idée, hier au soir, de me parler de Paris, des insurgés qui, au nombre de 100.000, se dirigeaient sur Versailles et je suis resté hanté par ces mauvaises nouvelles. Je me dis bien que les révoltés ne seront pas assez simples pour quitter leurs solides positions dans la capitale et aller chercher la bataille loin de leurs murs. Mais je suis quand même effrayé des progrès de l'insurrection. Allons-nous avoir un nouveau 93 ? Que deviendra ma situation pécuniaire au milieu de tout cela ? Sera-ce, pour ma mère et pour moi, la ruine ? Avec des idées pareilles en tête, ma nuit ne pouvait qu'être mauvaise et ma matinée d'aujourd'hui s'en ressent aussi.

Je revoyais passer ma vie d'autrefois, avant la fatale guerre, heureuse, sans soucis ni présents ni à venir. Tandis que maintenant je n'ai que de l'incertain devant moi. Que me réserve la vie ? Bonheur ? Malheur ?

Ce matin, je vais descendre en ville. J'ai besoin de changer d'air, de chercher à chasser mes idées noires. Heureusement (puis-je parler ainsi !) je n'ai pas le sou, sans quoi je boirais pour trouver, dans l'ivresse, des pensées plus gaies.

Ce matin il n'est pas question de départ.

1 heure après midi. — Voici quatre mois aujourd'hui que je suis prisonnier. Qui m'aurait dit un jour que pareil sort me serait réservé ? Qui aurait prédit qu'à un certain

moment de ma vie un mauvais destin me condamnerait
à vivre captif, interné dans une baraque en bois, humide, mal close : que je devrais ne manger que du pain
noir, pétri de son et de sarrasin, pour accompagner un
plat d'orge bouillie dans de l'eau avec du lard gras et
que je coucherais sur une paillasse pourrie sans avoir
de linge ni d'eau pour me laver ! Et cette situation, peu
enviable autant qu'imprévue, je la dois à l'illustre
Badinguet, à Napoléon le tout petit. Ah ! comme je le
porte dans mon cœur, celui-là !

Je suis sorti en ville dans la matinée. Les officiers
prussiens y disent que nous pouvons partir d'un moment
à l'autre… mais ce moment n'arrive jamais et je continue
à manger la dégoûtante cuisine de la pot-bouille des prisonniers.

J'ai voulu vendre ma bague : on m'en a offert 4 thalers,
soit 18 fr. 75. Je n'ai pas eu le cœur de l'abandonner pour
ce prix et m'en suis revenu la mort dans l'âme et rien
dans ma bourse. Cela me donne envie de pleurer.

J'écris une lettre peu aimable à ma mère lui exprimant
combien sa négligence me causait de désagréments et de
misères ; elle qui se vantait, jadis, d'être disposée à tout
faire pour adoucir ma captivité ! Elle s'y prend vraiment
bien.

Je ménage beaucoup les pages de ce quatrième carnet
car, avec les jours qui se succèdent sans sembler jamais
se lasser ; avec ce moment du départ qui toujours
s'éloigne, ses pages pourraient être remplies de mes
notes et je n'ai pas d'argent pour lui payer un remplaçant.

Ce soir je ne vais pas chercher mon dîner : je tâcherai désormais de me contenter d'un seul repas par jour.
Il me semble que je pourrais bien m'y habituer.

8 heures du soir. — Les nouvelles de France sont assez
bonnes : les insurgés ont été battus une fois encore ;
beaucoup ont été faits prisonniers et on en a fusillé un

grand nombre. Mac-Mahon est à la tête des troupes de l'ordre et espère en avoir bientôt fini avec l'insurrection.

6 avril.
Jeudi saint. Il gèle. Je suis allé en ville ce matin et suis rentré pour midi. Le restant de la journée je me tiendrai dans ma baraque pour continuer la suite de mes réflexions et de mon ennui. Il m'a été raconté que les insurgés à Paris avaient pillé la Banque de France et y avaient volé cinq millions... J'ai l'habitude d'inscrire sur mes carnets tout ce que mes oreilles entendent de côté et d'autre. Aussi, souvent, ce qui est écrit à une page est démenti à la suivante. Je n'attache donc qu'une importance relative à tous les racontars; mais cela ne m'empêche pas de me réjouir des bonnes nouvelles et de m'alarmer des mauvaises.

En ce moment où je souffre tant d'une impécuniosité aiguë je suis très heureux d'être, lorsque je sors, en la société de deux amis, sergents aussi à la mobile, et qui ont encore un peu d'argent. Grâce à eux, je prends à chaque sortie régulièrement deux verres de rhum à 6 pfennigs chaque. Le reste du temps je me promène, de préférence, du côté du port dont le mouvement m'intéresse un peu.

Le général Ducrot est, paraît-il, chargé de recevoir les prisonniers et de les armer, dès leur arrivée, pour les envoyer grossir l'armée de Versailles. Je désire bien qu'on n'agisse pas ainsi avec moi. Mais je me rassure en pensant que, quand nous serons sur le territoire français, il y aura sans doute longtemps que les troubles seront finis.

Depuis quelques jours je ne reçois plus aucune lettre de Paris, je ne sais à quoi attribuer cette absence de nouvelles particulières qui commence à m'inquiéter. Que se passe-t-il donc ? Moi dont la pensée est si souvent tournée vers là-bas, je voudrais chaque jour avoir la preuve qu'on pense également à moi. Le grand silence de ce moment-ci m'afflige beaucoup.

6 heures du soir. — Pour demain, jour de vendredi saint, on nous servira du riz à l'eau sans sucre et deux fois de l'eau de réglisse noire baptisée café. Si on n'engraisse pas avec ce réconfortant régime c'est qu'on y met de la mauvaise volonté. Le ciel est magnifique, le vent est meilleur et la terre recommence à sécher et moi aussi je me sèche.

Je suis très sujet aux maux de tête, sans doute parce que je suis plus longtemps enfermé dans l'air malsain de la baraque et sans doute aussi parce que ma nourriture actuelle n'est pas suffisante. Je vis plus d'espérance que d'autres choses.

7 avril.
Vendredi saint. Ce matin, il fait un temps splendide. Je suis réveillé avec un mal de tête plus violent que celui d'hier. Il me faut de l'air, absolument. Que la France doit être belle par un si beau soleil ! A cette époque, les feuilles et les fleurs y poussent partout, dans les jardins, dans les prairies, dans les haies, répandant parfums et gaîté ! Tandis qu'ici, dans cette terre maudite, on ne voit pas encore pointer un bourgeon !

Nous espérons que les troubles de Paris sont terminés, parce que si Mac-Mahon a battu une première fois les insurgés, ceux-ci doivent s'être de suite débandés. Bonnes pour piller, incendier et assassiner, des bandes pareilles sont incapables d'avoir le courage nécessaire pour une lutte sérieuse. Manger, boire, se soûler, c'est leur affaire : combattre, cela n'est pas dans leurs moyens.

On nous dit que tous les wagons sont occupés à rentrer le matériel de guerre des Prussiens. Après, ce sera notre tour : cela ne peut donc tarder.

1 heure du soir. — En ville, tous les établissements

étaient fermés ce matin. Il a fallu déambuler dans les rues mélancoliquement.

En rentrant à midi, j'ai mangé du riz cuit à l'eau avec des mauvais pruneaux, sans sucre. Que c'était mauvais ! Nous en sommes tous malades.

Le temps se brouille, il va pleuvoir. Aussi, mauvaise nouvelle : à Marseille des insurgés, pour faire comme les Parisiens de la Commune, se sont rendus maîtres de l'Hôtel de Ville ; mais on les a bombardés sans merci et alors ils se sont rendus et ont été faits prisonniers. Au moins là, ça n'a pas été long.

8 avril.
Samedi saint. Sans le sou, je suis obligé de ne boire que de l'eau. Cela me dérange et je suis pris de coliques douloureuses et de diarrhée : ce n'est qu'une affaire d'habitude, dans quelques jours tout se remettra en bon état. Je vais encore sortir ce matin. Je ne puis me résigner à attendre, couché sur ma paillasse, l'heure du repas de midi, sans rien avoir à faire et rien à dire. En ville je ne dis pas grand'chose, mais je me promène et je respire un meilleur air.

Comme tout devient une souffrance pour le malheureux prisonnier qui vit loin de sa patrie ! Quand un rayon de soleil nous arrive, je pense à mon pays où l'on entend à présent chanter les oiseaux, crier les hirondelles qui annoncent le printemps ; tandis qu'en ce pays sauvage je ne perçois que le croassement monotone et lugubre de gros corbeaux noirs qui nous rappellent les champs de bataille de la Beauce, où ces voraces oiseaux s'abattaient en bandes pour venir déchiqueter les corps des pauvres soldats morts.

Justement, pour augmenter mes idées sombres, on apprend la mort de trois anciens habitants de notre baraque. Les lits sont là, restés vides ; on se rappelle les figures de ceux qui autrefois les occupaient, semblant bien portants à l'arrivée et morts aujourd'hui. Que c'est triste : avoir été épargné par les balles prussiennes et venir finir ses jours sur la terre d'exil, pour être enseveli dans un sol étranger ! Cela jette un froid glacial dans le cœur. Et combien des nôtres aurons-nous laissés ainsi à Dantzig !

2 heures du soir. — J'apprends à l'instant qu'un sergent-major de notre mobile, cantonné dans une baraque voisine, a été volé hier au soir ou cette nuit de tout ce qu'il possédait : argent, portefeuille, papiers. Comme c'est rassurant de vivre et dormir à côté des voleurs ! Moi, du moins, je ne crains pas qu'on me dépouille puisque je n'ai plus rien. Quant à mes carnets, chaque nuit ils sont près de moi, et le jour je les tiens dans une poche spéciale de ma tunique.

J'ai pu emprunter un thaler (3 fr. 75) pas pour mes besoins, mais afin de rembourser un prêt fait par un ami qui se trouve sans le sou. Depuis deux mois, ma mère ne m'a pas écrit : sa dernière lettre en effet était datée du mois de février. Il y a de quoi être étonné !

J'ai lu l'*Indépendance Belge* ce matin et, depuis cette lecture, je n'y comprends plus rien dans les troubles de Paris. Il y est écrit que les insurgés appartiennent à la garde nationale. Mais alors, c'est tout Paris qui est en révolte, et si tout Paris se déclare contre l'armée de Versailles, je vais passer du côté des insurgés qui ne veulent sans doute pas accepter le gouvernement que M. Thiers, ami des d'Orléans, veut leur imposer. S'ils s'arment pour défendre la République menacée, je suis de cœur avec eux. Moi qui croyais, jusque-là, que c'étaient seulement les voyous des hauteurs de Belleville et de la Villette qui avaient soif de pillage, et qui étaient soudoyés par quelque prétendant ! Avant de savoir dans quel parti me ranger, il faut que j'attende d'être plus sûrement renseigné.

Depuis le 26 mars je n'ai reçu aucune lettre de Paris. Les postes ne fonctionnent peut-être plus.

4 heures du soir. — Je subis en ce moment l'abrutissement lourd causé par la fumée de ma pipe allemande, bourrée d'un si mauvais tabac, que j'aspire assis sur mon grabat, les jambes ballantes.

Ne recevant plus de lettres, ni de Laval ni de Paris, je me sens comme un malheureux abandonné de tout le monde, qui n'a plus personne à aimer, à qui personne ne pense plus. Est-on mort à Paris, est-on mort à Laval ? A mon retour, y retrouverai-je encore un seul visage ami ? Je suis triste et désespéré.

5 heures du soir. — Voilà la pluie qui recommence. On va encore voir la boue et la saleté reparaître. Au rapport du soir, rien de nouveau : on ne parle plus du départ, mais moi, j'y pense toujours. C'est mon seul soutien.

9 avril.
Pâques. Pâques, c'est le grand jour de Pâques. Comme cette fête est belle, en France ! Que de bons souvenirs elle me rappelle. C'était le moment où nous commencions nos joyeuses promenades aux environs de Paris, dans les bois, pour cueillir les fleurs et écouter les oiseaux chanter. Que nous étions heureux, alors ! Mais aujourd'hui, tout est désolation autour de moi, pauvre prisonnier si éloigné et sans nouvelles des siens !

Le temps est sombre comme mon cœur. Je dors très peu en ce moment. Je reste sur ma paillasse les yeux grands ouverts en attendant le sommeil qui ne vient pas. Depuis cinq heures, ce matin, je suis réveillé. Mes longues insomnies sont, naturellement, occupées par d'interminables rêveries. Je fais les plus persistants efforts pour diriger ma pensée bien loin, vers mon petit logement de la rue Dauphine à Paris afin d'y regarder ce qui se passe : plus loin même encore, jusqu'à Laval où peut-être, si on

a suivi les instructions pressantes de mes dernières lettres, on attend déjà mon prochain retour. Mais j'ai beau
l'éloigner le plus que je puis, ma pensée a bientôt fait de
revenir ici.

Alors, pour occuper et distraire mon esprit, je me propose d'écrire quelque poésie. non plus pour l'envoyer à
Paris, puisque celle que j'avais eu l'idée, il y a quelques
jours, d'y adresser en même temps que ma photographie
est restée entre les mains peu délicates des Prussiens ;
mais seulement pour la graver sur les pages de mon quatrième carnet et la garder comme un souvenir durable
de cette fête de Pâques si triste, passée à Bichofsberg.

Malheureusement, toutes mes pensées sont imprégnées
d'une mélancolie profonde. Ici, là-bas, tout également
me semble sombre : j'ai peur, je tremble à tout instant.
Je ne puis expliquer cette crainte qui m'obsède si ce
n'est par l'état d'énervement excessif dans lequel je vis
depuis quelques semaines. Que me réserve l'avenir ?
Sera-t-il tel que je le désire ? Trouverai-je, là-bas, autant
que je l'espère, des bonheurs qui me consoleront et me
feront oublier ceux que j'aurais perdus ici ?

Sous l'influence d'une pareille obsession, que pourront
exprimer les vers qui me viennent à l'esprit ? Je veux
quand même les écrire, comptant bien qu'ils ne seront
pas lus par d'autres que par moi.

> Je suis las de souffrir de cette longue absence
> Qui me livre sans force à ma désespérance.
> Si je dois vivre ainsi sans que jamais mon cœur
> Trouve dans ses regards un rayon de bonheur,
> Si sa voix ne vient plus me répéter : Je t'aime,
> Mon Emile, bien plus que la vie elle-même !......
> Loin du son de sa voix, du regard de ses yeux,
> Je préfère la mort, je suis trop malheureux.

> Après avoir reçu les plus douces caresses,
> Connu toutes les joies et toutes les ivresses,
> Il ne me reste plus qu'à pleurer et souffrir ;
> Mon bonheur est brisé, que ne puis-je mourir !
> Mes fleurs sont effeuillées, mais les épines restent
> Qui déchirent encore.....
>
> . . . .

J'arrête ici ma plume, où donc va-t-elle ? Pour qui donc écrit-elle ces vers ? Elle s'égare bien loin des sentiers indiqués. Je lui avais reccommandé de célébrer mes amours d'autrefois, celles de là-bas, de France...

Et je m'aperçois que ses vers chantent mes seules amours d'hier, celles d'ici, de Dantzig. C'est assez !

Ah ! mon pauvre cœur, comme tu es encore pris par cette chère pensée que toujours je chasse et qui toujours revient ! Garde-le bien ce doux souvenir mais que, du moins, comme une sainte relique, il demeure caché au plus intime de toi et surtout n'en parle plus jamais. Redis tous les jours son nom bien-aimé, mais redis-le tout bas pour que personne ne te l'entende prononcer...

Je descends en ville ce matin, prendre un peu l'air et tâcher d'apprendre de bonnes nouvelles.

2 heures après midi. — Je suis revenu sans avoir rien appris. En passant près de l'église, à l'heure des offices, l'orgue jouait, les fidèles chantonnaient une prière. Je me suis arrêté, tout près d'entrer. Mais ces chants religieux, avec toutes les tristesses dont mon âme est pleine dans la si lamentable position où je me trouve, m'auraient vite fait monter les larmes aux yeux... et j'ai continué mon chemin.

Au rapport, il n'y a rien de nouveau, aussi toutes les physionomies autour de moi sont bien désolées, ont l'air bien découragé. On dit que chaque jour on renvoie des prisonniers, mais nous voudrions voir pour être sûrs.

Aujourd'hui, pour marquer le jour de Pâques, il nous a

été distribué une double ration de viande, mais cette viande n'était autre que du lard gras, comme toujours. J'ai donné ma part aux voisins et ai trempé mon pain dans ma sauce.

Dans notre désœuvrement nous parlons souvent des mêmes choses. Tout à l'heure on causait de Bazaine et un vieux sergent d'infanterie racontait que dans la Moselle, en pleine ville de Metz, on avait trouvé des quantités de vivres que le maréchal détruisait pour forcer la place à se rendre plus tôt, surtout avant que l'armée de la Loire ait pu arriver au secours de Paris. Ce sergent avait vu lui-même quelques pains surnager et, comme il en faisait part à un officier, celui-ci avait répondu que ces pains étaient empoisonnés et qu'alors, par mesure de précaution, on les détruisait. Malheureusement on ne pouvait ajouter foi à cette parole, puisque les chevaux mangeaient ce pain sur les rives du fleuve et ne s'en trouvaient nullement incommodés. Non, non, c'était de la trahison, tout uniment.

Ce soir, il tombe de la neige, mais elle fond en tombant : cela fera de la boue pour demain.

10 avril.
Lundi. Il fait un temps affreux : toute la nuit il a neigé ; aussi ce matin, à chaque pas que nous faisons hors de la baraque, nous sentons nos bottes se remplir d'eau glacée et de boue délayée. Je ne reçois aucune lettre de Paris. Je sais bien qu'à personne il n'en arrive en ce moment, mais il me semble que je suis plus à plaindre que les autres. Hier au soir on prétendait que le gouvernement français réclamait tous les soldats prisonniers pour arrêter plus rapidement la révolte des Parisiens.

Au cours de nos conversations, quelques-uns blaguaient la fameuse armée de Metz avec toutes ses sorties suivies invariablement de promptes rentrées. Mais les vieux troupiers de Metz, comme riposte, se moquaient de l'armée de Paris qui n'avait rien su faire à son tour. On disait, ricanaient-ils, que Paris serait le tombeau des Prussiens s'ils osaient s'y frotter et les Prussiens sont entrés dans la capitale au son de leurs fifres et de leurs tambours et ils en sont sortis sans avoir perdu un seul homme dans cette excursion.

Je ne quitte pas le fort ce matin : je trouve le temps trop vilain et mes bottes trop mauvaises protectrices de mes pieds.

11 heures. — Dubois Henri a reçu une lettre de Laval qui lui apprend la mort de notre ancien adjudant de mobile. On en avait fait un lieutenant dans la suite. S'il apportait la même nullité intellectuelle dans la seconde position que dans la première, les soldats mobiles pouvaient se vanter d'avoir, en sa personne, un bien triste chef. Mon Dieu, je m'en souviens, quelle buse ! Dans mes rapports de sous-officier avec lui, je me demandais parfois s'il savait lire. J'en doute encore.

Le même Dubois a reçu une dépêche de son père qui lui conseille de revenir à Laval à ses frais. Mon ami ne tient pas à quitter immédiatement Dantzig ; je ne sais ce qui le retient ici. Moi, si je me trouvais à sa place, je n'aurais pas une minute d'hésitation.

3 heures du soir. — Le bruit vient à nos oreilles que les officiers doivent partir mercredi et que les hommes les suivront. Je ne crois plus à rien.

Les dépêches annoncent qu'on se bat toujours autour de Paris et que le canon tonne toute la journée. Il n'y a plus que les femmes et les vieillards qui puissent sortir de la ville. Il me semble que l'armée commandée par le maréchal Mac-Mahon doit être bien suffisante pour venir à bout de cette insurrection communarde : mais, s'il veut des soldats en plus, qu'il appelle les prisonniers, cela vaudrait mieux que de les laisser mourir sur le sol étranger.

11 avril. **Mardi.** Il a gelé encore cette nuit. Ce matin le ciel est magnifique et le soleil va nous réchauffer. Je dois me rendre à l'hôpital pour y voir mon ami Peslier.

1 heure après midi. — Je viens de faire ma visite projetée. J'ai trouvé mon pauvre malade bien amaigri, mais rien ne prouve qu'il ne pourra pas revenir avec nous à Laval. Je souhaite pour lui et pour ses parents qu'il soit en état de faire le voyage en notre compagnie. A la garnison Lazareth où est en traitement mon sergent-major, j'ai admiré la bonne installation de l'hôpital. Cet établissement est très vaste. Dans chaque chambre il n'y a que dix lits occupés par des malades atteints de la même maladie. Dans chaque couloir il y a de gros robinets d'eau pour nettoyer les planchers et pour divers autres besoins. Les salles sont éclairées au gaz, mais pour que la chaleur malsaine de celui-ci n'incommode pas, au-dessus de chaque bec se trouve une petite cheminée qui communique avec l'air extérieur. L'administration allemande est, bien des fois je l'ai remarqué, plus avisée que celle de France.

Après mon triste repas, j'ai été pris de ce mal de tête qui ne me quitte presque plus et que je garderai sans doute encore demain. Il n'y avait rien de remarquable dans le rapport du matin. Le ciel se recouvre de gros nuages qui sentent la neige.

Je me demande parfois si, au moment du départ, on m'autorisera à remporter mon assez volumineuse caisse en bois. Où mettrai-je mes bibelots si on refuse que je la prenne avec moi ?

7 heures du soir. — Je viens d'écrire une lettre pressante à ma mère pour lui demander l'argent nécessaire pour revenir en France à mes frais. Je consacrerai s'il le faut 120 francs pour ce voyage car, avec les bruits de ce soir, j'ai peur que le retour en bloc ne vienne pas de si tôt. On dit, en effet, que les soldats de la ligne partiraient d'abord pour être incorporés dans l'armée de Paris et que les mobiles et autres inutiles resteraient ici en attendant la fin des troubles.

A Paris, paraît-il, on se bat tous les jours et toutes les nuits. Les insurgés préparent des mines dans les égouts pour faire sauter la ville quand les Versaillais y entreront. D'abord, ils brûleront tous les édifices publics.

L'*Indépendance Belge* écrit que la fin de la révolte est proche, que le gouvernement de la République ordonne de reprendre d'assaut la capitale aux insurgés. Mais combien encore de sang français versé, combien de ruines ajoutées à celles de la guerre allemande !

12 avril. Ce matin je vais faire des démarches
Mercredi. très importantes. Je descends en ville pour mettre à la poste une lettre adressée à Paris, envoyer une dépêche à ma mère réclamant l'argent nécessaire à ma rentrée en France à mes frais et enfin je dépose à la *commandatur* une demande d'autorisation pour partir librement.

Tout est triste au fort de Bichofsberg, le temps autant que moi. Cette nuit, je n'ai rêvé que de la France. Si ma demande est acceptée et si je reçois mon argent de suite, je pourrai quitter Dantzig d'ici sept jours.

1 heure après midi. — Je reviens de la ville : ma dépêche télégraphique va arriver à Laval ce soir. J'ai déposé ma demande pour partir entre les mains de qui de droit. Trois de mes amis, encouragés par mon exemple, ont fait la même démarche. Ne sera-ce pas une raison pour qu'on nous envoie à tous quatre un refus ? Je rentre en ma baraque afin de réfléchir à tout ce que j'ai fait et à tout ce que j'espère.

A Bichofsberg nous devons supporter un supplice d'autant plus pénible qu'un besoin irrésistible et sans cesse renouvelé nous attire vers lui. Ce supplice, c'est d'aller aux cabinets d'aisance installés à notre usage par la prévoyante administration prussienne. Ces lieux, dit de commodité, sont surtout remarquables par leur incommodité incomparable. Ils occupent une baraque spéciale, rectangulaire, située en bas de notre fort et éclairée la nuit par un lampion fumeux. Le sol en est bitumé, sans pente pour l'écoulement des urines qui, dès le début de l'hiver, se sont amassées et forment une épaisse couche de glace sur laquelle nous glissons à chaque pas. Sur les trois côtés de droite, de gauche et du fond on a élevé, à la distance d'un mètre du mur de clôture, une galerie en bois consolidée par des madriers et haute de 60 centimètres dont le rebord est arrondi en forme de gros bourrelet toujours glacé et glissant. C'est là-dessus qu'on doit monter avec l'aide d'une barre d'appui, à un mètre plus haut, horizontalement fixée aux deux bouts dans le mur.

Il faut des prodiges d'équilibre pour maintenir sa position et ne pas glisser dans le trou répugnant qui est derrière. Chaque fois que j'ai eu à me rendre dans ces lieux si peu d'aisance, j'ai été épouvanté : les chutes y sont fréquentes et on n'en sort que dans le plus pitoyable état.

Il en a été ainsi tout l'hiver et maintenant encore, avec les fortes gelées des nuits, ces lieux continuent à être dangereux. Ainsi tout à l'heure, en y entrant sans assez de précautions, j'ai glissé et serais tombé si je n'avais rencontré le bras protecteur d'un compagnon d'infortune.

J'ai lu dans l'*Indépendance Belge* qu'au 8 de ce mois on se battait encore à Paris et que l'armée de Versailles continuait à garder ses avantages.

8 heures du soir. — Le rapport est muet. Les prisonniers rentrent chaque jour en France. Lesquels donc ? Il me semble qu'on aurait bien dû s'occuper d'abord de ceux qui se trouvent internés dans les contrées les plus éloignées. Le retour est, paraît-il, très lent parce que le matériel des chemins de fer est occupé pour le ravitaillement autour de Paris. J'attends avec encore plus d'impatience ma permission et mon argent. De la sorte je n'aurai plus à me préoccuper des difficultés qui toujours surgissent d'un côté ou d'un autre et qui toujours font remettre à plus tard l'époque du départ.

13 avril.
Jeudi. Je me sens, à mon réveil, dans de très mauvaises dispositions. Hier au soir avant de me coucher j'avais pu contempler un incendie qui dévorait deux ou trois maisons dans un village que, du haut de notre fort, je distinguais très clairement. Cela m'a rappelé les sinistres de la guerre depuis Coulmiers, lorsque les Prussiens, furieux d'être forcés de reculer, brûlaient tout dans leur retraite. On prétend, ce matin, que près de 150.000 prisonniers sont déjà rentrés en France. Ce chiffre de 150.000 me paraît exagéré. Combien donc étions-nous en tout ? Je ne puis croire à un nombre si élevé. A Kœnigsberg ils partent.

Mes maux de tête persistant, j'ai des éblouissements et des pesanteurs. Je ne me sens pas à mon affaire. Peut-être que de m'impatienter comme je le fais, attendant d'une part mon argent, d'autre part ma permission, est cause de ce que je souffre en ce moment.

2 heures du soir. — Je me contente de bâiller assis sur ma paillasse dans ma baraque. Je n'ai même pas le courage, après midi, d'écrire sur mon carnet.

7 heures du soir. — Pas de nouvelles au rapport, pas de lettres de Paris, pas de lettres de Laval. Tout mon monde est-il donc mort ? Si mon inquiétude continue j'en aurai bientôt fini de la vie. Cet isolement dans lequel, depuis quelques semaines, je vis, joint à toutes mes autres souffrances, m'épuise chaque jour de plus en plus et me tue.

14 avril.   Toute la nuit il a fait un temps affreux,
Vendredi.   la neige a tombé et ce matin elle continue ; impossible de faire un pas dehors avec cette boue
grasse qui entre dans nos bottes entrebàillées. Je n'ai pas
dormi.

On parle vaguement du départ général : des navires
sont arrivés à Hambourg dans lesquels nous pourrions
bien être embarqués.

Comme je voudrais que le temps se mette au beau
fixe afin de pouvoir quitter mon caleçon, de bonne
volonté, sans quoi cela va être lui qui, sans scrupule,
finira par me lâcher.

1 heure après midi. — Jamais je n'ai vu, comme en ce
moment, tomber tant de neige. Il y en a une telle couche
sur la terre que, malgré la boue liquide, elle s'entasse de
plus en plus et nous enfonçons dedans jusqu'à la cheville.

Le soleil chaud vient de paraître pendant une heure
et tout est fondu. Quel gàchis ! Nous nous embourbons
dans tout cela pour aller à la soupe ou en d'autres lieux
que nous ne pouvons éviter.

Avec une si détestable température mes rhumes se
déclarent décidés à rentrer avec moi en France. Comme
j'ai la conviction que ce sont les mêmes depuis ma campagne, gagnés aux premiers froids de novembre 1870, je
n'éprouverai aucune hésitation à les ramener avec moi
s'ils tiennent tant que cela à retourner dans le pays d'où
ils sont sortis.

Je fais des efforts méritants pour comprendre ce que
je lis en ce moment dans mon livre du *Collier de la Reine.*
Dans ce roman les gens sont trop heureux ; leur bonheur
semble narguer ma détresse. Leur joie d'un côté, ma
tristesse de l'autre, tout cela s'embrouille dans mon
esprit et l'égare.

On veut vraiment nous en faire avaler de trop fortes !
Voici qu'on nous annonce que Napoléon le petit est de

retour en France, ramené par Mac-Mahon et le général Vinoy. Ah dame ! s'il en est ainsi, je comprends et approuve la révolte des Parisiens. Je réprouve les moyens qu'ils emploient : le vol, le meurtre, l'incendie, mais je trouve qu'ils ont raison de fermer leurs portes et de s'opposer par les armes à la rentrée dans leurs murs de toute cette clique à Badingue.

En même temps on nous raconte qu'il y a dans Paris deux régiments de femmes plus acharnées au pillage et aux rapines que leurs hommes, les voyous des hauteurs de Belleville et Ménilmontant. Nous sommes si éloignés de notre pauvre France que les nouvelles les plus invraisemblables peuvent arriver jusqu'à nous. J'aime mieux continuer la lecture de mon roman que de penser à tout cela.

5 heures du soir. — Un obligeant ami m'a fourni une pipée de tabac que je vais fumer pour me distraire ou plutôt pour m'engourdir. On nous distribue bien un peu de tabac ici, mais dans le temps où j'étais fortuné, j'avais cédé ma part au soldat qui me cire mes bottes le matin. Je n'ai pas voulu lui retirer cette petite gratification. Voilà pourquoi je ne puis plus fumer si un ami ne me cède pas de temps en temps une pincée de tabac.

Un pauvre troubade voisin qui, bousculé trop brutalement par un factionnaire prussien, avait riposté par un coup de coude vigoureux, vient d'être condamné à 10 ans de forteresse. Dans 10 ans, ce sera bien probablement par nous qu'il sera délivré quand l'heure de la revanche sera venue... à moins qu'il ne se soit laissé mourir avant.

Je me tiens sur mes gardes pour que jamais pareille punition ne puisse m'être infligée. D'ailleurs, je jure que je ne la subirais pas. On peut toujours se débarrasser de la vie quand on veut.

15 avril.
Samedi. C'est atroce de passer une nuit entière sur un si dur grabat. J'en suis tout meurtri. A Paris, dit-on, le canon ne gronde plus. On parle de conciliation entre Versaillais et Parisiens. Je ne comprends pas ce que cela veut dire.

Il a gelé à glace cette nuit ; mais le soleil paraît pour tout réchauffer. Et puis, pour nous qui avons supporté près de 28 degrés de froid, qu'est-ce qu'une simple gelée ? Depuis hier je ne sors plus dans la matinée. Je m'ennuie trop en ville maintenant que, sans le sou, je ne puis m'arrêter nulle part.

Chaque jour j'espère que ma misère va finir et que mon argent va arriver pour m'aider à passer plus facilement les derniers jours de captivité. Dans cette attente, le matin, je suis plein d'espoir ; mais quand est venu le soir mon désespoir me reprend plus grand en ne voyant aucun envoi pour moi.

7 heures du soir. — Comme on se plaît à nous torturer ! Ce soir on vient nous dire que les renvois de prisonniers sont suspendus par ordre du ministère prussien. De quoi se mêle-t-il ce ministère teuton ?

Dans un journal venu de France on lit que les prisonniers de Dantzig sont rentrés au nombre de 3.000. Cela, par exemple, est archifaux. S'il en est de même pour toutes les autres nouvelles, nous sommes bien renseignés.

On déclare tout aussi faussement que les sous-officiers internés ici ont signé une pétition demandant qu'on les envoie dans l'armée de Versailles pour combattre contre Paris. Jamais ni moi, ni mes amis n'avons rien signé de semblable. Est-ce que moi, par exemple, je m'engagerais à aller tirer contre les Parisiens avant de savoir s'ils ne sont pas du côté de la bonne cause, du côté de la vraie République contre les partisans d'une monarchie quelconque ? Cela n'a pas le sens commun.

16 avril. Je ne me lève qu'à onze heures ce
Dimanche. matin, j'ai lu jusque-là. Il pleuvait et
avec mes mauvaises bottes je ne pouvais tenter une sortie. C'est seulement quand le soleil s'est décidé à paraître,
que je suis allé chercher ma pitance à la pot-bouille.

Des sous-officiers français se sont présentés pour voir
des amis à l'hôpital. Il leur a été répondu qu'ils n'avaient
plus à rendre visite aux malades puisqu'ils allaient prochainement partir. Il est vrai que c'étaient des sergents
de la ligne et qu'on prétend toujours que les soldats des
troupes régulières doivent être incorporés le plus tôt
possible pour renforcer l'armée de Versailles. Les pauvres moblots resteraient encore.

J'ai donc été bien inspiré en demandant à ma mère de
m'envoyer 500 francs qu'elle me doit, d'ailleurs, sur mes
mensualités régulières pour me permettre de partir à mes
frais. Pourvu qu'elle n'ait pas dirigé son envoi par la
voie ordinaire, c'est-à-dire par Paris où il pourrait bien
être confisqué. C'est une idée nouvelle qui me tourmente
supplémentairement. Perdre 500 francs de cette façon,
ce serait lamentable.

Je veux me replonger dans la lecture de mon roman,
pour ne plus penser à tout cela. Mais je lis de si belles
scènes de bonheur tranquille, d'amour heureux que mes
yeux ne suivent plus les lignes et que mes pensées vaga-
bondent vers des félicités que moi aussi j'ai goûtées
autrefois, que je redésire encore et que, peut-être, je ne
retrouverai jamais.

2 heures du soir. — Un ami de Laval, sergent de la
mobile, a reçu de sa famille une lettre qui l'informait que
la poste ne voulait plus recevoir d'argent pour être
envoyé en Allemagne. Cette nouvelle me jette dans un
profond désespoir.

On répète que Mac-Mahon veut ramener Napoléon
avec toute l'armée à Paris. Alors les insurgés ont cent

fois raison de s'opposer à cette rentrée honteuse, les armes à la main.

L'artillerie prussienne qui était occupée autour de Rouen vient de rentrer ici. Peut-être que ces wagons qui les ont ramenés, devenus libres, vont servir au rapatriement des prisonniers de Dantzig. Les restants alsaciens l'espèrent. Quant aux mobiles on n'en parle pas.

17 avril.
Lundi. Aucune lettre ni de Paris ni de Laval. Nul ne peut imaginer les souffrances que me cause ce silence. Il faut être prisonnier pour comprendre cet état. Moi, je suis démoralisé jusqu'au fin fond de moi-même.

Ma permission de partir vient de me parvenir et mes amis ont reçu aussi la leur. Et, si j'avais mon argent, demain matin je pourrais prendre le chemin de la France. Mon départ, la fin de ma captivité, la cessation de toutes mes misères ne dépendent plus que de ma mère. Va-t-elle longtemps encore me laisser souffrir ?

Nous n'avons pas de nouvelle relative à notre renvoi. Je n'ai plus rien à lire, mon roman du *Collier de la Reine* est terminé ; aussi je vais avoir le temps de me plonger dans toutes mes sombres réflexions. La grande occupation de mon esprit va être de penser à mon départ à mes frais, puisque ce n'est plus qu'une question d'argent à recevoir.

2 heures après midi. — Je regarde et j'admire la permission de partir que j'ai entre les mains. Et je ne puis encore l'utiliser ! Cinq sergents de la mobile de Limoges partent ce soir ; je vais les accompagner à la gare. Car, grâce à ma permission, je puis aller et venir en pleine liberté. Seulement, je viens d'être renseigné sur un des mauvais côtés de cette autorisation accordée par l'autorité militaire : j'en suis épouvanté. Si dans quatre jours je ne suis pas parti de Dantzig, je suis passible, sans aucun jugement, de la forteresse. Avoir demandé l'autorisation de m'en aller à mes frais sans avoir d'argent pour effectuer le voyage est ici considéré comme un acte de mauvaise foi, une supercherie afin de pouvoir, à la faveur de la liberté concédée, m'amuser en ville, tandis que j'avais affirmé, dans ma demande, mon intention formelle de rentrer de suite en France.

Me voilà dans de beaux draps, moi qui n'ai pas le premier sou pour prendre mon billet au chemin de fer ! La forteresse au lieu de la France ! J'en ai la tête à l'envers.

Je vais en ville. Le factionnaire, à qui je montre ma permission pour pouvoir passer, se met au port d'armes devant moi comme si j'étais un officier supérieur. Rien qu'à la vue du timbre de la *commandatur* il fait le salut militaire.

On m'a indiqué un établissement où se réunissent un certain nombre de soldats français autour d'un ancien brosseur de capitaine qui a de l'argent plein ses poches et qui régale tout le monde. Il serait, paraît-il, disposé à prêter, avec gros intérêt bien entendu, une somme d'argent, même importante, à un sergent mobile comme moi.

J'entre dans le dit établissement et on me montre l'individu en question. De suite je reconnais le type dont on m'a conté l'histoire : Il était l'ordonnance d'un capitaine qui fut tué à l'armée de Metz et, sous prétexte de dégager son officier, il lui avait enlevé sa sacoche pleine d'argent et de billets. Puis il s'était fait prendre comme prisonnier de guerre et depuis il noçait avec la petite fortune qu'il avait volée.

Je ne veux pas toucher à de l'argent venant d'une source aussi impure et je sors du caboulot, sans plus tarder.

8 heures du soir. — J'ai pris la résolution de m'adresser demain à un banquier pour lui emprunter 500 francs moyennant une prime de 100 francs, le tout payable dans huit jours. Espérons que je réussirai : la peur de la forteresse me rend capable de bien des démarches, de bien des sacrifices.

18 avril.   Toutes mes émotions sont cause de
Mardi.   douleurs d'entrailles qui me font bien souffrir ce matin. Je descends pourtant en ville car je n'ai pas de temps à perdre. Je fais une démarche infructueuse chez un banquier et je rentre au fort où je me dirige vers la cantine pour demander une boisson chaude afin de calmer mon malaise. Le maître cantinier qui voit ma mine si défaite me demande ce que j'ai. Alors je lui explique la fâcheuse position dans laquelle je me trouve : avéc une permission pour partir et pas d'argent pour payer mon voyage. Ma mère ne pouvant me faire parvenir assez tôt les 500 francs que je lui demande, je vais me voir condamner à la forteresse pour au moins trois mois.

Mon brave cantinier me répond de son air tranquille qu'il faut emprunter cette somme. Emprunter, lui dis-je, mais à qui donc ? A moi-même, continue-t-il toujours avec son même flegme.

Je ne puis en croire mes oreilles. Est-ce bien vrai ? Je veux de suite aller jusqu'au bout, savoir à quoi m'en tenir. Je m'informe des conditions qu'il m'imposerait pour ce prêt. Alors il m'apporte une plume, de l'encre et une feuille de papier écolier sur laquelle je lui écris, tout tremblant d'émotion, une reconnaissance de 500 fr. à 15 0/0 d'intérêts. Et pendant que je signe, mon digne cantinier va chercher cette somme et la met immédiatement, sans autre formalité, entre mes mains.

J'éprouve une joie indéfinissable, qui déborde. Jamais je n'aurais cru qu'un Prussien m'avancerait si facilement une aussi forte somme. Comme cet incident prouve bien la haute estime que ces gens-là ont pour les Français ! Mon cantinier, très âpre dans son commerce, n'aurait pas fait crédit d'un thaler à un sous-officier prussien et à moi, il me prête 500 francs avec la seule garantie de ma probité et de ma signature sur un petit bout de papier.

5 heures du soir. — J'ai couru en ville pendant l'après-midi, le cœur content. J'ai fait part aux trois amis, qui, comme il était convenu, devaient voyager avec moi, de ma chance inespérée. Après quelques emplettes nécessaires, tous les quatre, courons chercher nos légers bagages pour nous rendre à la gare et prendre, le soir même, le train de Berlin. Nous avons l'air de véritables fous tellement nous sommes joyeux de partir.

7 heures. — Je suis en wagon. Quelle joie ! Je ne me sens plus. Dans mon compartiment de 2me classe nous allons pouvoir nous reposer et bien dormir. J'ai une telle commotion que ma tête et mon ventre me font affreusement souffrir. Mais qu'importe à présent. La locomotive fait entendre le sifflet du départ. Quel beau moment !

Adieu, fort de Bichofsberg, prison maudite. Ce sera toujours avec un sentiment de dégoût et d'horreur que je penserai aux interminables mois que j'ai vécus dans les noires et infectes baraques, au milieu de privations et de misères inimaginables.

En quittant la ville de Dantzig pour toujours j'éprouve une émotion toute particulière. Je reverrai, je n'en puis douter, sans cesse dans ma mémoire les heures inoubliables qu'à un certain moment j'y ai passées. Si loin que je vivrai, leur souvenir restera au fond de mon cœur qui n'oubliera jamais et qui toujours souffrira.

LE RETOUR

En route pour Laval

19 avril.
Mercredi.

7 heures du matin. — Nous sommes à Berlin depuis 6 heures ce matin. Je n'ai guère dormi cette nuit, trop agité par la joie du retour. Nous devons changer de ligne et, pour nous rendre à une autre gare, nous traversons une partie de la ville en voiture découverte.

Dès que les quelques passants, déjà dans les rues à cette heure matinale, nous aperçoivent avec nos uniformes de mobile, ils ramassent dans les ruisseaux toutes les ordures qu'ils peuvent trouver et nous les jettent avec rage.

Ces brutes misérables n'ont pas encore assouvi leur haine sauvage contre les Français, et, toujours aussi lâches, ils nous attaquent parce que nous ne pouvons nous défendre... Qu'elle est répugnante cette race de Teutons caboches !

En prêtant une partie des 500 francs reçus du cantinier de Dantzig afin de permettre à trois de mes amis de partir en même temps que moi, j'ai épuisé presque toutes mes ressources pécuniaires. Aussi je dois me contenter de ne manger, comme premier repas, qu'une tasse de café au lait avec un petit pain. J'achète un peu de saucisson pour déjeuner vers midi. Ce soir je tâcherai de dormir pour oublier de dîner. Ma joie est si grande qu'elle me contente et remplace tout.

9 heures du matin. — Me voilà en route pour Cologne. De nombreux officiers français sont dans notre train. A neuf heures et demie nous arrivons à Postdam. Plus je m'éloigne de Dantzig et plus mon cœur est heureux.

J'ai prêté 28 thalers à l'ami Lhomer, de Mayenne. Je crains bien qu'il n'ait pas assez d'argent pour faire tout son voyage. Il nous a quittés pour se rendre chez un de ses parents à Nancy : il fera route à part. Salmon, de Craon, et Lecomte, d'Ambrières, restent avec moi. Nous entrerons en France par Mézières, où j'ai l'intention d'attendre l'argent qu'il me sera possible, sans doute, de m'y faire adresser.

En passant à Postdam, le Versailles prussien, nous remarquons le magnifique château royal rempli de statues et les très jolies habitations de la ville.

11 heures. — Nous sommes à Magdebourg, ville fortifiée sur l'Elster. Là il faut changer de ligne. Sur tout le parcours nous n'apercevons que des forêts de sapins. Ces paysages sont tristes, mais bientôt je vais revoir mon beau pays de France. Je viens de déjeuner de deux œufs durs avec un petit pain, assaisonnés des pensées riantes inévitables en un moment si heureux. Un seul souci met son ombre sur mon bonheur, c'est de ne pouvoir m'arrêter, comme je le souhaitais, à Paris, où la révolution continue et me force à m'en détourner.

Je suis persuadé que le premier verre de vin de France que je boirai m'enlèvera les douleurs de ventre qui ne me quittent pas.

A midi dix, nous passons à Oschersleben. Le temps devient plus couvert.

1 heure 1/2 du soir. — Nous entrons dans la gare de Brunswick du duché du Hanovre. Là les barrières du chemin de fer sont peintes en couleur bleue et jaune. Mais bientôt nous revenons aux teintes noire et blanche de la Prusse. A Brunswick nous changeons de ligne et passons par Peine. Ce pays-ci est bien peu pittoresque : ce ne sont que des plaines plates avec quelques pieds de sapins. Il pleut.

3 heures. — Voici Hanover. Mes deux compagnons de

voyage sont pleins de bonne humeur, causent, rient et fument tout le temps. Ils ne comprennent pas mes airs de tristesse et je ne suis pas décidé à leur en dévoiler la raison. Jusqu'à ce jour j'ai tenu à garder pour moi mes peines et mes intimes inquiétudes et ce n'est pas aujourd'hui que je commencerai à changer de résolution.

Je suis vraiment à plaindre de ne pouvoir goûter complètement le bonheur que je devrais ressentir maintenant que ma liberté m'a été rendue et que je suis sur le point de rentrer dans ma chère patrie, de revoir mes parents et mes amis dans ma ville natale et, peut-être aussi, tout ce que mon cœur désire le plus. Mais, c'est ce peut-être qui m'empêche d'être rassuré et complètement heureux.

A 4 heures, arrivée à Minden, ville fortifiée. Nous traversons deux fois le Weser. Ici, la campagne commence à avoir un aspect plus agréable : des montagnes s'élèvent au loin et les arbres sont couverts de jeunes bourgeons verts. A ce moment mes yeux sont éblouis par trois éclairs et bientôt il tombe une pluie d'orage qui empêche de rien distinguer.

Je fais mon deuxième repas avec, à nouveau, deux œufs durs et un second petit pain. J'avais fait une provision de bière dans mon bidon : mais, ayant négligé de le rincer, lui qui n'avait pas servi pendant tous les mois de ma captivité, ma bière a un tel mauvais goût que je ne puis la boire.

Nous passons par Hamm, Dortmund. Là j'achète l'*Indépendance Belge* qui me donne de mauvaises nouvelles sur Paris.

9 heures 1/2 du soir. — Nous voici à Cologne. Le train stoppe et ne doit continuer sa route qu'avec des compartiments de première. Nous sommes donc obligés de rester en ville et de descendre dans un hôtel où, pour un franc chacun, nous passerons la nuit. J'ai tant partagé

mes ressources pécuniaires avec les amis, que j'ai peur
de les voir épuisées avant la fin de notre voyage.

20 avril.
Jeudi. Ma nuit s'est passée dans un lit bien
mauvais, mais qui m'a semblé bien bon
quand même. Le gérant de l'hôtel où nous sommes est
un Parisien, il a laissé ses enfants à Paris. Il est très
bienveillant et nous évite toute dépense inutile. Je vais
voir la cathédrale que je trouve admirable dans toutes
ses parties. Je ne crois pas qu'en France nous ayons un
monument religieux qui puisse être comparé à cette
magnifique cathédrale de Cologne. J'ai regardé le pont
qui passe sur le Rhin ; il est imposant, mais je n'ai pas le
temps de le traverser. Après un déjeuner froid, à 7 heures nous partons pour Verviers.

A 9 heures un quart nous arrivons à Aix-la-Chapelle
puis passons à Herbehat, limite de la frontière prussienne.
Le pays est très pittoresque. Enfin voici la Belgique.

10 heures 5 minutes. — La frontière est franchie, nous
ne sommes plus en Prusse.

A bas, à bas tous les Prussiens !

A bas l'Allemagne !

Nous nous égosillons à lancer ces cris de toutes nos
forces pour soulager nos cœurs. Il semble que notre
liberté ne commence vraiment que depuis cet instant où
nous avons quitté le territoire prussien. Notre joie est
plus vive, nous n'allons plus voir ces regards toujours
remplis de haine sur notre passage. Oui, oui, nous sommes libres maintenant, et sur une terre amie où on nous
salue avec de bons sourires.

Un brigadier de gendarmerie belge s'avance vers moi
la main tendue : je lui présente la mienne, croyant qu'il
va la serrer amicalement... C'était tout simplement pour
me faire l'aumône d'une pièce d'un franc ! Le rouge me
monte à la figure et je veux lui rendre sa pièce : mais il

s'était enfui comme s'il avait commis une mauvaise action. Me voilà tombé à l'état de mendiant ! Mes amis rient de si bon cœur en voyant ma mine décontenancée que je prends le parti de faire comme eux.

J'ai près de moi un voyageur qui doit se trouver à Paris dimanche. Je lui remets une lettre qu'il me promet de faire parvenir à son adresse.

Nous passons à Liège où nous changeons de train pour aller à Givet, première ville française.

A 1 heure 35 minutes nous arrivons à Namur ; encore un changement de train. Partout ici on parle français et cela nous fait un bien indéfinissable de ne plus entendre à nos oreilles le si dur baragouin allemand.

Quel beau pays nous traversons dans cette partie de la Belgique ! On aurait vraiment plaisir à l'habiter. La bière, les cigares y sont très bon marché, ce qui nous permet d'en acheter quelques-uns. Les voyages non plus n'y sont pas chers : pour 3 francs on fait un parcours de huit heures.

5 heures 20 minutes du soir. — Nous sommes à Dinan, avec sa forteresse sur la hauteur ; à côté on découvre le fameux château ancien de Crève-Cœur qui fut, dit-on, défendu par trois femmes. Tout le long de la Meuse les points de vue se succèdent toujours merveilleux.

A 4 heures, à Hustières, nous changeons de wagon, et cinq minutes après, gagnons la dernière station belge. Tout à l'heure nous allons être sur le sol français. Quelle émotion agréable je ressens !

4 heures 10 minutes. — Nous sommes en France.

Vive la France !

Vive la République !

Je n'ai pu m'empêcher de jeter ces deux cris en passant de l'autre côté de la frontière belge.

Nous voici à Givet, dont on aperçoit les remparts si solides. Mais nous ne pouvons aller plus loin pour aujourd'hui et il faut passer la nuit ici. Heureusement l'intendance militaire fonctionne où on nous délivre nos feuilles de route avec une indemnité de 14 fr. 48 pour chacun. Notre itinéraire y est tracé. Nous devons passer par Amiens, puis Rouen. J'espère être dimanche à Laval.

Je me promène dans les rues de Givet et j'ai un plaisir infini à rencontrer des soldats français et des officiers en bel uniforme. Comme ils sont, les uns et les autres, bien habillés ! Tout m'étonne dans cette ville française, les maisons, les boutiques, les cafés, les habitants : tout me semble beau !

Le soir, rentrés de bonne heure à l'hôtel, nous montons avec empressement nous coucher dans de bons lits français.

21 avril.
Vendredi.   *6 heures du matin.* — Quelle bonne nuit je viens de passer ! Jamais, je crois, je n'avais si bien dormi. Que c'est bon d'être dans sa patrie !

A 6 heures 1/2, nous roulons vers Charleville. La vallée des Ardennes est admirable. Quel coup d'œil ! On me dit que Paris a capitulé. Je voudrais croire à cette bonne nouvelle, mais j'attends qu'une deuxième fois on me la confirme.

A 7 heures 1/4 nous sommes à Revin. Hélas ! j'aperçois des casques à pointe ! Encore les vilains Prussiens qui occupent le pays. Dieu qu'ils sont laids !

9 heures 1/2. — Nous arrivons à Charleville. Mais la ligne est coupée, les ponts ont sauté, il faut prendre une voiture pour gagner Mohon en traversant Mézières. Quelle abomination ! La ville est à moitié détruite. Que de ruines, des rues entières sont anéanties. L'hôtel Bayard, où j'étais descendu l'année dernière accompagnant un ami, au commencement des hostilités, est encore debout, mais autour de lui toutes les maisons sont éventrées. C'est lugubre.

Nous rencontrons un bon nombre de prisonniers qui, eux aussi, rentrent dans leurs foyers. Nous commandons une omelette pour déjeuner et gagnons la gare pour le train de onze heures.

2 heures 1/2 du soir. — Après être entrés dans Amiens nous filons jusqu'à Soissons. Nous pensons pouvoir gagner Saint-Denis et, avec une voiture, aller jusqu'à Versailles prendre notre ligne de l'Ouest, car Paris nous est interdit.

Dans le Nord de la France il a tellement gelé cet hiver que les blés sont perdus ; vingt-cinq de nos départements sont dans le même cas. On nous fait comprendre que pour gagner Versailles, il faudra descendre à Chantilly et passer par Creil, Pontoise et enfin Versailles. Tous les itinéraires sont changés, on ne sait plus de quel côté se diriger. Nous descendons à Chantilly.

A Senlis, je cause avec un employé du chemin de fer qui, pour son service, entre chaque jour dans Paris. Il se charge de mettre à la poste, dans la capitale même, une lettre que j'adresse à mon domicile, rue Dauphine. La révolution résiste toujours.

On ne voit que Prussiens dans toutes les gares. Moi qui croyais si bien être débarrassé de leur vue tant détestée !

Allons bon ! A Chantilly on menace de nous enrégimenter dans l'armée qui combat Paris. Heureusement un brave homme nous conseille de retourner à Amiens pour éviter tout ennui. Nous restons cachés dans la gare de Chantilly jusqu'à 10 heures 1/2 du soir, pour, à ce moment, monter vivement dans un train qui vient d'arriver.

22 avril.
Samedi.

5 heures du matin. — Nous quittons notre train à Longueau pour prendre celui d'Amiens. Je commence à être bien fatigué. A force d'être resté sur ces banquettes de troisième classe je suis endolori, je ne puis plus m'asseoir. Dans notre wagon il y a beaucoup de Parisiens et de Parisiennes qui quittent la capitale. Tous me disent que les femmes peuvent facilement en sortir. Cela me rassure.

A 3 heures et demie nous arrivons à Amiens et y restons jusqu'à 6 heures et demie. Nous marchons alors vers Rouen pour y arriver à 10 heures. Après avoir déjeuné au restaurant, nous nous faisons transporter en omnibus à la gare de l'Ouest. Le train pour le Mans part à 2 heures de l'après-midi. Je prends nos billets pour cette ville où nous ne devons arriver qu'à 8 heures demain matin. Quelle longueur de voyage ! Et il va falloir rester tout le temps assis !

On passe par Vernon. A 5 heures 10 minutes on change de voiture à Mantes. Combien de fois aurons-nous fait cette manœuvre de descendre d'un train pour en prendre un autre ?

On dit auprès de moi que les insurgés plutôt que de se rendre feront sauter tout Paris. J'espère bien que tous les gens tranquilles l'auront abandonné avant ce moment-là.

7 heures du soir. — Nous sommes à Evreux et à minuit à Mézidon. Là on descend ; le train pour le Mans part demain matin à 6 heures et demie. Nous voici condamnés à passer la nuit sur une banquette de salle d'attente de 3e classe. Je ferme les yeux, peut-être un peu de sommeil viendra-t-il... Nous nous trouvons trop mal installés et prenons le parti d'aller coucher à l'hôtel en face. Mais là, il n'y a pas une seule place libre ; il nous faut revenir vers la gare où, comme toutes les banquettes sont occupées par des soldats qui ronflent, nous sommes forcés de rester ou debout ou couchés par terre. C'est une bien triste nuit, pour la dernière de notre voyage.

23 avril.   **Dimanche.**   *5 heures du matin.* — Quelle nuit affreuse je viens de passer, couché sur le pavé du trottoir devant la gare. Je n'ai naturellement pas dormi, mais au moins j'étais tout de mon long allongé sur le dos et je me reposais le... siège déjà si endolori. Et puis qu'importe, puisque vers 6 heures ce soir, je serai à Laval. Comme le cœur fait tic, toc dans ma poitrine !

Je déjeune de bon appétit à la gare en attendant le départ du train à 7 heures pour Alençon et après pour le Mans.

Je remarque en route que presque tous les voyageurs hommes ou femmes ont, attaché par une lanière de cuir autour de l'épaule, un bidon de militaire. Ce sera peut-être le seul progrès amené dans nos habitudes par la guerre. Le fait est que c'est bien plus pratique que de transporter sa boisson dans une fragile bouteille.

Midi 50 minutes. — Nous sommes au Mans où l'on change pour la dernière fois de train. Tout le long de la route je ne vois que des arbres et des prairies en fleurs. Quelle belle nature ! Elle a l'air toute joyeuse de nous revoir. Plus j'approche de ma ville natale, plus mon cœur palpite. Cela devient presque douloureux. Nous nous restaurons au buffet de la gare et nous prenons le train express pour Laval à 1 heure 30 minutes.

5 heures 45 minutes du soir. — Enfin nous voici à Laval !

A Laval

5 heures 50 minutes. — Laval, Laval ! Jamais je n'ai entendu un nom autant réjouir mon cœur que celui de Laval répété à mes oreilles par l'employé du chemin de fer. Il faut être dans les conditions si spéciales où je me trouve pour comprendre de pareilles impressions.

De suite j'entre au bureau du télégraphe pour expédier une dépêche rue Dauphine à Paris annonçant mon arrivée à Laval où j'attends qu'on vienne de suite me rejoindre.

Quelle singulière émotion j'éprouve en marchant dans les rues de ma ville ! Je ressens de la surprise comme si je les revoyais alors que je m'étais cru condamné à ne plus jamais y revenir.

J'ai l'intention de me rendre directement vers la maison de ma mère, rue des Chevaux. Mais, arrivé au bout de la rue du 4-Septembre, entre les deux cafés avant le Pont-Neuf, je vois de nombreux amis attablés aux terrasses de ces établissements qui, me reconnaissant, se lèvent, pleins d'un amical empressement, pour venir me serrer la main. Impossible d'aller plus loin, je dois m'asseoir, avec quel plaisir, à leurs tables pour boire le bock de l'amitié et pour fêter mon heureux retour. J'envoie le chasseur du café Desarthe avec un petit mot pour ma mère l'informant que dans une demi-heure je serai près d'elle. Je veux ainsi lui éviter la trop grande surprise de mon arrivée subite.

Au milieu de mes amis, je me trouve tout étonné de les voir fumant, buvant, riant comme autrefois. Il ne s'est donc rien passé, est-ce que j'ai rêvé ? D'où est-ce que je sors ? Depuis des mois que la guerre est finie, ils ont déjà oublié, ils ont repris leurs habitudes, entraînés par le mouvement de la vie. Tandis que pour moi il semble que la guerre vient seulement de finir et que j'en ressens encore tout le poids sur les épaules. Je ne me ressaisis pas facilement. Et puis, de me voir avec mon uniforme de mobile au milieu de tous ces bourgeois en tenue civile, je me fais l'effet d'un étranger, d'un être d'une autre classe, d'un revenant.

Pourtant, voyons, je suis libre, véritablement libre. Toutes mes misères subies à cause de la guerre sont vraiment terminées. Alors je dois me remettre bien vite de mon émotion. La raison va me revenir, je me secoue, je me reconnais : vive la joie, vive la liberté !

Justement le chasseur revient m'annonçant que ma mère est à sa campagne et ne sera de retour que demain avant midi.

Alors je reste avec mes amis qui tous veulent m'emmener chez eux pour dîner. Je ne puis accepter toutes ces invitations si chaleureuses. Je commence à me réchauffer au contact de toute cette bonne amitié et je passe toute la soirée et une partie de la nuit fumant, buvant et riant comme tout le monde.

24 avril.
Lundi. Je suis chez ma mère que j'ai retrouvée en bonne santé et qui m'affirme qu'elle a envoyé 500 francs à mon nom à Dantzig. Je n'aurai donc qu'à adresser une procuration là-bas à mon complaisant cantinier afin qu'il puisse toucher cet argent en ma place. En même temps je lui ferai parvenir la prime convenue.

Dès ce matin je quitte ma tenue militaire et reprends définitivement mes effets civils. Je ne me reconnais plus avec mon complet gris et mon petit chapeau.

Tantôt, après midi, je dois aller à la gare à l'arrivée du train de Paris où je suis invité à me trouver par une bonne dépêche reçue à l'instant.

Tous mes désirs sont donc comblés. J'éprouve une joie sans mélange qui, je l'espère, va être durable.

Dès ce moment je vais reprendre ma vie au point où je l'avais inopinémemt laissée lors de mon si triste départ pour la guerre.

Je n'ai plus qu'à fermer le quatrième et dernier de mes carnets : ces chers carnets où vont dormir tant de souvenirs d'une période, la plus accidentée et la plus douloureuse, à coup sûr, de ma vie.............................

Eux qui ont, avec moi, parcouru tant et tant de kilomètres, qui, pas un instant, ne m'ont quitté durant plus de sept mois si longs et si tourmentés! Eux qui, pour moi, étaient comme de vivants amis à qui je confiais toutes mes pensées, toutes mes peines !.............

Maintenant, ils vont reposer dans un coin retiré de ma bibliothèque où la poussière inexorable des ans viendra les recouvrir ignorés et oubliés.......................

Peut-être, après ma mort, quelqu'indifférent les trouvera sous sa main ; mais, jugeant trop ennuyeux de parcourir autant de pages pleines de faits déjà si lointains, il saisira les quatre carnets, insignifiants à ses yeux, pour les jeter dans le feu qui les réduira en cendres impalpables.... Mes pauvres carnets !

FIN

LAVAL — IMPRIMERIE LÉON BEAUMONT

87, rue du Val-de-Mayenne, & 17, quai Jean-Fouquet

www.ingramcontent.com/pod-product-compliance
Lightning Source LLC
LaVergne TN
LVHW010743060726
842527LV00002B/356